高等教育新形态精品教材

大学生职业生涯规划与就业创业指导教程

主　编　奚正新　刘　毅　王光明
副主编　唐先华　胡洪林　纪良晨

北京理工大学出版社
BEIJING INSTITUTE OF TECHNOLOGY PRESS

内 容 提 要

本书立足于本科院校的实际状况，有针对性地探讨了本科院校学生的职业生涯规划和就业创业问题，旨在帮助大学生了解和掌握国家就业创业政策、科学规划自己的职业生涯，对大学生开展职业生涯规划和就业创业都具有显著的影响。全书分为职业生涯规划、就业指导和创业指导三个部分共十章。内容涵盖了自我认知与职业认知、职业生涯定位与决策、职业生涯管理与职业素养提升、就业准备、求职策略、就业权益与法律保障、职业发展、创业要素与创业过程、创业机会与创业资源、创业项目与创业计划。

本书可作为大学生进行职业生涯规划和接受就业创业指导时的学习材料，也适合广大青年规划个人生涯时参考，同时也适合从事职业规划咨询的专业人士阅读使用。

版权专有　侵权必究

图书在版编目（CIP）数据

大学生职业生涯规划与就业创业指导教程 / 奚正新，刘毅，王光明主编. --北京：北京理工大学出版社，2025.1（2025.8重印）.
ISBN 978-7-5763-4939-9
Ⅰ. G647.38
中国国家版本馆CIP数据核字第20258PU259号

责任编辑：李　薇	**文案编辑**：李　薇
责任校对：周瑞红	**责任印制**：王美丽

出版发行 / 北京理工大学出版社有限责任公司
社　　址 / 北京市丰台区四合庄路6号
邮　　编 / 100070
电　　话 /（010）68914026（教材售后服务热线）
　　　　　　（010）63726648（课件资源服务热线）
网　　址 / http：//www.bitpress.com.cn
版 印 次 / 2025年8月第1版第2次印刷
印　　刷 / 三河市腾飞印务有限公司
开　　本 / 787 mm×1092 mm　1/16
印　　张 / 13
字　　数 / 270千字
定　　价 / 45.00元

图书出现印装质量问题，请拨打售后服务热线，负责调换

前 言

大学生是国家宝贵的人才资源，是社会主义事业的建设者和接班人。大学生就业问题不仅关系着广大青年学子成长成才的切身利益，承载着成千上万家庭的希望和祈盼，更关系着高等教育的全面提升和发展，以及人才强国、教育强国战略的实施。

为了帮助大学生尽早了解就业形势、熟悉就业政策、提高就业竞争意识和依法依规维权意识；帮助大学生培养职业发展意识，树立科学的人生观、价值观、职业观、就业观、择业观和创业观；全面提升大学生就业技能和综合素质，引领大学生主动思考、积极探索，科学规划人生，加快角色转变，尽快融入社会、适应社会，根据教育部关于大学生职业发展和就业指导课程的教学要求，结合当前我国大学生职业生涯规划与就业创业指导发展的需求，特别是地方本科院校的实际情况，我们编写了《大学生职业生涯规划与就业创业指导教程》。

全书共分为职业生涯规划篇、就业指导篇和创业指导篇，主要内容包括自我认知与职业认知、职业生涯定位与决策、职业生涯管理与职业素养提升、就业准备、求职策略、就业权益与法律保障、职业发展、创业要素与创业过程、创业机会与创业资源、创业项目与创业计划。从职业生涯规划到就业指导，再到创业指导，力求使大学生能够系统地了解和掌握职业、就业、创业的逻辑关系及其实现路径，构建起一个全面的职业生涯规划和就业创业的思维框架，从而为大学生的就业前景和职业发展奠定坚实的基础。每章均附有学习目标、案例导入、拓展阅读。全书框架结构严谨，逻辑体系完整，理论联系实际，突出了针对性、系统性、应用性和创新性。

本书具有以下四个特点：

第一，针对性强。本书主要针对本科高校高年级阶段学生的职业生涯规划与就业、创业指导教育。在即将面临实习和毕业，走向社会参与竞争之前，有针对性地在本科三年级或四年级开设职业生涯规划与就业创业指导课程具有重要的现实意义。

第二，系统性强。本书按照职业生涯规划、就业指导、创业指导的逻辑关系展开，全面系统地阐述了从职业生涯规划到就业指导，再到创业指导的相关内容，力求使大学生能够系统地了解和掌握职业、就业、创业的逻辑关系及其实现路径。

第三，应用性强。本书立足理论知识与典型案例相结合，在内容上穿插了学习目标、案例导入、拓展阅读，最后附有课后习题，体现应用型人才培养特色，有助于大学生将所学知识应用于实践，有助于大学生将职业生涯规划与就业、创业的学习内容融会贯通。本书在厘清基本概念的基础上，与案例、练习有机结合，增强了本书的应用性和实践性。

第四，创新性强。本书配备了丰富的教学辅助资源，在内容中融入了二维码链接的补充材料，使大学生可以通过多种形式进行学习，不受时间和地点的限制。

本书由重庆外语外事学院的奚正新、刘毅、王光明担任主编，唐先华、胡洪林、纪良晨担任副主编。奚正新负责本书结构框架和大纲的提出，负责全书的统稿、审稿和定稿。

由于编写时间仓促，编者水平有限，书中难免有错误和疏漏之处，欢迎各位专家和广大读者提出宝贵意见与建议，以便今后进一步修订和完善。

编　者

2024年9月

目 录

职业生涯规划篇

第一章 自我认知与职业认知 ……………………………………… 002
第一节 自我认知 …………………………………………… 003
第二节 环境分析 …………………………………………… 017
第三节 职业认知 …………………………………………… 021

第二章 职业生涯定位与决策 ……………………………………… 027
第一节 职业生涯规划 ……………………………………… 028
第二节 职业生涯目标 ……………………………………… 032
第三节 职业生涯决策 ……………………………………… 036

第三章 职业生涯管理与职业素养提升 …………………………… 041
第一节 职业生涯管理 ……………………………………… 042
第二节 职业生涯规划评估 ………………………………… 045
第三节 职业素养提升 ……………………………………… 049

就业指导篇

第四章 就业准备 …………………………………………………… 054
第一节 就业形势与政策分析 ……………………………… 055
第二节 就业能力的自我分析 ……………………………… 062
第三节 就业信息收集与筛选 ……………………………… 070
第四节 就业心理准备与调适 ……………………………… 073
第五节 就业求职的材料准备 ……………………………… 075

第五章　求职策略 ··· 082

第一节　自荐的方法与技巧 ·· 083
第二节　面试技巧 ·· 085
第三节　笔试技巧 ·· 090

第六章　就业权益与法律保障 ··· 099

第一节　大学生就业权益 ··· 100
第二节　就业协议与劳动合同 ·· 106
第三节　劳动争议 ·· 116

第七章　职业发展 ··· 120

第一节　角色转换与职业适应 ·· 121
第二节　初入职场的人际关系 ·· 124
第三节　职业未来发展 ··· 132

创业指导篇

第八章　创业要素与创业过程 ··· 140

第一节　创业要素与类型 ··· 141
第二节　创业过程与风险 ··· 145

第九章　创业机会与创业资源 ··· 153

第一节　创业机会 ·· 154
第二节　创业资源 ·· 160

第十章　创业项目与创业计划 ··· 172

第一节　创业项目 ·· 173
第二节　创业计划 ·· 178

附录　课后习题 ·· 189

参考文献 ··· 200

职业生涯规划篇

第一章
自我认知与职业认知

学习目标

【知识目标】
1. 了解至少一种职业测评工具（如霍兰德理论或 MBTI）的基本框架。
2. 了解数字经济和绿色产业对职业分类的影响。
3. 熟悉如何通过自我认知的内容（兴趣、能力、性格、价值观）进行职业选择。
4. 掌握自我认知的定义及其在职业规划中的重要性。
5. 掌握职业价值观与职业选择的关系。

【能力目标】
1. 能够使用自我剖析法和全方位评价法进行自我评估。
2. 能够运用职业测评工具确定个人职业兴趣和能力倾向。
3. 能够根据个人特质和市场需求选择合适的职业路径。
4. 能够识别个人与目标岗位之间的差距，并制订提升计划。
5. 能够根据职业价值观测试结果调整个人职业规划。

【素养目标】
1. 培养学生的职业自我认知和自我评估能力。
2. 提升学生的职业选择和决策能力。
3. 增强学生对职业规划与个人发展的认识。
4. 培养学生的终身学习和自我提升意识。
5. 提升学生对新兴职业和行业趋势的敏感度。

案例导入

没有永远热门的职业

在 21 世纪初，随着互联网技术的飞速发展，网页设计师成为非常热门的职业。李浩，一位计算机专业的毕业生，凭借对设计和编程的热爱，顺利地成为一名网页设计师。他的工作主要是为企业设计和优化网站，使其在互联网上更具吸引力和用户友好性。

然而，随着时间的推移，李浩发现，用户对移动互联网的依赖日益增加，传统的网页设计已经不能满足市场需求。智能手机的普及推动了应用程序设计和用户体验（UX）设计的需求激增。李浩意识到，如果想保持职业竞争力，就必须适应这些变化。

面对这一挑战，李浩开始学习移动应用设计和用户体验设计的新技能。他参加了相关的在线课程，并通过项目实践来提升自己的能力。经过一段时间的努力，他成功地将自己转型为一名移动应用和UX设计师，继续在不断变化的数字领域保持领先地位。

【思考】

1. 在李浩的案例中，他是如何识别并适应职业市场变化的，这对当前大学生的职业道路选择有什么启示？

2. 李浩通过学习新技能成功转型为一名移动应用和UX设计师，评估自己目前的技能集，并确定需要学习哪些新技能来适应未来职业市场的变化。

第一节　自我认知

一、自我认知的含义

自我认知，涵盖了个人对自我全方位的理解与评估，它是对自身存在、行为、心理状态及未来期望的深刻洞察，也称为自我意识，它如同内心的明镜，映照出个体的内在世界。自我认知的形成，根植于过往经历的"土壤"，无论是辉煌的成功还是苦涩的失败，都是塑造自我认知的"砖石"。同时，外界的声音，如他人反馈、与周遭人群的比较，也在潜移默化中影响着人们的自我认知。这一认知并非静止不变，而是随着情境的变化灵活调整，但它始终是人们行为、情感与外在表现的内在指南。

在职业生涯的抉择与规划中，自我认知发挥着至关重要的作用。它构成了人们发挥主观能动性的基石，促使人们以客观、理性的眼光审视自身，从而在纷繁复杂的职业机会中精准捕捉适合自己的那一抹光亮，为未来的成就奠定坚实的基础。因此，深化自我认知不仅是个人成长的必修课，更是通往成功之路上不可或缺的灯塔。

二、自我认知的内容

在职业选择的过程中，每个求职者都应考虑自己的个性与特定职业的匹配度。不同的职业对于每个人有不同的期望，因此，理解自己的特点是进行职业选择的基础。对于大学生来说，在职业规划的过程中，以下四个自我认识的方面是关键。

（1）职业兴趣——你热衷于哪些活动。

（2）职业能力——你能完成哪些任务。

（3）职业性格——你在哪些方面表现出色。

（4）职业价值观——你重视什么。

评价一个人是否成功，主要看其是否充分发挥了自己的长处。在职业规划中，成功的关键在于个人能否识别并利用自己的优势。为了在职业上取得成功，首先需要准确地了解自己，发现自己的潜力和优势。在职业规划的过程中，如果能根据自己的优势选择职业，并将这些优势——如兴趣、能力、性格、价值观等发挥到极致，那么将更有效地实现目标，感到得心应手。

三、自我认知的方法

自我认知法是一种全面且客观地认识自己的方法，它要求人们辩证地看待自己的优点和不足。这种方法通常涉及通过一系列经过心理学家精心研究的测试题目来了解自己，这些测试题目旨在引导个人反映出自身真实的想法和感受。自我认知的测试可以采用传统的问卷形式，也可以通过在线软件进行。在众多可用的书籍和网站中，选择适合的自我认知工具，重要的是要考虑其科学性和实际效果。自我认知的方法主要包括以下三种。

1. 自我剖析法

自我剖析是一种深入审视个人内在要素并进行客观分析的过程，目的是识别并优化个人的不足之处，同时强化个人的优势。这个过程可以通过以下三个步骤来实现。

（1）个人历史回顾。通过回顾个人的成长历程，可以更深入地理解自己的性格特征和心理状态，以及对世界和生活的看法是如何逐渐形成的。这种自我探索不仅有助于了解个人的价值观和性格，还能为未来的规划提供有价值的参考。

（2）环境背景考量。在不同的环境背景下，如社会、教育和家庭等，对自己的认识和定位是不同的。通过分析这些背景，可以更全面地了解自己，并明确在不同环境中如何更好地发挥自己的潜力。这种分析有助于更有效地利用个人资源。

（3）内在探索提问。通过自我提问，如"我拥有哪些与生俱来的独特天赋、技能和才能？""我对哪些知识领域有天生的兴趣？"来发掘个人的内在潜力。每个人都有一些独特的能力，这些能力有时可能显得与众不同。正确地认识和运用这些能力，可以更充分地实现个人价值。

2. 全方位评价法

全方位评价法也被称为360度反馈机制，是一种综合收集与被评价者有直接联系的多方面人员的意见，以全面评估被评价者的方法。这种方法通过从不同角度收集反馈，旨在获得一个更客观和全面的被评价者形象，包括个人素质、技能等方面的评价。通过这种多维度的反馈，被评价者能够更准确地了解自己的特质、优势和劣势，这有助于他们进行职业规划和能力提升。

学生可以邀请教师、家庭成员、学长学姐、同学或朋友等，从不同的角度对自己进行评价。这样的评价不仅有助于学生自我认识，还能为他们提供宝贵的个人发展建议。通过这种方式，学生能够从多个视角了解自己的表现，从而更好地规划自己的学习和职业道路。

3. 职业测评法

职业测评是一种心理评估工具，它通过标准化的心理量表来衡量个人的心理特质和行为模式。这种方法通过分析个人解决问题的方式，推断其内在的心理特征，即从外在行为推断内在心理。为了确保测评的有效性，选择权威和经过验证的心理测量工具至关重要，有助于更客观、全面地了解自己。

在实际应用中，职业测评可以帮助个人识别自己的职业兴趣、能力倾向和工作风格，从而作出更合适的职业选择。同时，企业也可以利用这些测评工具来优化人才选拔和团队配置，提升团队的整体绩效。然而，需要注意的是，职业测评工具也存在局限性，例如，可能受到文化背景和个人经历的影响，因此，在应用时应当谨慎，并结合其他信息和专业解读来综合评估。

四、兴趣与职业

1. 兴趣的内涵

在个体心理特质中，兴趣扮演着关键角色，其指的是个体对于探索特定事物或参与特定活动的内在动力，体现在对特定事物或活动的偏好态度和积极的情感反应。个体的兴趣受到其价值观、家庭背景、社会环境、文化因素及物质条件等多方面的影响，反映了一个人"愿意做什么"的内在愿望，并展现出一种持续且稳固的特性。一旦个体对某事或某项活动产生了兴趣，他们往往会表现出对该事或活动的关注，对其优先考虑，并且愿意主动投入时间和精力，积极地参与其中。

2. 兴趣的分类

人的兴趣可以按照不同的方式进行分类，既可分为物质兴趣与精神兴趣，又可分为直接兴趣与间接兴趣。

（1）物质兴趣与精神兴趣。

1）物质兴趣：这种兴趣与个人对物质享受和舒适生活的追求有关。它可能包括对美食、时尚、住房、交通工具等的兴趣。物质兴趣通常与基本生活需求和生活品质的提升有关。

2）精神兴趣：这种兴趣涉及个人对知识、文化、艺术和精神满足的追求。它可能包括阅读、写作、绘画、音乐、科学研究等活动。精神兴趣往往与个人成长、自我实现和内在满足感有关。

大学生正处于形成独立人生观和世界观的关键时期，他们的物质兴趣和精神兴趣都需要得到正确的引导和平衡。教育者和家长应该鼓励学生发展多元化的兴趣，培养他们对知识和精神追求的热爱，同时也需关注他们的物质需求，避免过度追求物质享受而忽视精神成长。

（2）直接兴趣与间接兴趣。

1）直接兴趣：这种兴趣与个人对活动本身的喜爱有关，即使没有外在奖励，个人也

会因为享受活动过程而投入其中。例如，一个学生可能对实验过程充满好奇，享受探索和发现的乐趣。

2）间接兴趣：这种兴趣与个人对活动结果的期待有关。个人可能因为期待成果带来的满足感或奖励而对活动产生兴趣。例如，一个学生可能因为期待完成一幅画作而感到兴奋。

直接兴趣和间接兴趣是相辅相成的。直接兴趣可以激发个人立即行动，享受过程；而间接兴趣则提供了长期的动力和目标。为了维持持久的动力和创造力，个人应该努力将这两种兴趣结合起来。例如，一个对绘画有直接兴趣的学生，也应该培养对完成作品后可能获得的认可和成就感的间接兴趣。

3. 职业兴趣的内涵

当个体对职业活动产生兴趣时，便形成了所谓的职业兴趣。职业兴趣是兴趣在职业生涯领域的具体体现，它指的是人们对特定职业活动的持续而稳定的心理偏好，这种偏好使得人们倾向于对某些职业给予更多的关注，并渴望从事相关工作。

职业兴趣反映了一个人对工作的看法及其适应工作的能力，表现为对特定职业的渴望和热情。具备职业兴趣的个人往往能体验到更高的工作满足感、职业稳定性和成就感。

职业兴趣对个人的职业生涯有着深远的影响。一个与个人兴趣相匹配的工作往往能够带来快乐和满足。如果工作本身充满趣味，它将逐渐培养出更加稳固和持久的乐趣，这种乐趣与宏伟的职业目标相结合，能够塑造出具有明确方向性和坚定意志的志趣。

4. 霍兰德职业兴趣理论

霍兰德认为，人格可分为社会型、管理型、常规型、现实型、研究型、艺术型六种类型，其共同特征与典型职业见表1-1。

表1-1 六种人格类型的共同特征与对应的典型职业

人格类型	共同特征	对应的典型职业
社会型	热衷于与人互动，持续拓展社交圈，擅长沟通，乐于传授知识。关注社会议题，期望贡献自己的社会价值。追求丰富的人际网络，高度重视社会责任和伦理道德	倾向于从事涉及资讯分享、启发、援助、培育、发展或康复等领域的职业，并拥有相应技能，例如教育领域的专业人士（包括教师、教育管理人员）及社会服务行业的工作者（如咨询顾问、公共关系专员）等
管理型	寻求权力、威望和物质资源，具备领导天赋。爱好竞争，勇于挑战，怀有雄心和志向。个性实际，常以利益、权益、地位和金钱作为衡量行动价值的标准，行事具有明确的目标性	偏好那些需要经营、管理、说服、监督和领导技能的职业，以便达成组织、政治、社会和经济上的目标，并拥有相应的专业能力，如项目经理、销售专家、公司高管、律师等职位
常规型	崇尚权威和制度规范，偏好按计划执行任务，细心且有序，习惯于服从他人的指导和领导，不主动寻求领导职位。注重实际和细节，通常表现得谨慎和稳健，创新性不强，不喜好冒险和竞争，具有奉献精神	偏好那些需要关注细节、精确度、系统性和条理性，以及涉及记录、归档、按照特定要求或程序整理数据和文字信息的职业，并拥有相应的技能。如秘书、会计师、行政人员、出纳等职位

续表

人格类型	共同特征	对应的典型职业
现实型	倾向于使用工具进行动手操作的工作，具备较强的动手实践能力，动作敏捷且协调。更喜欢执行具体任务，不擅长言辞表达，行事谨慎，态度谦逊。社交能力不强，通常更倾向于独立完成工作	偏好从事涉及工具、机械操作的工作，这些工作需要基本的操作技巧。对于需要机械技能、体力或与物品、机械设备、工具、运动设备、植物、动物打交道的工作充满兴趣，并且具备相应的技能。如技术类职业（如计算机硬件技术人员、摄影师、机械装配工）和技能类职业（如技工、维修工、普通劳动者）等
研究型	倾向于理论而非实践，拥有出色的抽象思维能力，对知识有着强烈的渴望，愿意深入思考，不喜欢亲自动手。偏好独立且具有创新性的工作。博学多才，学术能力强，但不擅长指挥他人。在处理问题时理性为先，做事追求精确性，喜欢进行逻辑分析和推理，致力于探索未知领域	偏好那些智力密集、抽象、分析性和独立性的工作任务，这些任务要求具有智慧和分析能力，应用于观察、评估、测量、构建理论及解决问题的工作中，并拥有相应的专业能力。如研究人员、教育工作者、工程师、程序员、医疗人员等职业
艺术型	富有创新精神，享受创作独特和别具一格的成果，渴望展现个人特色，实现自我价值。行事倾向于理想化，追求极致完美，不太注重现实。拥有一定的艺术天赋和个性。擅长表达，怀旧情感浓厚，心态较为丰富多元	倾向于从事那些需要艺术素养、创造力、表现力和直觉的工作，这些工作涉及对语言、行为、声音、色彩和形态的审美鉴赏、思考和感知，并具备相应的能力，不适合处理事务性任务。如艺术领域的工作（如演员、建筑师、摄影师、广告制作人）、音乐领域（如歌手、作曲家）、文学领域（如小说家、诗人）等

职业兴趣具有复杂性，它要求人们从多个维度、不同视角、分步骤地去理解，不能仅凭单一的职业兴趣类型就简单归类，给人打上固定的兴趣标签。职业兴趣同样包含正反两面。例如，一个在社交领域得分极高、极具同理心的人，尽管在销售领域表现出色，却可能时常感到消极和困惑，而难以言明原因，非常在意他人对自己的看法和评价，总是思考"别人怎么看我，我能否让所有人满意"这类问题。这种持续的思考可能导致情绪起伏，甚至偶尔感到消极，因为他意识到无论如何努力，都难以让所有人满意。这表明，作为一个社会型的人，在享受人际交往的乐趣、发挥人际协调和亲和力优势的同时，也可能会承受来自外界环境和他人评价的压力，甚至感到个人界限被侵犯。这就是所谓的"职业兴趣的双重性"。

同样，现实型的人可能不擅长处理复杂的人际关系；研究型的人可能会过于专注细节；艺术型的人可能缺乏持久性；管理型的人可能过于自信、目标过高；常规型的人可能觉得工作单调、缺乏创新。另外，一个人的职业兴趣并非单一，霍兰德职业倾向测验中的六种职业兴趣类型在不同职业和环境中的表现各有不同，通常只有两三种类型占据主导。因此，个体可以通过霍兰德职业倾向测验的结果来了解自己的职业兴趣类型，这有助于明确职业方向，为专业学习和就业选择提供指导。

霍兰德职业兴趣测量表

五、能力与职业

1. 能力的内涵

能力是个体成功完成特定任务所需的内在素质。它直接关系到任务的执行效率，以及确保任务的顺利完成。个体的能力与其参与的具体活动紧密相连，如果没有特定的活动背景，能力既无法展现也无法提升。然而，并非所有在活动中显现的心理特征都可以归类为能力。只有那些对活动成效有直接影响并促进任务完成的心理特质，才被认定为能力。例如，尽管个人的体力和性格特点（如是否易怒或外向）对活动有影响，但它们并非完成特定任务所必需的最基本心理特质，因此不被定义为能力。

2. 能力的分类

能力可分为普通能力和特殊能力两大类。普通能力包括观察力、记忆力、思考力和想象力等，通常也被称作智力。这些能力是人们进行各种活动的基础，是能力结构中最为关键和普遍的部分。特殊能力则是针对特定职业或专业领域所需的能力，例如音乐领域需要的听觉想象能力。在任何专业活动中，人们都需要同时运用普通能力和特殊能力，这两种能力的发展是相互促进的。

3. 职业能力的内涵

职业能力是个体在特定职业领域中所需的多方面能力的集合。例如，教师不仅要有良好的语言表达能力，还需要具备教学组织、管理能力，对教材的深入理解与应用能力，以及对教学问题和效果的分析与判断能力。职业兴趣可能影响个人的职业选择和努力程度，而职业能力则直接关系到个人在特定职业中的适应性和成功概率。

职业能力与个体的职业活动紧密相关，并在职业实践中得到体现。具备一定的职业能力有助于个体顺利完成职业任务，而职业能力的强弱也直接影响到工作效率。职业能力是在普通能力和特殊能力的基础上形成的，是多种能力的综合体现。因此，职业能力可以细分为基础职业能力、专业能力和综合职业能力。

（1）基础职业能力。基础职业能力涵盖了广泛的能力，如学习新知识的能力、运用文字和语言的能力、数学计算的能力、空间感知的能力、对形状的识别能力、色彩辨别的能力、手部灵活性及手眼协调的能力。另外，任何职业岗位都要求具备人际交往技巧、团队合作精神、适应环境变化的能力，以及在面对挑战时保持良好心态的能力。

（2）专业能力。专业能力指的是针对特定职业所需的专业知识和技能。在招聘过程中，雇主通常会特别关注求职者是否具备岗位所需的专业技能。例如，招聘教师职位时，雇主会重点考察应聘者是否具备基本的教学技能。

（3）综合职业能力。综合职业能力包括多种能力，这里主要介绍国际上普遍重视的"关键能力"，具体包括以下四个方面。

1）跨领域专业技能。跨领域专业技能通常体现在运用数学和测量方法的能力、计算机应用的能力，以及使用外语解决技术问题和进行交流的能力。

2）方法技能。方法技能通常表现为信息收集和筛选的能力，制订工作计划、独立决策和执行的能力；具备自我评估的准确性和接受他人评价的开放性，以及从失败中吸取教训的能力。

3）社会技能。社会技能主要是指团队合作能力、人际交往和沟通能力。在工作中能够与他人协作完成任务，对他人公正宽容，具备准确的判断力和自律能力，这些是职场成功的关键因素。

4）个人技能。个人技能包括组织能力、沟通能力、领导能力、创新能力和学习能力等。在知识经济时代，学习能力尤为重要，因为知识不断更新，只有持续学习才能跟上时代的发展。

4. 职业能力倾向测评

能力倾向指的是一种内在的、特殊的天赋，它与通过教育和训练获得的技能不同，是一种未经教育培养即已存在的潜在能力。职业能力倾向涉及的是与个人在特定工作中取得成功相关的内在能力因素，这些因素是在不同职业成功中发挥作用的心理学要素。

社会上的职业种类繁多，每种职业对个人能力的需求不尽相同，同时，人的能力也展现出显著的个体差异。如果人们能够准确地评估自己的职业能力，就能结合自身的职业兴趣，挑选出最适合自己的职业路径，并在其中充分发挥自己的才能和优势。职业能力倾向测验是一种用来评估个人从事特定职业活动潜在能力的工具，它具备诊断和预测的功能，能够判断个人的能力优势及其在职业发展中取得成功的可能性。这种测验可以为人员招聘、职业规划和发展提供科学的参考依据。

（1）特定职业倾向测试。特定职业倾向测试是一系列测试的集合，通常包含多个小测试，分为四大类别，广泛用于国外企业评估职业能力倾向。

1）机械倾向测试。机械倾向测试旨在评估个人对机械原理的理解，空间形象处理速度和准确性及手眼协调能力。

2）文书能力测试。文书能力测试是指专门用于评估打字、速记、文书处理和沟通等办公室工作能力，适用于行政和文职人员。

3）心理运动能力测试。心理运动能力测试主要测试工业领域工作中所需的肌肉协调、手指灵活性或手眼协调技能。

4）视觉测试。视觉测试是指使用特殊设备对视觉特征进行评估，以确定是否符合特定工作的视觉要求。

（2）多元能力倾向测试。多元能力倾向测试旨在测量与特定活动相关的一系列心理潜能，并能同时评估多种能力倾向。其中，普通能力倾向成套测试（GATB）是一种具有代表性的测试工具。GATB 由 8 个书面测试和 4 个仪器测试组成，可以评估 9 种职业能力，简要介绍如下。

1）G——智力。智力指的是一般的学习能力，包括理解说明、指导语和原理的能力，推理判断能力及快速适应新环境的能力。

2）V——语言能力。语言能力涉及有效掌握语言意义及其概念，理解字词、句子、段落和篇章的能力及清晰准确表达信息的能力。

3）N——数学能力。数学能力涉及准确、快速计算，以及推理和解决应用问题的能力。

4）Q——书写知觉能力。书写知觉能力涉及对文字、表格、票据等材料细节的正确感知能力，以及直观比较、辨别字词和数字，发现并纠正错误。

5）S——空间判断能力。空间判断能力涉及对立体图形及平面与立体图形之间关系的理解能力。

6）P——形态知觉能力。形态知觉能力涉及对实物或图像细节的正确感知能力，以及根据视觉比较、辨别图形形状和阴影差异的能力。

7）K——动作协调能力。动作协调能力涉及快速、准确、协调地执行精确动作及迅速反应的能力。

8）F——手指灵活性。手指灵活性涉及快速、准确操作小物体的能力。

9）M——手腕灵活性。手腕灵活性涉及灵活、精确地操作手和手腕，进行拿取、放置、调换和翻转物体的能力。

其中，V、N、Q能力较强的人属于认知型职业类型；S和P能力较强的人属于知觉型职业类型；K、F、M能力突出的人属于运动技能型职业类型。在现实生活中，许多人可能在两种能力类型中都表现出色，或者9种能力水平相近，没有特别突出的能力。普通能力倾向成套测试的意义在于帮助个人发现最能发挥其潜能的职业领域，而不是简单地定义"最适合的职业"。要知道，许多能力是可以通过后天学习和实践培养的。

每种能力都通过特定的测试来评估。这种能力倾向测试从个人完成各种职业所需的能力中提炼出最具特征的2～3种。书面测试可以集体进行，计分采用标准分数。将各能力因素的原始分数转换为标准分数后，可以绘制个人能力倾向分析图，并与职业能力倾向类型进行比较。通过测试结果，参与者可以了解哪些职业领域能够充分发挥其个人能力特点。

六、性格与职业

1. 性格的内涵

性格是人格的重要组成部分，同时也是个体心理特征的核心。在日常生活中，同学们的性格各异：有的外向活泼，有的内敛沉静；有的细心谨慎，有的粗心大意；有的严守纪律，有的随性自由；有的热心集体、乐于助人，有的则倾向于自私自利。这些反复出现的表现和特征，就是通常所说的性格。

从心理学视角来看，性格是个体对现实世界的持续态度，以及与之相匹配的、习惯化的行为模式。这意味着性格涵盖了人的态度和行为模式两个层面，这两个层面紧密交织，共同构成了性格的独特性、相对性、稳定性和连贯性。一次性的、偶然的行为不足以定义一个人的性格，只有那些频繁且习惯性的行为才能被视作性格的体现。"江山易改，本性难移"这句俗语便揭示了性格的稳定性。然而，性格并非不可改变，"近朱者赤，近墨者黑"这句成语则表明性格是可以通过环境和经历塑造的。

2. 性格的分类

性格是个体心理特征中鲜明且持续的一部分，它是由多种特质综合而成的复合体。每个人的性格形成都受到了生理因素、家庭教育等多种成长经历的影响，这些因素共同塑造了个体独特的性格特征。性格特征的多样组合导致了性格类型的多样性。

在性格类型学上，存在多种分类方式，其中较为普遍的有外向型与内向型、理性型与感性型、自主型与依赖型等。不同性格类型的个体在特定环境下会展现出特有的气质和行为模式，这些特点在一定程度上会影响他们的职业生涯发展。

3. 职业性格的内涵

职业性格是指个体在长期特定的职业实践中形成的，与职业活动紧密相关的稳定心理特质，以及在工作中习惯化的行为模式所体现的个性特征。它对个人的职业发展规划起着关键作用。例如，有些人对待工作始终严谨细致、勤勉认真；有些人在人际交往和事务处理中总是展现出强烈的原则性和决断力；有些人在态度上总是显得谦逊、自信、自律。这些特质的综合便构成了他们的职业性格。

人的性格多种多样，有的热情开朗，有的腼腆内向，有的沉着冷静，有的急躁冲动。职业心理学研究指出，不同的职业对性格有不同的需求。尽管没有任何人的性格能够完全匹配某个职业的所有要求，但个体可以根据自己的职业倾向来培养和发展相应的职业性格。不同的性格特征对于企业来说，决定了员工适合的岗位和可能的工作表现；对于个人而言，则影响其事业是否能够取得成功。

4. MBTI 职业性格测评

（1）概述（Myers-Briggs Type Indicator，MBTI）。MBTI 是一种基于自我评估的性格分析框架，旨在揭示个体在信息处理、决策制定和生活态度上的心理倾向与性格特征。它已成为广泛认可的性格评估工具，并常被用于个人职业规划的辅助分析。

MBTI 的理论根源可以追溯到瑞士心理学家卡尔·荣格的类型理论。该理论后来由美国心理学家凯瑟琳·库克·布里格斯和伊莎贝尔·布里格斯·迈尔斯进一步研究与完善。

MBTI 有助于阐释个体间兴趣差异、职业专长及相互理解的障碍。它广泛应用于职业发展、咨询、团队建设、婚姻指导等多个领域，是国际上广泛采用的人才评估工具之一。

（2）MBTI 中的四个维度。MBTI 关注于四个主要方面分析个体的倾向，这些倾向是固有的，不具备好坏之别。然而，不同的特性对于各类职业来说有"适宜"与"不适宜"之分。在 MBTI 体系中，每个方面的倾向都是由两个对立的极端构成的，并通过二元对立的方式对个体的倾向进行评估，具体见表 1-2。

表 1-2　MBTI 四个维度的个人偏好

维度	类型	英文单词缩写
注意力方向	外向	E（Extrovert）
	内向	I（Introvert）

续表

维度	类型	英文单词缩写
认知方式	感觉	S（Sensing）
	直觉	N（Intuition）
判断方式	思维	T（Thinking）
	情感	F（Feeling）
行动方式	判断	J（Judgment）
	知觉	P（Perceiving）

MBTI 四个维度的性格特点解释见表 1-3。

表 1-3　MBTI 四个维度的性格特点解释

四个维度	维度解释	
	外向	内向
注意力方向 EI 外向—内向	外向型个体倾向于将注意力集中在外部环境，他们倾向于通过与人和事物的互动来获取信息和作出判断。这类人通常表现出较强的社交能力和沟通技巧，能够迅速适应不同的环境，并根据环境的变化灵活调整自己的行为。 外向者喜欢通过感官体验来探索世界，他们倾向于积极参与各种活动，并享受成为众人瞩目的焦点。他们通常更加开放，乐于与人接触和交流。	内向型个体倾向于将注意力和判断力集中在内心世界，他们更多地关注内在的观念和思想，而不是外部的事件和活动。这类人通常依赖于长期形成的信念和理念，而不是短期的外部刺激。 内向者倾向于避免成为他人关注的中心，他们通常比外向者更加内敛和沉默。他们可能更喜欢深入思考和反思，而不是频繁地参与社交活动。
	感觉	直觉
认知方式 SN 感觉—直觉	感觉型个体偏好通过直接的感官体验来理解周围的世界，他们通常对具体信息和细节有敏锐的观察力。这类人倾向于关注实际和具体的事物，如看到的、听到的、感觉到的、闻到的和尝到的。 他们依赖于自己的感官经验来作出判断，重视当前正在发生的事情，而不是仅基于理论或抽象概念。感觉型的人通常在决策时会考虑实际的数据和证据，他们对细节的关注使他们能够有效地处理和解决问题。	直觉型个体喜欢从宏观的角度去理解世界，他们关注事物的整体模式和发展趋势。这类人通常能够迅速地对新信息作出反应，他们的思维方式往往比较跳跃，喜欢探索新的可能性。 直觉型的人倾向于寻找事物之间的联系和潜在意义，他们依赖于自己的直觉和预感来作出判断。他们对未来充满好奇，喜欢预测和规划，并且常常寻求创新和改变现状。 他们重视直觉和灵感，而不是仅依赖于已经存在的事实或细节。这种类型的人在解决问题时，往往能够看到别人忽视的潜在机会，并能够提出创新的解决方案。
	思维	情感
判断方式 TF 思维—情感	逻辑思维型个体倾向于以逻辑推演为核心，依靠理性思考来开展行动和作出选择。他们依据普遍接受的社会准则进行问题分析和解决，展现出客观性、理性思维和条理性等特征	情感导向的个体在做决定时，通常会考虑问题的相对重要性和利益平衡。他们的判断建立在个人或社会价值观念的基础上，在决策过程中倾向于考虑他人的感受，展现出同情心，并追求人际关系的和谐

续表

四个维度	维度解释	
	判断	知觉
行动方式 JP 判断—知觉	偏好有序性的判断型个体，在生活有序且问题得到妥善处理时会感到最为满足。他们致力于规划和控制个人生活，展现出卓越的组织能力、目的性和决断力。一旦收集到采取行动所需的信息，他们往往不会继续探索额外信息，而是直接执行决策	开放性知觉型个体倾向于以一种更为灵活的态度生活，并在生活中拥有较大自由度时感到愉悦。他们更倾向于理解生活的本质而非试图掌控，表现出开放性、强适应性、灵活性和不计较小节的特点。这类人通常偏好顺其自然，倾向于深思熟虑而非急于行动，并对规则和限制持有抵触情绪

（3）MBTI 的 16 种性格类型及职业倾向。四个维度的两极组合能得到 16 种性格类型。每个人通过 MBTI 测试都可以获得有关自己性格类型的信息，并据此选择适合自己性格类型的职业。

MBTI 的 16 种性格类型的特征及职业倾向见表 1-4。

表 1-4　MBTI 的 16 种性格类型的特征及职业倾向

类型	性格特征	职业倾向
ISTJ 物流师型人格	严谨、寡言、专注、持之以恒。他们重视实用性、条理性、实事求是、逻辑性强、可靠。努力将每件事安排得井井有条，责任心强。他们自行决定任务，坚定地执行到底	IT 程序员、天文学家、数据库管理、会计、房地产经纪人、行政管理、气象学家、保健管理员、审计师、侦探等
ISFJ 守卫者型人格	沉默寡言、和善、责任心强且严谨。他们全力以赴履行职责。细心、勤奋、精确。通常不偏好技术性的兴趣。对必要细节保持耐心。忠诚、富有同情心、具有洞察力，并关心他人观点	内科医生、营养师、图书/档案管理员、室内装潢设计师、客户服务专员、记账员、特殊教育教师、酒店管理、律师助手、人事管理、营养学家、导师/顾问、保险代理等
INFJ 提倡者型人格	凭借坚韧不拔的精神赢得成就，充满创造力，致力于完成必要和期望的任务。他们全神贯注于自己的事业。沉稳且坚毅、责任心重、关怀他人。他们的坚定信念赢得了尊敬。由于他们在如何更好地服务于公共福祉方面具有清晰的洞察力，他人可能会对他们表示尊敬并跟随其领导	建筑设计师、培训经理/培训师、职业咨询师、心理咨询师、网站编辑、作家、仲裁人、人资经理、编辑/艺术指导、作家、营销人员、口译等
INTJ 建筑师型人格	怀揣创新思维，积极推动个人理念和目标的实现。他们具有前瞻性，能够迅速从外部事件中识别出有价值的模式。在他们感兴趣的领域，展现出卓越的组织能力，并确保任务的完成。他们不易轻信，具备批判精神和独立性，决心坚定，对能力和执行力持有高要求	财务人员、知识产权律师、设计工程师、精神分析师、心脏病专家、媒体策划、网络管理员、经济学家、技术专家、医学专家、财务专家、发明家等
ISTP 鉴赏家型人格	沉稳的观察者，自律，带着特有的好奇心和出其不意的创新幽默来审视和分析生活。他们常常对事物的因果感兴趣，擅长把握实际问题的要害并探索解决方案	信息服务业经理、计算机程序员、警官、软件开发员、律师助理、消防员、药剂师、商业精英、银行职员、管理顾问、驯兽师等

续表

类型	性格特征	职业倾向
ISFP 探险家型人格	腼腆、和善、敏感、追求和谐、谦逊。他们避免冲突，不强迫他人接受自己的观点和价值观。通常不寻求领导角色，但往往是忠诚的拥护者。由于他们享受当下的快乐，任务完成后往往放松自己，不愿因过渡的紧张感而破坏这份享受	客户服务专员、服装设计师、厨师、护士、牙医、旅游管理、园艺设计师、测量员、行政人员等
INFP 调停者型人格	冷静的旁观者，充满理想、忠诚，重视生活表现与内在价值的统一。他们具有探索精神。只要价值观不受挑战，他们就能灵活应对并接纳变化。他们乐于理解他人，懂得如何挖掘人的潜能。对于财富和物质环境，他们不太关注	心理学家、人力资源管理、翻译、大学教师（人文学科）、社会工作者、编辑、职业规划师、时装设计师、推拿师、顾问等
INTP 逻辑学家型人格	少言寡语，偏好理论或科学探索。乐于通过逻辑和分析来解决问题。对提出创意充满热情，不太偏好参与社交聚会和闲谈。倾向于拥有明确界限的爱好。他们倾向于选择能够运用和发展其特定爱好，并认为这些爱好具有实用价值的职业	软件设计师、风险投资家、法律仲裁人、金融分析师、大学教师、音乐家、网站设计师、建筑师、财务分析、经济学家、大学教授、战略规划师等
ESTP 企业家型人格	精通现场问题解决。热爱行动，对任何形式的进步都感到兴奋。通常，对机械物品和体育活动有浓厚兴趣，并乐于有朋友相伴。灵活、宽容、注重实际效果；专注于实现成果。不倾向于过多的解释。偏好那些能够做好、掌握并能分析的社交互动	企业家、保险经纪人、土木工程师、旅游管理、职业运动员/教练、电子游戏开发员、房产开发商、促销商、证券经纪人、管理顾问、消防员、警察等
ESFP 表演者型人格	乐观、轻松、友好，对万事万物都抱有喜爱。热衷于采取行动并推动事务的发展。他们了解周遭动态并积极投身其中。相较于理论，他们更擅长记忆具体事实。在需要深厚知识储备和实际操作能力的环境中，他们能够发挥出最佳表现	幼教老师、公关专员、策划咨询师、旅游管理/导游、促销员、演员、海洋生物学家、销售、牙医、兽医、培训人员、融资者等
ENFP 竞选者型人格	非常热情、充满活力、机智、想象力丰富。几乎能够胜任他们感兴趣的任何任务。面对挑战，他们能迅速提出解决方案，并随时准备帮助遇到困难的人。他们常常依靠自己的能力即兴应对，而不是依赖事先的准备。他们总能为自己的所想所为找到有说服力的理由	广告客户管理、管理咨询顾问、演员、平面设计师、艺术指导、公司团队培训师、心理学家、人力资源管理、发言人、公关、创业导师、节目策划人、作家、制片人、演讲家等
ENTP 辩论家型人格	灵活、具备创新天赋，擅长处理多种事务；是鼓舞人心的同伴，敏锐、坦率。喜欢为了娱乐而辩论问题的各个方面。在处理新颖、有挑战性的问题时展现出智慧，但可能会忽略日常任务。容易将兴趣从一件事转移到另一件事。他们能够轻松地为自己的需求提出合理的解释	企业家、投资银行家、广告创意总监、市场管理咨询顾问、文案、广播/电视主持人、演员、大学校长、发明家等
ESTJ 总经理型人格	注重实际、立足现实。拥有与生俱来的商业或机械思维，对抽象理论缺乏兴趣，倾向于学习能够立即和直接应用的知识。喜欢策划和参与活动；通常能够成为出色的领导者，能够果断且迅速地执行决策；关注日常事务的每一个细节	公司首席执行官、军官、药剂师、房地产经纪人、保险经纪人、教师、物业管理、首席信息官、信息总监、项目经理等
ESFJ 执政官型人格	热情、健谈、广受欢迎，天生具有责任感的合作者。追求和谐并且擅长营造和谐氛围。常常乐于助人。在得到鼓励和认可时工作效率最高。他们主要关注的是那些对人们生活有直接和显著影响的事务	房地产经纪人、零售商、护士、理货员/采购、运动教练、饮食业管理、旅游管理、兽医、家庭保健师、人力顾问、秘书等

续表

类型	性格特征	职业倾向
ENFJ 主人公型人格	敏感、有责任感。真诚地关心他人的想法和愿望。在处理事务时会尽量考虑到他人的感受。能够提出建议或轻松而机智地引导团队讨论。喜欢社交、受人欢迎、富有同情心。对赞扬和批评都较为敏感。乐于助人,并推动他人发挥潜力	广告客户管理、杂志主编、公司培训师、电视制片人、市场专员、作家、社会工作者、人力资源管理、临床医师、职业规划师、大学教授、销售经理、IT、记者等
ENTJ 指挥官型人格	坦率、决断,是各种活动的天然领导者。擅长发展和实施完整的系统来解决问题。在需要论证和口才的场合,如公开演讲等,表现出色。通常知识渊博,并且乐于不断扩充自己的知识储备	公司首席执行官、管理咨询顾问、政治家、房产开发商、教育咨询顾问、投资顾问、法官、网络专家、个人理财顾问、知识产权律师、经济分析师等

每个人通过MBTI测试都可以获得有关自己性格类型的信息,并据此选择适合自己性格类型的职业。

七、价值观与职业

MBTI职业性格测评

1. 价值观的内涵

价值观是一个人对自己所处环境中的客体(包括人、事和物)的总体认识和评价。价值观是人们在评价行为和事物时所使用的一种标准,它可以使人们在不同的目的中作出自己所希望的选择。价值观是以人的行为导向和对事物的评价与态度为基础的,它是世界观的中心,是推动人的行为的内在力量。在同样的客观环境中,同样的事情,因为人的价值观念不同,也会导致其行为方式的差异。

2. 价值观的分类

斯普朗格在他的著作《人的类型》中提出的六种价值取向,为理解个体在不同领域的行为动机提供了一个框架。每种价值取向都反映了个体在特定环境下的优先考虑和行为模式。

(1)经济型。经济型的人注重效率和实用性,追求物质财富,他们的行为通常以实际利益为导向。

(2)政治型。政治型的人渴望权力和影响力,喜欢控制和领导他人,他们的行为往往与社会地位和政治权力有关。

(3)理论型。理论型的人追求知识和真理,他们喜欢通过批判性思考和理性分析来探索世界。

(4)审美型。审美型的人重视美与和谐,他们的行为和决策常常受到美学原则的影响。

(5)社会型。社会型的人对人的关系和人文关怀有浓厚的兴趣,他们乐于参与社会活动,尊重和提升他人的价值。

(6)宗教型。宗教型的人寻求对宇宙和生命深层次的理解,他们的行为通常受宗教信仰和精神追求的指导。

这些价值取向在不同的职业和生活领域中的重要性各不相同。例如，对于项目经理来说，经济型价值取向可能最为关键，因为他们需要关注项目的成本效益；而对于政治家，政治型价值取向可能更为重要，因为他们的工作涉及权力和影响力的运用；对于宗教领袖，宗教型价值取向则是核心，因为他们的工作与信仰和精神指导紧密相关。

3. 职业价值观的内涵

职业选择的根本在于个人的价值观取向，每个人对于职业的看法各不相同。如果某人对某个行业在价值观上存在抵触，那么即便该职业前景再好，对其而言也是一种煎熬。

在职业生涯中，职业价值观体现了个人的价值偏好，它是决定职业选择的心理基准，反映了个人对职业的信念和追求。这种价值观指导着个人的职业心态、行为及理解和信念，影响着个体对职业发展的认知、自我认知、定位和规划，并为个人认为正当的职业行为提供依据。研究指出，职业价值观是个体自我认知的体现，它是个人才能、价值观和动机自我反思后的产物，对职业生涯具有指导、约束和稳定作用。

不同的高等教育背景和环境使每位大学生在职业选择上有着不同的目标和需求。在众多情境下，个人的选择往往受其职业价值观的左右。例如，科研工作可能带来智力挑战和成就感，却未必能满足对经济收入和社会互动的需求；而作为企业白领，虽然可能获得经济收入和社交机会，但是可能牺牲独立性或安全感。没有任何职业能够完全迎合一个人的所有价值观，因此明确自己价值观的优先顺序至关重要。

职业价值观是人生观在职业领域的体现，它包含了个人的职业信念和态度，关系到我们生活的方向和价值实现。

职业价值观的形成受多种因素作用，包括时代背景、社会文化、家庭环境和崇拜的楷模等。虽然它会随着个人和环境的变化而调整，但是总体上保持一定的稳定性，指导人们的行为倾向。

职业价值观塑造了人们对职业的期望，并影响其对职业路径和目标的抉择。

4. 舒伯的职业价值观测试

在1970年，职业发展领域的权威学者舒伯通过实证研究方法，将职业价值观细分为内在价值、外在价值和外在报酬三个主要类别。其中，内在价值涉及成就感、管理权限、智力挑战、美学追求、利他行为、创新与发明、自主性等方面；外在价值则包括同事之间的互动、工作条件、工作多样性及与上司的关系等方面；外在报酬涵盖了声望、安全性、经济收入和生活模式等方面。舒伯还开发了一套职业价值观量表（WVI），该量表包含15个不同的维度，并在业内广泛传播，产生了深远的影响（表1-5）。

表1-5 舒伯的15种工作价值观

成就满足	盼望着能及时见到自己的工作成果，继续受到领导和同事们的表扬，或是继续努力完成自己所要做的事情
管理权力	期望得到工作上的管理权，能够命令或调动某一特定领域的人员或事物
智力激发	期望在工作中不断地运用智慧，开动脑筋，学习并探究新的东西，解决问题

续表

声望地位	期望自己所从事的岗位在他人眼中具有很高的社会地位，这样才能让自己受到他人的重视和尊敬
美的追求	期望在工作中能达到对美的追求，获得美的享受
利他主义	期望自己的作品能直接造福于广大群众
创造发明	对工作充满信心，对工作有持续的创新，或有新主意
经济报酬	期望从工作中得到一笔可观的收入，以便有充足的资金来达到所需，从而过上比较富裕的生活
安全稳定	期望在工作上，无论自己的能力如何，都能拥有一份稳定的状态，而不会由于奖金、薪水或职位的变化而经常感到不安
独立自主	期望自己能够在工作上独立、主动，按照自己的方式，步伐或想法行事，不要被他人打扰
工作环境	期望拥有一个相对舒适，优越的工作环境
上司关系	期望领导者具有良好的品格，处理事情公正，能够愉快地沟通、相处
生活方式	期望工作是一种轻松而自由的生活
同事关系	期望共事的大部分同事都有良好的品格，与人相处愉快、自然
多样变化	期望工作的内容不断变化，让工作与生活看起来多姿多彩，而不是单调乏味

职业的多样性意味着每种职业都有其独特性，而个体的价值观差异导致他们在职业选择上会有不同的偏好；每个人对于职业意义的理解和对职业优劣的评判标准各不相同，所以，同样的工作对于不同的人来说可能具有不同的意义。例如，小 A 渴望成为医生，因为他认为医生能够救治他人、获得尊敬，并且能够实现个人的生活目标；而小 B 也希望成为一名医生，原因在于家族世代行医，父母认为医生是一个技术性强、收入稳定的职业，选择这一职业是为了满足父母的期望。

因此，在规划自己的职业生涯之前，至关重要的是要清晰地认识到自己的价值观和职业价值观。

第二节　环境分析

奋斗能够将职业梦想转化为现实存在。然而，要将梦想转化为现实，必须对周边环境进行深入剖析并加以利用，顺应时势，方能取得事半功倍的效果。深入理解当前的职业环境，对于大学生持久地维护职业信念、稳固职业发展的方向及设定职业目标与规划发展路线至关重要。

一、职业环境分析

职业环境分析是一个多维度的过程，它涉及对职业在社会中的发展、地位及未来趋势的深入理解。这一分析对于把握职业机会、规避风险及规划职业生涯至关重要。以下是进行职业环境分析的六个关键步骤。

1. 社会需求分析

评估当前社会对特定职业的需求程度，考虑经济发展趋势、技术进步、人口变化等因素如何影响职业的前景。

2. 国家战略影响

考虑国家政策、发展战略对职业发展的影响，例如，对新兴产业的扶持政策可能会创造新的职业机会。

3. 行业趋势判断

分析所选行业是否为社会需求增长的领域，以及该行业的未来发展潜力和可能面临的挑战。

4. 企业竞争力评估

考察所在企业或目标企业在行业中的竞争力和发展潜力，了解其是否能够提供稳定的职业发展平台。

5. 个人核心竞争力提升

通过不断学习和技能提升，保持在所选职业中的竞争力，同时考虑如何将自己的独特技能与市场需求相结合。

6. 风险识别与应对策略

识别职业环境中可能的风险，如技术变革导致的职位消失，或市场竞争加剧导致的行业衰退，并制定相应的应对策略。

二、社会环境分析

社会环境分析是指对一个国家或地区的社会、政治、经济、法制和文化环境进行宏观分析的过程。其目的是理解这些因素如何影响职业发展和个人职业生涯规划。在我国，这一分析尤为重要，快速变化的社会环境为职业发展提供了丰富的机会，同时也带来了挑战。

1. 人力资源的重要性

随着市场经济的成熟和全球化的深入，人才成为社会发展的关键资源。随着国际环境的变化，国内企业和个人需要面对日益激烈的国际竞争，这增加了对高端人力资源的需求。

2. 就业形势的挑战

尽管经济持续发展，但大学生就业形势依然严峻。毕业生人数的增加、产业升级的缓慢及劳动力市场的不成熟都是需要关注的问题。

3. 职业选择的多元化

在高等教育普及的背景下，大学生在职业选择上呈现出多元化的趋势。他们不仅关注传统的稳定职业，如公务员和国有企业，也开始转向基层、中西部地区和民营企业，寻求更多的职业发展机会。

4. 新职业的涌现

随着经济新业态的崛起,许多新职业涌现,为青年提供了更丰富的职业选择。这些新职业不仅反映了经济社会的活力,也为个人职业发展提供了新的可能性。

5. 就业政策的支持

政府实施了一系列促进就业的政策措施,如降低社会保险费率、提供稳岗返还和培训补助等,以减轻企业负担并促进就业。

6. 数字经济的影响

数字经济的发展为就业市场带来了新的动能,预计未来对数字职业的岗位需求将急剧增加,这为劳动者提供了更广阔的职业发展空间。

三、行业环境分析

行业环境分析是个人职业规划中的关键步骤,它涉及对当前和目标行业的全面审视。以下是进行行业环境分析的六个关键方面。

1. 行业性质识别

首先要明确自己所处的行业类型,是制造业、服务业还是其他行业。分析该行业的发展趋势,是否为增长型行业,如旅游业、保险业,还是面临挑战的行业,如资源密集型行业。同时,要判断行业是垄断型还是竞争型,利润水平如何,以及它在技术进步中的定位。

2. 企业多元化发展

企业是否选择跨行业发展取决于外部机遇和内部条件,如人才和资金。欧美企业倾向于专业化,而亚太企业可能更偏好多元化发展。

3. 国家产业政策

政府的法规和政策对行业发展有重大影响。一些行业可能获得政府的鼓励和支持,而其他行业可能面临限制或淘汰。国家发展战略层面的产业政策尤其重要,因为它可以决定行业的未来方向。

4. 行业发展趋势

分析行业的增长潜力、技术创新、市场需求变化及国际、国内重大事件对行业的影响。这包括了解行业的生命周期阶段,是否为新兴行业、成熟行业或衰退行业。

5. 社会需求与就业形势

考虑社会发展对特定行业的需求,以及国家发展战略对行业的影响。例如,中国经济发展进入新阶段,对某些行业如人工智能、数字经济等提出了新要求。

6. 行业风险与应对策略

识别行业可能面临的风险,如技术变革、市场竞争、政策变动等,并制定相应的应对策略。

四、组织环境分析

组织环境分析是评估企业内部条件和外部市场状况的一个重要过程，它涉及对企业多方面因素的深入了解。以下是进行组织环境分析的六个关键步骤。

1. 企业实力评估

（1）分析企业在行业中的竞争地位，是否具有明显的市场优势或独特的核心竞争力。

（2）评估企业的财务状况、市场份额、品牌影响力和技术能力。

（3）考虑企业的规模并不一定等同于其市场适应能力，要关注企业的灵活性和创新能力。

2. 企业领导层分析

（1）考察企业领导层的愿景、战略规划能力和执行力。

（2）了解领导层的长期目标和短期行动计划，以及他们对企业未来发展的承诺。

（3）分析领导层的管理风格和领导能力，以及他们如何影响企业的决策和文化。

3. 企业文化探究

（1）深入了解企业所倡导的价值观、行为准则和工作氛围。

（2）观察企业内部的非正式交流和行为模式，这些通常反映了企业文化的实际情况。

（3）评估企业文化是否与个人价值观相匹配，以及是否能够促进个人职业目标的实现。

4. 企业发展潜力预测

（1）分析企业的产品或服务在市场上的表现，以及未来的增长潜力。

（2）考虑企业的战略方向和行业趋势，预测企业的发展前景。

5. 人才选拔和薪酬结构

（1）了解企业的人才选拔机制，是否公平、透明，以及是否有利于人才的成长和发展。

（2）考察企业的薪酬结构和福利政策，是否具有竞争力和吸引力。

6. 组织结构和管理制度

（1）分析企业的组织结构是否合理，是否支持有效的沟通和协作。

（2）了解企业的管理制度是否健全，是否有助于提高工作效率和员工满意度。

通过这些分析，个人可以更好地理解企业内部的运作机制和外部的市场环境，为自己的职业规划作出更明智的选择。同时，这也有助于企业识别自身的优势和劣势，制定更有效的发展战略。对于刚毕业的大学生来说，深入了解目标企业的这些方面，可以帮助他们做出更符合自己职业发展需求的就业选择。

五、岗位环境分析

岗位环境分析是深入了解特定职位的各个方面，它对于个人职业规划和职业匹配至关重要。以下是进行岗位环境分析的六个关键步骤。

1. 岗位描述分析

（1）仔细阅读岗位描述，理解岗位的职责、任务和目标。

（2）识别岗位所需的核心技能和素质，包括专业知识、技能证书和个人能力。

（3）了解岗位在组织结构中的位置和作用，以及与其他岗位的关系。

2. 岗位晋升通路了解

（1）研究岗位的职业发展路径，包括可能的晋升机会和职业成长空间。

（2）了解岗位轮换和工作转换的可能性，以及这些机会如何帮助个人职业发展。

3. 岗位要求的具体化

（1）考虑不同行业、企业类型和企业发展阶段对岗位要求的影响。

（2）理解不同领导和上司对岗位的特定期望与要求。

4. 个人与岗位差距量化

（1）对照岗位要求，评估自己的能力和经验，识别差距。

（2）将差距具体化，如明确指出需要提高的技能或知识领域。

（3）制订计划来弥补这些差距，如参加培训课程、获得额外的工作经验或自学。

5. 心理准备和职业规划

（1）根据岗位环境分析的结果，评估自己对岗位的兴趣和适应性。

（2）为就业做好心理准备，设定实际的职业期望。

（3）制订短期和长期的职业规划，确保个人目标与岗位发展相匹配。

6. 实际行动

根据分析结果，采取实际行动来提高自己的竞争力，如提升技能、扩展网络或申请实习机会。在求职过程中，展示自己对岗位的理解和对企业的贡献潜力。

通过这些步骤，个人可以更清晰地了解岗位的具体要求，评估自己是否适合该岗位，并为未来的职业发展作出更明智的决策。同时，这也有助于企业更准确地招聘到合适的人才。对于大学生和求职者来说，岗位环境分析是一个重要的工具，可以帮助他们更好地准备进入职场，减少职业发展的不确定性。

第三节　职业认知

一、职业的含义

职业是指人们为了获得主要生活来源而参与的各类社会工作，它通常由一群相对稳定的人员组成，共同从事某项社会活动。当社会对某种产品或服务的需求达到一定规模时，这种服务或产品提供者就可能被认定为一个新的职业类别。职业具有目标明确、社会参与、稳定性、规范性和集体性等特点。

职业与工作和职位在概念上有所不同。工作是指一个专业领域内由多个相似职位组成的集合，如教育工作；职位是指分配给特定个人的一系列具体任务，与个人直接相关，例如，张华是某大学的辅导员；职业是指在不同专业领域中，提供一系列相似服务的集合，如教师职业。职业的形成背景通常与产业和行业的发展有关。

二、职业的特点

1. 普遍性
职业活动是劳动者参与社会生产劳动或服务工作的基本形式。它不仅关系到大多数社会成员，还涉及社会、经济、心理、教育、技术、政治、伦理等多个领域，因此具有普遍性。

2. 同质性
职业是根据企业和机构、团体及个体从事的生产或社会经济活动的性质来划分的。同质性意味着同一行业中的职业，其工作条件、对象、工具和操作内容相似或接近。这种环境的同质性促使人们形成相似的行为模式，并共享语言习惯和道德准则。

3. 经济性
劳动者从事职业活动，其目的是获得经济回报，这是职业活动的基础。

4. 持续性
只有当劳动者持续、稳定地从事某项社会工作时，才能称之为职业；否则，就无法构成职业。

5. 时代性
随着社会的发展，职业也在不断变化。除新旧更替，同一职业的工作内容和方式也会随着时代而变化，因此，职业的分类具有明显的时代性。不同时期，如我国的"军人热""公务员热""下海经商热""外企热"等，都反映了人们对某些职业的偏好。

6. 差异性
职业是社会分工的具体体现。不同职业在工作内容、职业心理、个人行为模式、社会身份等方面存在差异性。随着分工的细化、技术进步、经济结构变化和社会的发展，新职业不断涌现，旧职业逐渐消失，职业间的差异性日益增大。

7. 分层性
从社会需求的角度来看，职业本身并无高低之分，但在现实生活中，由于对职业素质要求的不同，以及人们对职业的看法或评价的差异，职业被赋予了不同的层次。这种层次性通常由职业的体力和脑力劳动强度、收入水平、工作负担、社会声誉、权力地位等因素决定。认识到职业的分层性，可以激励人们向上流动，促进社会的健康发展。

三、职业的分类

1995 年，由原劳动部、原国家质量技术监督局及国家统计局共同主导，我国启动了《国家职业分类大典》的编制工作。经过四年的努力，1999 年我国首部《国家职业分类大典》得以问世，此举填补了国内职业分类领域的空白，并标志着符合我国国情的职业分类体系初步构建完成。随着社会的快速发展、科技的日新月异，以及产业结构的深刻调整，职业领域经历了显著的变化。因此，在 2010 年年末，我国启动了首次职业分类大典的修订工作，经过五年的精心修订，于 2015 年正式发布了新版《中华人民共和国职业分类大典》（以下简称《职业分类大典》）。

为了进一步适应职业领域的新趋势，更有效地优化人力资源配置、促进就业创业及推动经济结构的调整和产业升级，人社部于 2021 年 4 月启动了第二次修订工作。同年 9 月 28 日，经过修订的 2022 版《职业分类大典》正式对外发布。修订后的职业分类体系见表 1-6。

表 1-6 2022 版《职业分类大典》职工分类体系表

序号	大类	中类	小类	细类（职业）	工种
1	党的机关、国家机关、群众团体和社会组织、企事业单位负责人	6	16	25	
2	专业技术人员	11	125	492	
3	办事人员和有关人员	4	12	36	24
4	社会生产服务和生活服务人员	15	96	356	460
5	农、林、牧、渔业生产及辅助人员	6	24	54	150
6	生产制造及有关人员	32	172	671	2 333
7	军队人员	4	4	4	
8	不便分类的其他从业人员	1	1	1	
	合计	79	450	1 639	2 967

在对《职业分类大典》进行修订的过程中，主要进行了以下三个方面的更新。

（1）修订了分类体系。近年来，中国陆续颁布了 74 个新职业，这些新职业被纳入大典当中。例如，为了支持制造强国战略，工业机器人操作员和运维人员被纳入大典。同时，为了适应乡村振兴的需要，农业数字化技术员和农业经理人等职业也被加入。

（2）更新了职业信息描述。对两个大类职业的名称和定义进行了调整，对 30 个中类、100 余个小类的名称和定义也进行了修改，以及对 700 多个职业的信息描述进行了调整，以更准确地反映技术进步和职业要求的变化。

（3）标注了数字职业和绿色职业。新版大典首次标注了 97 个数字职业，占职业总数

的 6%，并延续了 2015 年版大典对绿色职业的标注，共标注了 134 个绿色职业，占职业总数的 8%。其中，有 23 个职业既是数字职业也是绿色职业。

这些修订反映了经济社会发展、科技创新、技术进步、产业升级对社会职业带来的变化，同时，也体现了数字经济和绿色产业的发展对职业分类的影响。通过这些更新，大典能够更好地满足优化人力资源开发管理、促进就业创业、推动国民经济结构调整和产业转型升级的需求。

拓展阅读

如何升级大学生职业生涯规划教育

党的二十大报告在"增进民生福祉，提高人民生活品质"中指出，"实施就业优先战略"。高校毕业生是就业工作的重点人群，其就业是社会关注的焦点。

全社会要群策群力，力促大学生充分合理就业，协助大学生创新创业，进而实现大学生职业发展的可持续性，最大化地实现大学生的个人价值和社会价值。为此，确保大学生在校期间接受良好的职业生涯规划教育，是重要的基础工作。

当前大学生职业生涯规划教育面临挑战

当前，各高校大学生职业生涯规划教育的实践表明，帮助大学生进行职业生涯规划，有助于大学生的学习及走向工作岗位后的发展。但实践中也存在一些问题，需要我们关注、解决。

大学生职业生涯规划意识淡薄，需进一步提升科学认识自我的水平。认识自我、了解自我是大学生进行职业生涯规划的基础。但如果大学生缺乏主动进行职业生涯规划的意识，高校相关部门尚未找准与职业相关的专业测量工具和手段，就可能对大学生形成科学、全面的自我认识造成一定困难。

高校大学毕业生职业生涯规划教育要突破就业指导的阈限，形成科学的培育理念和机制。目前，全国大部分高校虽然开设了大学生职业生涯规划教育课程，但是高校的大学生职业生涯规划工作在不同程度上局限于就业指导，服务于就业率，职业生涯规划教育理论与实践存在脱节现象。在这种观念主导下，有些学校只能满足大学生毕业时择业的一时之需，难以顾及大学生的个性要求及一生的职业发展。

急需企业介入，实现高校与企业的有效对接。目前，由于缺乏对人职匹配的科学认识，高校与企业在某种程度上不能实现充分有效对接。一方面是大学生难以找到合适的工作；另一方面是企业难以招聘到合适的人才。企业在大学生职业生涯规划教育中的缺位，直接影响到大学生的职业发展与企业的效益。

相关方面需要加强协同，形成社会合力。目前，高校和社会在大学生职业生涯规划过程中存在诸多缺失环节，即个体、家庭、学校、企业、政府等环节缺乏内在联系，无法形成强有力的合力。大学生职业生涯规划不能仅作为一门课程，而是需要形成有机的内在协作机制。

大学生职业生涯规划教育亟须加强

大学生职业生涯规划教育在我国的开展并未达到预期效果，原因是多方面的。

从教育领域来看，教育的任务在于，生成所有社会成员或角色所必需的基本素质。在教育实践中，素质教育的实施还需要进一步深化，更加重视个性教育，重视因材施教，重视与个体个性发展相关的自主意识、自信心及多种能力的培养。职业教育规划应该贯穿学生的各个学习阶段。目前，我国的职业生涯规划教育总体而言还要在早期性、针对性、专业性、连续性、系统性和实效性等方面着力，坚定学生在未来进行职业选择时的信念和判断力，以促进人与职业的合理匹配和职业发展。

从经济社会发展来看，要着力推动高质量发展，为大学生充分就业和就业后的发展提供良好的外部条件。资源配置问题是一个社会在经济领域最基本的问题。改革开放特别是党的十八大以来，社会主义市场经济体制不断完善，今后要不断健全以市场为导向的资源配置、人才流动机制，为大学生通过就业创业进入社会分工体系提供体制机制方面的保障。

从选人用人方面来看，要尽力保证大学生个体与职业的契合，促进个体潜能的发挥和职业生涯发展的优化。全社会要树立科学的教育发展观、人才成长观、选人用人观等，推动构建服务全民终身学习的教育体系，营造良好的氛围。目前用人单位还不同程度地存在"唯文凭""唯名校"等倾向，毕业生招聘、员工管理、人才使用与发展存在粗放模式。用人单位要坚持科学管理理念，充分认识到大学生具有人力资本的潜力和稀缺性，为人才的成长和发展营造良好的内部生态，建立以品德和能力为导向、以岗位需求为目标的人才使用机制，改变人才"高消费"状况，形成"不拘一格降人才"的良好局面。要发挥创造型大学生人力资本的作用，让一些富有冒险精神、创新精神的大学生以创业者的身份进入社会分工体系。

大学生职业生涯规划教育如何系统改进

大学生是国家最宝贵的人力资源。在帮助大学生进行职业生涯规划时，应注意以下几点。

重新认识个人的价值。并非强调了个人，就会忽视组织和社会，相反，正是因为尊重了个人、鼓励个人发展，才促进了社会的发展。《周易》曰，"天行健，君子以自强不息"。个体价值与社会发展在一定的社会机制作用下是可以一致的。中国特色社会主义伟大实践充分证明了这一点。

重视个性化教育。个性是指一个人独特的、稳定的心理倾向和心理特征。心理学研究表明，人的个性特质往往与一定的职业相契合。人与职业相匹配，有助于发挥个体的潜能和创造性。因此，开展个性化教育，了解学生个体的职业兴趣、价值观等，有助于未来入职后的人职匹配，实现职业发展的优化。

认识人的职业发展规律，开展层次性的职业生涯规划教育。《论语·为政》曰，"吾十有五而志于学，三十而立，四十而不惑"。这段描述形象、生动地体现了古人对人生阶段的认识和职业生涯规划，带有浓厚的伦理色彩。人的职业生涯是一个包含多个连续阶段

的发展过程，在不同阶段，个体都会有不同的心理特征、心理需求和发展任务等。有的西方国家制定了从幼儿园到小学，再到中学，直至大学的法案，以保障对学生实施全方位的职业生涯规划教育，帮助大学生依靠自身的人力资本和比较优势"无缝隙"地进入工作领域，开启职业生涯。这些经验值得我们借鉴。

建立中国特色的企业人力资源管理制度，营造企业家成长环境。我们要积极探索中国特色的人力资源管理模式，包括企业发展战略、工作规划与工作分析、招聘与培训、绩效考评、职业规划、企业文化等内容，使大学生走出校园进入企业后能够"人尽其才，才尽其用"。同时，社会应该积极营造企业家成长的社会环境。

建立促进大学生职业发展的社会机制。大学生职业生涯规划是一项系统工程，需要政府、企业、学校、家庭等群策群力，共同建立一种促进大学生职业发展的社会机制。其中，创造良好的大学生人力资本成长环境、维护人力资本市场秩序、实现人力资本的优化配置和有效利用显得尤其重要。当然，这一机制的运行离不开制度的支撑，如教育制度、产权制度、专利制度和法律制度等。当前我国正在建立与完善这些制度。

（资料来源：https://www.workercn.cn/c/2023-02-09/7728966.shtml）

第二章
职业生涯定位与决策

学习目标

【知识目标】

1. 了解职业生涯的定义及其发展过程。
2. 了解如何设定有效的职业生涯目标。
3. 熟悉职业生涯规划的概念和重要性。
4. 熟悉职业决策的含义和常见的决策模式。
5. 掌握职业生涯规划的特点和意义。

【能力目标】

1. 能够制订和实施个人职业生涯规划。
2. 能够设定并达成具体的职业目标。
3. 能够运用 SWOT 分析法进行职业决策。
4. 能够评估和调整职业生涯规划以适应变化。
5. 能够识别适合自己特点的职业路径。

【素养目标】

1. 提高学生的自我认知和自我分析能力。
2. 增强学生的目标设定和现实评估能力。
3. 培养学生的职业定位和行动计划制订能力。
4. 提高学生的决策和问题解决能力。
5. 增强学生的适应性和持续学习意识。

案例导入

张磊的 IT 职业规划之旅

张磊，23 岁，计算机科学与技术专业应届毕业生。在校期间，他积极参与编程竞赛，获得了不错的成绩，但面对即将到来的毕业季，他对自己的未来职业方向感到迷茫。他渴望在技术领域有所建树，但不确定是应该专注于软件开发，还是投身于人工智能的浪潮。

张磊明白，为了在竞争激烈的 IT 行业找到自己的位置，他需要一个清晰的职业规划。

他首先通过职业测评和与职业规划师的交流，对自己的兴趣、技能和价值观进行了深入的自我认知。他发现自己对编程充满热情，尤其擅长解决逻辑问题，并且他乐于在团队中工作，喜欢与人沟通。

为了进一步探索职业兴趣，张磊在一家中型企业的软件开发部门进行了为期六个月的实习。实习期间，他参与了多个项目，包括移动应用和后端服务的开发。通过这次实习，张磊不仅积累了宝贵的工作经验，还对软件开发的整个流程有了深刻的理解。

基于实习经历，张磊设定了自己的职业目标：短期内，他希望在一家创新型IT企业担任软件开发工程师；长期来看，他计划在五年内成为资深的全栈工程师，并有可能向技术管理岗位发展。为了实现这些目标，他制订了详细的行动计划，包括学习最新的编程语言和框架，参加行业内的技术研讨会，以及建立行业内的人脉网络。

在决策过程中，张磊发现自己有时会因为过多的信息而感到困惑，难以作出选择。为了克服这个问题，他学会了如何筛选关键信息，并依据自己的长期目标来做出决策。同时，他也意识到了时间管理的重要性，开始制订每日的工作和学习计划，确保自己能够持续地向目标前进。

为了更全面地评估自己的职业发展状况，张磊进行了SWOT分析。他发现自己的优势在于扎实的技术基础和快速的学习能力，劣势是缺乏商业项目经验。在机会方面，他注意到移动应用开发领域的需求正在增长，而威胁则来自不断变化的技术环境和激烈的竞争。

最后，张磊开始实施他的行动计划，并定期对自己的进展进行评估。他发现，通过不断的学习和实践，自己在技术能力和职业素养上都有了显著的提升。同时，他也意识到职业生涯规划是一个动态的过程，需要根据行业趋势和个人发展情况进行不断的调整。

通过这一系列的职业规划和实践，张磊逐渐清晰了自己的职业道路，并为实现自己的职业目标做好了准备。他知道，只要持续努力，不断学习和适应，他就能在IT行业中找到自己的位置，并实现个人的职业梦想。

【思考】
1. 张磊的职业规划有哪些可借鉴的经验？
2. 如果遇到职业瓶颈，应该如何调整规划？

第一节　职业生涯规划

一、职业生涯与职业生涯规划的定义

1. 职业生涯的定义

职业生涯是个体在工作领域内的行为、活动、态度和价值观的连续性发展轨迹。它涵

盖了个人的职业发展、职位变化和职业目标的实现。职业生涯不仅包括个人在职业上的经历，还受到个人能力、心理状态、机遇及社会环境的影响。

职业生涯的发展是一个不断变化的过程，它随着时间的推移而演变。在20世纪70年代，职业生涯主要关注与工作直接相关的个人生活方面。随着时间的推移，这个概念扩展到了包括个人、集体和经济生活的更广泛领域。

从经济学角度来看，职业生涯可以被理解为个人在其一生中所经历的职位序列和角色，这些与个人的职业成长紧密相关，是教育和职业发展的结果。

职业生涯的发展基于个体的潜能开发，包括心理、生理、智力、技能和伦理等方面。它通过工作内容的确定、工作表现的评估、薪酬待遇、职称和职位的变化来衡量，并以满足个人需求为目标。

职业生涯是一个动态的、持续的过程，它描述了个人在职业岗位上的经历，与工作活动相关，而不涉及职业成功与否的评价。每个从事工作的人都在经历自己的职业生涯，无论他们的职位或成就如何。

2. 职业生涯规划的定义

职业生涯规划是一种系统的自我探索过程，它涉及个人对自己技能、爱好、特质和信念的深入理解，进而构建一个全面且匹配的职业自我形象。这一过程强调个人成长与企业发展的同步，通过对个人特质和所处环境的综合评估，探究各行各业的市场动向和关键成功因素。在此基础上，个人可以设定清晰的职业目标，并筛选出有助于目标实现的职业路径或岗位。同时，制订出包括工作、学习和培训在内的行动计划，以及实施这些计划的基本步骤。这样的规划旨在提升个人的决策力、执行力和适应能力，以促进职业的稳步前进和最大化的成就。

简而言之，职业规划是个体基于自身实际情况、面临的机遇和限制，为自己制订职业方向和具体目标，选择合适的职业路径，并规划出达成目标所需的教育和职业发展方案，以及确定实施这些方案的具体时间和步骤。

二、职业生涯规划的特点

一个有效的职业生涯规划包含以下四个关键特征。

1. 可行性

一个优秀的职业生涯规划应当基于个人的实际情况，包括能力、资源、市场状况等因素，确保规划是切实可行的。这样的规划能够避免不切实际地幻想，确保个人能够在实际工作中逐步实现职业目标，不错过任何发展机会。

2. 适时性

规划应当考虑到时间因素，合理安排短期、中期和长期的职业目标。这意味着规划中的每步都应该有明确的时间表，以便于跟踪进度和及时调整，确保职业发展的每步都能在适当的时间完成。

3. 灵活性

由于在职业发展过程中可能会遇到各种预料之外的挑战和机遇，一个灵活的职业生涯规划能够帮助个人适应这些变化。这种灵活性体现在能够根据实际情况对规划进行必要的调整，以保持职业目标的现实性和可达性。

4. 持续性

职业生涯规划不应是一次性的活动，而应是一个持续的过程，它应当伴随个人的整个职业生涯。这意味着规划需要不断地更新和优化，以适应个人成长和环境变化，确保职业目标能够持续地得到追求和实现。

三、职业生涯规划的意义

职业生涯规划的重要性在于它为人们提供了一个清晰的路线图，帮助人们设定具体的目标，采用系统的方法，采取实际的步骤，并最大限度地发挥自身的才能和潜力。它鼓励人们不断调整职业发展的方向，以实现职业上的成功。

目标的设定是至关重要的，因为它为大学生提供了从当前位置向未来迈进的动力。明确的目标和方向能够激发斗志，鼓励大学生积极创造条件实现这些目标，而不是毫无目的地随波逐流。

对于大学生来说，认识到职业生涯规划的价值是至关重要的。职业生涯将占据其生命中的大部分时间，一个成功的职业生涯是实现完整人生的关键。因此，制订一个深思熟虑的职业生涯规划对于大学生来说尤其重要，职业生涯规划不仅有助于他们理解自己的职业愿望，还有助于他们为未来的职业道路做好准备。

简而言之，职业生涯规划是帮助我们实现职业目标和个人成长的重要工具，它要求人们有意识地规划自己的未来，而不是被动地接受生活的安排。

（1）职业生涯规划是一种自我发现和自我提升的工具，它有助于个人发掘内在潜力并增强职业竞争力。以下是职业生涯规划如何发挥作用的详细说明。

1）自我认知。有效的职业生涯规划可以帮助大学生了解自己的个性特征、优势和潜在资源。这有助于大学生重新评估自己的价值，并为未来的增值奠定基础。

2）自我分析。通过比较自身的综合优势和劣势，大学生可以更清晰地了解自己在职业发展中的位置和潜在的改进空间。

3）目标设定。规划过程鼓励大学生设定明确的职业发展目标和理想，这为其职业道路提供了方向和动力。

4）现实评估。现实评估帮助大学生评估个人目标与现实之间的差距，使之能够制订更实际的计划，来缩小这一差距。

5）职业定位。职业生涯规划引导大学生结合前瞻性和实际情况进行职业定位，探索新的或有潜力的职业机会。

6）行动计划。通过科学的方法和可行的步骤，可以增强自己的职业竞争力，逐步实现自己的职业目标和理想。

（2）职业生涯规划能帮助大学生设定合理的职业目标，增强发展的方向性和策略性，从而提升成功概率。生涯进步需基于明确的计划和目标，而非盲目碰运气，生涯规划的缺失往往是导致职业挫折的原因。正如古语所言，"预则立，不预则废"，强调了事前准备的重要性。

大学生初识"需设定目标"时，仅处于起始阶段，距目标达成尚远。制订一个既契合自身特色，又顺应社会需求，且具备可行性的目标实为不易。面对制订目标时的迷茫、遥不可及或过于简单等挑战，关键在于全面自我认知、洞悉外部发展趋势，并掌握目标设定的技巧。职业生涯规划正是这样一把钥匙，它协助大学生深入认识自我与外部世界，传授基本原理与思维方式，并提供实用工具和技巧支持。

（3）职业生涯规划能够增强个人在当今这个变革时代中的竞争力。社会竞争激烈，职业领域的"物竞天择，适者生存"法则尤为显著。要在竞争中崭露头角并保持优势，科学的职业生涯规划不可或缺。遗憾的是，许多应届毕业生并未首先着手规划职业生涯，而是盲目投递简历，期待好运降临，结果往往浪费了宝贵的时间、精力和资源，最终抱怨招聘方不识人才，自己难以施展才华。他们忽视了职业生涯规划的价值，误以为找到理想工作仅凭学识、业绩、耐心、人脉、口才等因素即可，视职业规划为空洞理论，认为其浪费时间。这种观念是错误的。实际上，事先规划，如同"磨刀不误砍柴工"，明确职业认知与目标后再展开求职行动，效果更佳，也更加高效、科学。

（4）职业生涯规划能够激励大学生更加合理地安排大学期间的学习任务。学生的学业规划应当以未来职业目标为引领，意味着职业选择将决定其学业路径。由于每个人的职业目标和个人特质不同，学业规划也会呈现出个性化的差异。

（5）职业生涯规划有助于在就业市场中合理分配各类人才资源。缺乏规划的盲目就业可能加剧人才市场的无序状态。通过职业生涯规划，毕业生能够被引导至适合自己的职业道路，实现人岗匹配，从而优化人才市场的供需关系，为社会的发展注入活力。

（6）职业生涯规划能够有效提升大学生的职业竞争力。通过职业生涯规划教育，大学生不仅能够明确适合自己的就业方向，还能有目的地提升自身的综合素质和能力。通过参与社会实践活动，学生可以增强社会责任感和应对挫折的能力，从而在职业能力上得到显著提升，获得招聘方的认可，并顺利进入职场，有助于实现个人的生命价值。

四、大学生职业生涯规划的误解

1. 职业生涯规划可有可无

认为职业生涯规划可有可无是一种极为短视的看法。对于大学生而言，职业生涯规划是导航标，是行动指南。它帮助大学生明确职业方向，设定合理的目标，并制订实现这些目标的策略。如果没有职业生涯规划，大学生可能会在学习和就业上迷失方向、浪费时间和资源。因此，职业生涯规划并非可有可无，而是大学生走向成功的重要工具。

2. 职业生涯规划是大学毕业生的主要任务

认为职业生涯规划仅是大学毕业生的主要任务的看法过于狭隘。实际上，职业生涯规划应该贯穿大学生的整个学习生涯，而不仅仅是毕业阶段的任务。大学生从入学开始就应该思考自己的职业兴趣和目标，逐步明确自己的职业方向，并为之努力。因此，职业生涯规划应该是大学生持续进行的过程，而非仅限于毕业阶段。

3. 职业生涯规划中的自我定位不准

自我定位是职业生涯规划的基础，也是最容易出现错误的地方。一些大学生对自己的兴趣、能力和价值观缺乏深入了解，导致在职业生涯规划中自我定位不准。这可能会使他们选择不适合自己的职业方向，或者在职业道路上频繁受挫。因此，大学生在进行职业生涯规划时，必须深入剖析自己，确保自我定位准确。

4. 职业生涯规划急功近利

职业生涯规划是一个长期的过程，需要耐心和坚持。然而，一些大学生过于急功近利，期望通过职业生涯规划迅速实现职业成功。这种心态可能会导致他们制订不切实际的目标和计划，或者在遇到困难时轻易放弃。因此，大学生在进行职业生涯规划时，应该保持冷静和理性，制订符合自己实际情况的目标和计划，并为之付出持续的努力。

视频：在你的职业生涯中你正在扮演怎样的角色

第二节　职业生涯目标

一、职业生涯目标类型

职业生涯目标是指个人在特定职业领域内设定的未来想要实现的具体成就，这些目标按照时间跨度可分为短期目标、中期目标和长期目标。

确立职业生涯目标的过程涉及以下四个层面。

1. 人生规划

人生规划是对整个职业生涯的全面规划，通常覆盖大约40年的时间跨度。在这个阶段，需要设定整个生涯的发展方向和最终目标，例如，有志于成为拥有巨额资产的企业家或公司董事。

2. 长期规划

长期规划是指5～10年的目标设定，它关注的是较为遥远但具体的成就，如规划在30岁成为一家中型企业的部门经理，或在40岁时晋升成为一家大型企业的副总经理。

3. 中期规划

中期规划通常涵盖2～5年的时间范围，这个阶段的目标和任务更加具体，例如，计划在不同的业务部门担任经理职务，或者从大型企业的部门经理转变为小型企业的总经理。

4. 短期规划

短期规划是指 2 年以内的具体计划，如在两年内掌握特定的业务知识或技能。

在明确了这些不同阶段的职业生涯目标之后，接下来是制订实现这些目标的行动方案。这一步骤至关重要，包括选择职业发展路径、决定从事的职业，以及制订相应的教育和培训计划。通过将这些目标转化为具体的行动方案和措施，个人可以更有条理地朝着职业生涯的目标前进。

二、职业生涯目标设定原则

1. 目标设定需契合个人特质

每个人都有独特的价值观、兴趣、性格和特长。在设定职业生涯目标时，应基于个人的最佳性格特质、最浓厚的兴趣和最擅长的技能。这样，个人在职业道路上才能更加得心应手，发挥出最大的潜力。

2. 目标设定应结合长短期规划

长期目标为个人提供了清晰的人生方向和持续的动力，有助于避免只关注眼前的短期行为。短期目标则是长期目标实现的基石，它们是可实现的步骤，可以带来即时的成就感和动力。然而，如果只有短期目标而没有长远的规划，可能会导致方向上的迷失和动力上的缺失。因此，职业生涯的目标设定需要长短结合，以保持持续的前进动力和清晰的发展方向。

随着个人从青年步入中年再到老年，体能、精力、技能、经验和处世态度都会发生变化。同时，社会政治和经济环境也在不断演变。设定一个多层次、分阶段的目标体系，可以帮助个人在面对不同生活阶段和外部环境变化时，保持开放和灵活的心态，更好地适应和应对挑战。这样的目标设定不仅有助于个人职业发展，还能使个人在职业生涯的不同阶段都能保持目标和动力。

3. 目标要清晰可行

目标设定是在自我认识的基础上，对自己未来职业生涯的一个初步的设想。设定目标时要按照 SMART 模式进行。

（1）具体性（Specific）。目标应当具体明确，避免模糊。例如，不仅是"我想学习编程"，更具体的目标应该是"我要在接下来的六个月内通过在线课程学习 C++，并完成一个能够分析数据并自动生成报表的桌面软件项目"。

（2）可衡量性（Measurable）。目标的可衡量性意味着需要能够量化进度和成果。例如，设定目标时可以包括"完成至少 10 个编程练习项目"或"软件能够处理至少 1 000 条数据"，这样就可以清晰地知道何时接近或完成了目标。

（3）可达成性（Attainable）。目标应当是可实现的，考虑到个人的资源、技能和时间。例如，而不是不切实际地开发一个超越安卓系统的操作系统，设定一个如"开发一个简易的个人信息管理系统"的目标更为实际，这样可以确保目标在努力下是可以达成的。

（4）相关性（Realistic）。目标应当与个人的长期目标和兴趣相符合，且在个人的控制范围内。如果目标与个人的总体发展方向不符，或者超出了个人的能力范围，那么这个目标就不具备相关性。确保目标与个人的生活和工作紧密相关，可以提高实现的可能性。

（5）时限性（Time-based）。为目标设定一个明确的完成时间是非常重要的。例如，"在2023年年底前完成C++编程学习并开发出数据分析软件"就是一个具有时限性的目标。这样的目标可以防止拖延，并提供一个清晰的终点，以便于规划和执行。

通过遵循这些原则，可以设定出既具体又具有挑战性的目标，并通过逐步实现这些小目标，最终达到职业生涯的大目标。

4. 目标需要分解和评估

有些人对制订职业生涯规划持犹豫态度，因为这要求他们作出具体的选择。确定一个目标可能意味着放弃其他潜在的机会。另外，由于环境的多变性，一些人对于承诺感到不安，他们担心如果无法实现目标，会对自己的理想造成负面影响。要作出果断和明确的目标选择，分析影响目标制订和实现的主要因素，以及掌握目标分解和组合的技巧是关键。

实现宏伟的目标往往不是一蹴而就的，它需要被分解为一系列更容易达成的阶段性目标。目标分解是一个将目标清晰化、具体化的过程，它将抽象的目标转化为可操作的实施步骤。通过目标分解，可以在现实和理想之间搭建起逐步攀登的阶梯。这个过程要细致到能明确知道，为了实现十年后的目标，今年和明年应该采取哪些行动。如果缺乏这种明确的规划，十年后的目标可能永远只是一个遥不可及的梦想。因此，目标分解是达成目标的重要策略。

另外，个体应当定期审视和评估自己的职业生涯目标，这样做可以了解自己的努力是否取得了成效，并为未来改进和提升目标设定提供准确的信息与反馈。通过这样的评估，个人可以更好地调整自己的职业路径，确保自己始终朝着正确的方向前进。

三、职业生涯目标的分解与组合

1. 职业生涯目标的分解

个人职业生涯目标可以根据其性质分为外职业生涯目标和内职业生涯目标两大类。

（1）外职业生涯目标。外职业生涯目标主要关注职业发展中的外在表现和成果。

1）工作内容目标：涉及具体的职业任务和职责。
2）工作环境目标：包括理想的工作条件和工作氛围。
3）经济收入目标：明确个人在职业生涯不同阶段的经济收益期望。
4）工作地点目标：指个人希望工作的地理位置。
5）职务目标：涉及具体的职位和职务，例如，"我希望在三年内成为市场营销部门的经理"。

设定这些目标时，应当具体明确，如"在 35 岁前年薪达到 50 万元"或"在五年内晋升为高级项目经理"。

（2）内职业生涯目标。内职业生涯目标更注重个人在职业成长过程中的内在提升和自我实现。

1）工作能力目标：提升解决职业问题的技能，如获得专业证书、提升教育水平或提高沟通能力。

2）心理素质目标：增强面对挫折和成功的心理韧性，保持冷静和自信。

3）观念目标：形成和提升对工作和他人的态度和价值判断。

4）工作成果目标：实现具体的职业成就，如创新管理方法或达到特定的销售业绩。

内职业生涯目标强调的是个人在实现工作成果过程中的知识和经验积累，以及内心的成长和满足感。

外职业生涯目标和内职业生涯目标相互依存，互相促进。内职业生涯目标的发展可以推动外职业生涯目标的实现；外职业生涯目标的达成也能进一步促进内职业生涯目标的成长。两者共同构成了一个完整的职业发展框架。

2. 职业生涯目标的组合

职业生涯目标组合是一种高效的方式，用来处理多个目标之间的相互作用，它侧重于目标之间的因果和互补关系。这种组合不仅限于职业领域，而是扩展到了个人生活的各个方面。

在职业生涯目标中，目标组合可分为以下两种情况。

（1）目标并进。目标并进指的是同时追求多个工作目标，或者同时建立并实现与当前工作不直接相关的职业生涯目标。例如，一个秘书可能在做好日常工作之余，还攻读新闻专业的硕士学位，以备未来职业发展的需要。这种做法体现了前瞻性和危机意识，要求个人具备优秀的时间管理能力和坚持不懈的学习态度。

（2）目标连续。目标连续指的是目标之间的顺序性，即完成一个目标后再开始下一个。通常，短期目标是实现长期目标的基础，而随着时间的推移；长期目标可能会转变为中期目标；中期目标又可能变成短期目标。

目标组合可以将职业生涯目标与个人的整体生活目标相结合。在设定职业生涯目标时，应当综合考虑个人发展、家庭生活及职业成长等多方面的愿望。这种方法有助于实现平衡和谐的生活状态，确保在不同的生活领域都能取得满意的进展。通过这种方式，个人可以更全面地规划自己的生活，确保各个方面的目标相互支持，共同推动个人向理想的生活状态迈进。

第三节 职业生涯决策

一、职业决策的含义

1. 广义的职业决策

职业决策的广义概念涵盖了从提出问题到最终选择职业的整个过程。这包括了问题的提出、信息的收集、目标的设定、方案的制订、方案的评估、执行的监控及最终的决策。这一过程涉及了认知活动的多个方面,旨在帮助个体确定其职业方向。

2. 狭义的职业决策

在日常生活中,所谓的"拍板"通常指的是决策的狭义概念。狭义的职业决策是指为了实现特定的职业目标,从多个职业方案中挑选一个合适的方案的分析和判断过程。这个过程包括了决策者通过分析、比较和思考,决定采取何种行动和方法。可以将狭义的决策视为广义决策过程中的一个关键步骤,即在多个选项中作出最终选择。

狭义的职业决策通常包括三个关键步骤:首先,明确目标;其次,确定可能的方案;最后,选择最终的方案。即使是日常小事,如在炎热天气中选择喝可乐来解渴,也遵循这一模式:首先,确定目标(解渴);然后,考虑可能的方案(选择可乐);最终,作出决定(购买并饮用可乐)。

对于大学生而言,职业决策的关键在于根据个人特点和市场需求作出恰当的职业选择,即进行职业定位。虽然职业决策看似是一个简单的选择,但是实际上它涉及全面的自我了解、对职业的科学认知和实际体验,是一个综合的过程。本书讨论的职业决策,是在深入理解自我和职业世界的基础上,从多个职业方案中作出选择的过程,即狭义的职业决策过程。

二、常见的决策模式

1. 信息过载型

一些人在决策时会投入大量的时间和精力去收集信息与咨询专家,反复比较不同的选择,但往往难以作出最终决定。他们常说"我就是拿不定主意"。在这种情况下,即使收集再多的信息也无济于事。关键在于识别和解决阻碍他们决策的情绪和非理性信念,如害怕犯错或追求完美。

2. 即兴型

与信息过载型相反,有些人在遇到第一个选择时就会迅速决定,不再考虑其他选项或收集更多的信息。他们倾向于"先行动,后思考"。这种决策方式可能源于对复杂问题的回避,但风险较大,可能会错过更好的选择。

3. 直觉驱动型

有些人依赖直觉来做决定，通常没有明确的理由，只是"感觉对了"。在信息不足的情况下，直觉可能很有用，但也可能受到个人偏见的影响，导致决策偏离事实。

4. 推迟型

推迟型人倾向于推迟决策，常说"以后再说"。例如，一些大学生可能会选择继续深造以推迟就业。他们希望问题会自行解决，但问题往往不会消失，反而可能恶化。

5. 被动型

有些人不愿意承担责任，而是将命运交给外部环境。他们可能会说"顺其自然"或"我永远不会幸运"。这种态度可能导致他们感到无力和无助，成为环境的"受害者"。

6. 从众型

从众型的人倾向于跟随他人而不是独立做决定。他们常说"如果大家都这么做，我也这么做"。虽然从众可以带来安全感，但可能会忽视个人的独特需求，导致选择不适合自己。

7. 犹豫不决型

有时候，即使个体在理性上接受了应该自己做决定的观念，他们也可能无法开始决策过程。他们知道自己需要开始，但内心深处的恐惧阻碍了他们。这种恐惧可能源于家庭在成长过程中的不当养育方式。

三、影响职业决策的因素

职业决策是一个多维度的过程，受到多种内外因素的影响。克朗伯兹提出的四类影响因素提供了一个框架来理解这些影响。

1. 遗传和天赋

遗传和天赋是与生俱来的特质，包括种族、性别、外貌、智力和个人才能等。这些因素在一定程度上决定了个人的职业潜力和生涯路径。例如，性别可能影响求职者的面试机会，而身高和健康状态对于某些职业（如模特或军人）来说至关重要。

2. 环境和关键事件

环境和关键事件包括社会、文化、政治、经济活动及家庭、教育背景等环境因素，以及自然资源分布和自然灾害等自然力量的影响。家庭的社会经济地位、家庭期望和地区的教育水平都会对个人的学习和职业发展产生重大影响。重大的社会政治经济变革，如改革开放，也会改变许多人的生活轨迹。

3. 学习经验

广义的学习经验包括日常生活中积累的经验和认识。这些经验是个人独特的，并且对职业生涯选择有重要的影响。例如，一个孩子通过与同伴分享玩具学到的合作精神，或者在父母过度保护下学到的依赖性，都会影响他们未来的职业决策。

4. 任务取向技能

任务取向技能是个人在面对任务时表现出来的工作习惯、解决问题的能力、心理状态、情绪反应和认知过程。面对找工作这样的任务，不同的人会有不同的应对方式，有的人积极利用资源，有的人则可能拖延到最后一刻。

克朗伯兹认为，前两类因素通常不可控，而后两类则是可以通过个人努力积累和更新的。这些因素相互作用，形成了个人对自我和世界的推论或信念，这些信念可能不完全准确，取决于个人的学习经验。

理解这些因素如何影响职业决策，可以帮助个人更好地认识自己，制订更符合自身情况的职业规划。

四、职业决策中的 SWOT 分析法

SWOT 分析法是个体进行职业生涯规划时常用的决策工具，它能帮助个体审视自己的技能、能力、兴趣和职业选择，识别个人的优势与劣势，并评估所感兴趣职业路径中的机遇与挑战。

通过这个矩阵模型，个体能够清晰地把握自身的竞争力和潜在的发展机遇，进而设定合理的生涯目标。同时，它也帮助个体认识到自身的局限性和外部环境中的威胁，为个人提升和改进提供了实际的参考。

在执行 SWOT 分析时，个体可以运用多种技巧来识别自身的优势、劣势、机会和威胁，其中最普遍的方法是关键提问法。这种方法涉及不断自我提问，并从答案中获取深刻的自我认识。例如，个体可以通过以下问题来探索外部环境和机遇。

（1）我最有潜力的职业前景是什么？

（2）我的专业领域中最前沿的知识和技术是什么？

（3）我是否已经尽我所能去接近这些知识和技术？

（4）哪些培训和继续教育可以为我创造更多的机会？

（5）获得 MBA 或其他学位是否会增强我的竞争力？

（6）在现有工作中，我多久有望获得晋升？

（7）技术进步、市场变化、政府政策更新、社会结构、人口动态和生活方式的转变是否会为我带来新的机遇？

通过这种自我探究，个体能够更全面地了解自己的职业环境，从而作出更明智的生涯规划决策。

个人生涯决策 SWOT 矩阵模型见表 2-1。

表 2-1　个人生涯决策 SWOT 矩阵模型

	优势	劣势
内部因素	指个体可控并可利用的内在积极因素： （1）累积的工作经验。 （2）受教育的程度。 （3）深厚的专业知识技能和技艺。 （4）可迁移的技能，如沟通技巧、团队协作和领导力。 （5）个性特质，如职业操守、自律、抗压性、创造力和乐观态度。 （6）广泛的人脉网络。 （7）在专业领域内的影响力	指个体可控并努力改善的内在消极因素： （1）经验不足。 （2）学术成绩不佳，专业不匹配。 （3）缺乏明确目标，自我和职业认知不足。 （4）专业知识欠缺。 （5）领导力、社交、沟通和团队协作能力有待提高。 （6）求职技巧不足。 （7）负面个性特征，如职业道德问题、自律性差、工作动力不足、内向、情绪波动等
	机会	威胁
外部因素	指个体不可控但可以利用的外部积极因素： （1）就业市场的扩大。 （2）继续教育的途径。 （3）特定专业领域的人才需求。 （4）自我认知提升和明确工作目标所带来的机遇。 （5）职业晋升的机遇。 （6）专业成长带来的新机会。 （7）职业路径选择带来的个性化机遇。 （8）地理位置带来的优势。 （9）强大的社交网络	指个体不可控但可以使其弱化的外部消极因素： （1）就业机会的缩减。 （2）来自同专业毕业生的竞争压力。 （3）技能、经验和知识丰富的竞争者。 （4）拥有优秀求职技巧的竞争者。 （5）来自知名学府的竞争者。 （6）缺乏培训和继续教育导致的职场发展障碍。 （7）晋升机会的稀缺或竞争的激烈。 （8）专业领域的发展潜力有限。 （9）企业对同等学历或专业人才的招聘需求减少

拓展阅读

积极看待职业生涯中的空窗期

据《工人日报》报道，"职场人的简历不敢有空窗期"近日成为热议话题。一些职场人经过一段时间的休息、学习或探索自身更多可能性后，渴望回到职场之时，却发现空窗期给求职减了分。

2020 年，有求职平台对企业管理者和人事部门开展的一项调查显示，对于应聘者的职场空窗期，69.5% 的企业管理者更看重个人能力的匹配，对空窗期的容忍度一般在 12 个月之内。而企业的人事部门相对严格，超过半数的比例认为应聘者的职场空窗期不能超过 6 个月。可见，挑剔空窗期是一个颇为普遍的做法。但对于求职者来说，这段看似职业空白的时间，却可能是他们充电、调整、自我提升的重要阶段，不妨积极看待。

必须认识到，职场空窗期是职业生涯中不可避免的一个阶段。在快速发展的现代社会，职业变迁、行业调整乃至个人生活变化都可能导致一段时间的空窗期。这段时间里，求职者寻找新的职业方向，或许充电学习以适应新的市场需求，抑或调整心态，平衡生活与工作之间的关系。这些都是正常的人生经历，也是个人成长的重要组成部分。

职场空窗期是一个自我提升和反思的绝佳机会。在忙碌的工作节奏中，人们容易忽视自身的专业成长。空窗期则提供了一个相对宽松的环境，让求职者有机会重新审视自己的职业规划，思考未来的发展方向。他们可以利用这段时间参加培训课程、学习新技能，或者通过阅读、旅行等方式拓宽视野，丰富阅历。这些经历不仅有助于提升个人竞争力，也能帮助他们在未来的职场中更加自信地面对挑战。

空窗期也是求职者调整心态、积蓄力量的关键时期。在连续的工作中，人们可能感到疲惫、焦虑甚至迷失方向。一段时间的休息，能够帮助求职者恢复精力，调整心态，以更加饱满的热情和更加清晰的目标投入下一份工作中。这种心态上的调整，对于个人的职业发展和生活质量的提升都具有重要意义。

再者，我们也不能忽视一些特殊情况下的空窗期。例如，有些求职者可能因为家庭原因、健康问题或个人兴趣等，选择暂时离开职场。这些空窗期虽然看似"非职业"，但对于求职者来说却是不可避免的环节，不仅有助于求职者实现个人价值的多元化，更能让他们在未来的职场中展现出更加深厚的人文素养。

即便如此，我们也必须正视现实中职场空窗期存在的问题。一些雇主对于空窗期的过分挑剔和误解，往往会让求职者陷入困境。对此，需要从多个层面进行反思。

社会应该形成包容和理解空窗期的共识，尊重每个人的选择和经历，鼓励他们在适当的时候进行自我调整和提升。企业在招聘时应该更加注重应聘者的实际能力和潜力，而不是过分纠结于他们的职场空窗期。求职者自身也应积极面对空窗期，将之当作提升自我、充实自己的机会，而不是一个职业发展的阻碍，通过学习和努力不断精进自己。

被职场空窗期绊住未必是坏事，前提是以更加开放和包容的心态来看待这一现象。求职者要充分利用这段时间进行自我提升，为未来的职业发展打下更加坚实的基础。同时，企业要摒弃对空窗期的偏见和误解，以更加全面和客观的眼光来评价求职者的能力和潜力。如此才能共同创造一个更加公平、包容、充满机遇的职场环境。

（资料来源：https://www.xuexi.cn/lgpage/detail/index.html?id=11740458778230124349&item_id=11740458778230124349）

第三章
职业生涯管理与职业素养提升

🎯 学习目标

【知识目标】

1. 了解职业生涯管理的含义及其在企业人力资源战略中的作用。
2. 了解职业素养的基本特征。
3. 熟悉职业生涯规划评估的内容和方法。
4. 熟悉职业素养的关键核心。
5. 掌握职业生涯个人管理在不同阶段的重点。

【能力目标】

1. 能够制订和调整个人职业生涯规划,以适应环境变化和个人发展需求。
2. 能够使用职业生涯规划评估方法,如对比反思法、交流反馈法和分析总结法,以优化职业发展路径。
3. 能够识别和弥补自身在职业素养方面的不足,通过实践活动和学习提升职业能力与专业知识。
4. 能够在职业生涯的各个阶段,采取适当的管理策略,以实现个人职业目标和生活价值的提升。

【素养目标】

1. 提升学生对职业生涯规划重要性的认识,增强他们在职业选择和发展规划中的主动性和自我驱动力。
2. 增强学生在职业生涯规划和评估中的自我认知能力,帮助他们更好地理解自己的优势、兴趣和价值观。
3. 培养学生的职业责任感和敬业精神,使他们能够在职业道路上忠诚于自己、企业及岗位。
4. 提升学生的团队合作意识和能力,帮助他们在职场中更好地融入团队,提高协作效率。
5. 增强学生的创新能力和解决复杂问题的能力,鼓励他们在日常工作中不断探索和创新。

🔊 **案例导入**

两种不同的工作态度

在一家大型科技公司中，有两位员工，张伟和李婷，他们在同一个团队工作，负责开发新软件产品。尽管两人具备相似的专业技能和教育背景，但他们的工作态度截然不同。

张伟是一位积极主动的员工。他总是乐于接受新任务，主动寻求反馈，并在团队会议中提出建设性的意见。张伟对职业生涯管理有清晰的认识，他定期进行自我评估，了解自己的优缺点，并根据公司的发展方向调整自己的职业目标。他还积极参与公司提供的培训和发展机会，努力提升自己的职业素养。张伟的这种态度不仅提升了他的工作效率，也为团队带来了积极的氛围。

李婷则相对消极。她对工作缺乏热情，常常只完成最低要求的任务，且对反馈持抵触态度。李婷认为自己的工作只是为了领取薪水，对职业发展没有太多关注。她不愿意参加额外的培训，认为这些都是浪费时间。这样的态度使得她在团队中逐渐被边缘化，错失了许多晋升机会。

通过这个案例，可以看到，积极主动的工作态度不仅能提升个人的职业发展，还能促进团队的整体表现，而消极的工作态度则可能导致职业发展的停滞。

【思考】
1. 如何通过职业生涯管理来提升员工的积极性和工作热情，以促进个人和团队的共同发展？
2. 在面对工作中的挑战时，员工应该如何调整自己的工作态度，以实现职业目标和个人价值的提升？

第一节　职业生涯管理

一、职业生涯管理的含义

职业生涯的规划与推进是企业人力资源战略中不可或缺的一环，它涉及管理层、员工个体及企业整体利益的平衡。在这一过程中，管理层的职责是激发员工的潜能，通过提供职业发展的方向和资源，帮助员工规划其职业路径。员工则需要自我审视，识别自身的优势和潜力，以此为基础制定出符合个人发展的策略。企业则需明确传达其战略方向和目标，确保内部管理的透明度，同时实施有效的绩效考核和人才培养机制。

职业生涯管理的架构可分为两个主要层面。首先是企业层面的职业管理，这涉及企业如何根据自身发展需求，制订人才培养计划，确保人才的最优配置，以及如何建立和完善人才梯队。其次是个人层面的职业管理，它强调的是员工如何通过自我驱动，进行职业规划，以实现个人职业目标和生活价值的提升。

企业层面的管理要求企业不仅要制定清晰的职业发展路径，还要提供必要的培训和支持，帮助员工在合适的岗位上发挥所长。而个人层面的管理则鼓励员工进行自我分析，了解自己的职业兴趣和职业发展方向，从而主动地规划职业生涯，不断提升个人能力和市场竞争力。这两个层面相辅相成，共同促进了员工与企业的共同成长和进步。

二、职业生涯管理的意义

大学生在进入职场后，随着对工作环境认知的逐步深入，开始对自身的职业生涯进行有效管理，这实际上是对早期职业规划的深化与完善。职业生涯管理的深远意义可从以下两个维度来解读。

1. 对企业的意义

（1）合理配置资源：通过对员工的职业生涯管理，企业能够确保人力资源的优化配置。员工作为企业的重要资产，通过不断提升自身技能和能力，能够为企业创造更多价值。职业生涯管理有助于员工成长，确保人才得到充分利用，进而实现资源的合理配置。

（2）激发员工积极性：职业生涯管理为员工提供了清晰的职业发展路径，使员工在明确晋升机会和发展目标后，更有动力提升自我，增加工作热情，提高工作效率，推动企业快速发展。

（3）促进企业持续发展：员工的成长和潜能发挥是企业持续发展的基石。职业生涯管理增强了员工对企业的归属感，有助于企业留住人才，共同促进企业的长期成功。

2. 对个人的意义

（1）提升工作能力：个人通过职业生涯管理，可以根据设定的职业目标来识别并改进自己的不足，从而提升个人能力，满足职业晋升的需求。

（2）追求更高自我价值：随着职业生涯的发展，个人的价值追求会逐步提升，从基本的生存需求转向更高层次的自我实现，职业生涯管理有助于这一过程的实现。

职业生涯管理将个人与企业的利益紧密相连：企业为员工提供发展平台，员工则在企业中寻找成长机会。这种相互促进的关系不仅提升了员工的工作满意度和忠诚度，还激发了员工的潜能，为企业带来更大的效益。

综上所述，一个有效的职业生涯规划需要不断地调整和更新，以保持其活力。企业和个人共同参与职业生涯的后续管理，是实现双方共同进步和目标达成的关键。这种合作对于企业和个人来说，都是实现共赢的重要途径。

三、职业生涯个人管理的不同阶段

1. 早期的个人管理

（1）考查职业生涯目标。

1）员工需要明确自己的职业发展需求，并与组织相互适应。

2）通过做好本职工作、正确对待业绩评价、观察和利用非正式关系来了解自己和组织。

3）随着知识和信息的积累，员工应调整职业目标以适应个人发展和组织变化。

（2）确定主动的职业生涯战略。

1）员工应采取主动态度，通过自身行为影响组织。

2）组织也希望员工有积极态度，以便及时了解员工想法并作出反应。

（3）制订现实的目标。

1）员工应设定职业发展目标，并与组织沟通。

2）重要的是充分了解自己的兴趣、动机和才能。

（4）了解当前工作的绩效标准和职责。

1）员工应积极了解绩效标准和职责，以便更好地完成工作。

2）与上级有效交流，理解上级的处境和困难，并提供帮助。

（5）探索升迁之路。

1）认识到升迁机会有限，尤其是在扁平化组织中。

2）把握升迁的通道和路径，区分表面捷径和真正捷径。

3）认识到平调是提升能力和准备提拔的必要环节。

（6）注意个性的影响。

1）个性对工作和上级印象有重要影响。

2）塑造适合工作和团队文化的个性对职业发展至关重要。

（7）获得保护。

1）上级和师傅的支持与保护对实现目标很重要。

2）通过坦诚交流、勤奋工作和忠诚来获得上级的信赖。

3）在成就期内，发展人际关系和获取他人支持非常重要。

2. 中期的个人管理

（1）自我评估。

1）定期进行自我评估，了解个人价值、兴趣、才能和对中年期的感受。

2）评估个人优先次序的变化，确保个人目标、计划与兴趣、价值观和技能相符合。

3）主动参与职业发展讨论，与他人交流以获得反馈和建议。

（2）对待失业。

1）失业对个人的影响因人而异，取决于多种因素。

2）失业可能会打乱生活的平衡，导致情绪和心理问题。

3）将失业视为成长的机会，寻找新的道路和成功的可能性。

（3）危机管理。

1）保持积极乐观：面对职业生涯中期的问题，保持积极的心态，寻找解决问题的方法。

2）明确目标与信念：确立职业目标，坚定信念，以信念推动成功。

3）进行新的职业角色选择：在面临危机时，考虑新的职业角色，如成为专家、项目带头人或转换工作领域。

4）树立学习理念：不断学习新知识和技能，以适应变化和实现突破。

5）维护平衡：重新评估职业锚和贡献区，确定职业、家庭和个人发展之间的权重，寻求均衡。

6）快速反应：在危机来临时迅速作出反应，提出解决方案。

3. 晚期的个人管理

（1）学会接受，迎接变化。

1）勇敢面对心理和生理机能的衰退，以及随之而来的职业能力和竞争力下降。

2）接受新人的成长和权力提升，正确看待个人地位的变化。

3）寻求心理上的平衡，保持积极的态度。

（2）学会应付"空巢"问题。

1）认识到空巢是家庭生命周期的变化，也是人生的转折点。

2）将注意力转移到家庭，多花时间与配偶相处，加强与配偶的关系。

3）发展个人业余爱好和兴趣，满足个人需求，丰富个人生活。

4）注重社会人际关系，增进亲情和友谊。

5）积极参加社会活动，探索新职业的可能性。

（3）着手退休准备。

1）回顾职业生涯，总结经验教训。

2）做好退休前的思想准备，培养个人兴趣，规划退休后的生活。

3）把握退休前的时间，确保职业工作圆满结束，培养接班人。

4）为退休做好财务准备，确保退休后的生活质量。

第二节　职业生涯规划评估

一、职业生涯规划评估的内容

职业生涯规划评估是一种通过客观的手段来衡量个人职业发展进程和行为表现的过程。这一过程要求根据内外部环境的变化，进行持续的评估和调整，并采用科学系统的评估手段来了解个人发展状况。评估的准确性和客观性直接关系到职业生涯规划的整体成效。以下是职业生涯规划评估的四个主要方面。

1. 职业生涯规划目标的评估

职业生涯规划目标的评估涉及评估个人设定的职业目标是否仍然合适。如果发现难以获得与目标职业相关的实践经验，或者在实际工作中感到不适合或难以胜任，那么可能需要重新考虑并调整职业规划目标，以确保它们更贴合个人的成长路径。

2. 职业生涯规划前景的评估

职业生涯规划前景的评估是指对个人职业发展方向的前景进行审视。如果原本规划的职业路径因社会环境变化而变得不确定，或者发现了更适合自己的职业道路，那么就需要考虑调整职业发展方向。

3. 职业生涯规划实施方法的评估

职业生涯规划实施方法的评估要求审视达成职业目标的策略和方法是否有效。如果发现实施过程中遇到障碍，或者由于外部因素变化需要调整职业方向，那么相应的实施方法也需要进行修改。

4. 对其他因素的评估

对其他因素的评估包括对家庭状况、健康状况、意外事件等外部因素的考量。如果家庭需求增加，或者健康状况不佳，可能需要在工作与家庭之间找到平衡，或者适当降低职业期望。

通过对这四个方面的评估，个人可以更清晰地认识到自己的职业发展状况，及时做出必要的调整，以确保职业生涯规划的有效性和适应性。

二、职业生涯规划评估的作用

在职业生涯的实际操作中，不可避免地会遇到各种挑战和不适。职业生涯规划评估与实践是互为补充的，实践中遇到的问题可以促进个人更有效地评估和调整职业规划，而有效的评估和调整则有助于预见与避免潜在的问题。

1. 促进自我认知的全面性

职业生涯规划评估是一个不断深化自我认识的过程。它帮助大学生在其成长过程中准确地理解自己。随着大学生心理成熟和经验积累及兴趣和价值观的演变，原有的自我认识可能不再适用。定期的职业生涯规划评估有助于大学生更深入地了解自己，明确自身的长处和短处，这种认识的深化有助于激发个人潜能。因此，在不同阶段进行职业生涯规划评估，明确发展方向和目标，识别需要加强的知识和技能，是促进个人成长和提升职业成功概率的关键。

2. 把握职业发展的关键点

全面的职业生涯规划评估不仅涉及个人自身，还包括对职业发展全过程的综合分析。这有助于大学生科学、客观地识别职业生涯中的问题和困惑，帮助他们避开不利因素，抓住每个阶段的关键任务，激发工作潜力和动力，有序地实现规划目标，以最佳状态推进职业生涯的发展。

3. 调整职业发展方向和目标

通过实践活动对职业生涯规划进行评估，可以让大学生深刻理解自己。在规划之初就需要有充分的自我认识，但随着事物的不断变化，持续的自我评估对于完善自我认知和调整职业方向与目标至关重要。因此，个人才能制订出最适合自己的职业规划，为职业成功奠定基础。

4. 落实具体的发展措施

大学生在制订职业生涯规划后，需要实施具体措施来实现目标。对所采取措施的评估，可以起到监督、提醒、调整和修改的作用，有助于优化方法和措施，以最高效的方式实现职业目标。

三、职业生涯规划评估的方法

为了对职业生涯规划进行客观和理性的评估，必须采用正确和科学的方法。无论是自我评估、他人评估，还是过程评估与结果评估、内外部评估，关键是要衡量个人与现实环境、职业目标之间的契合度，并识别存在的差距，以提高评估的客观性和准确性。

管理学中的木桶理论，又称短板效应，指出木桶的容量不是由最长的木板决定，而是由最短的木板决定。这一理论提示人们在进行职业生涯规划评估时，应关注自身的薄弱环节，识别个人与现实之间的差距，这样，才能更有目标地进行调整和修改。以下是一些常见的职业生涯规划评估方法。

1. 对比反思法

对比反思法在职业规划中的应用强调主动思考与借鉴他人经验。每个人的职业规划路径都是独特的，通过分析他人的规划策略，汲取精华，并结合自我规划进行反思，能避免他人曾犯的错误，优化个人职业规划。

执行职业规划时，持续的自我审视同样关键。需定期检查规划进度，如任务是否如期完成、实践中的所得、与预期目标的偏差及原因等。基于这些自我提问与实际情况，灵活调整职业规划，确保其贴合个人发展。

2. 交流反馈法

交流反馈法，特别是360度反馈方法，是一种全面且多维度的评估手段，最初由英特尔企业引入实践。这种方法的核心在于，评估不仅由单一上级或自我进行，而是涵盖了与被评估者在工作、学习或生活中有密切接触的所有角色，包括上司、同事、下属、客户（在职业环境中）及个人自身。对于大学生而言，这一评估体系中的评估者应相应地调整为学校、教师、同学、朋友及自我。

（1）同学和朋友的评估：在大学环境中，同学和朋友是与个人日常接触最频繁、了解相对深入的人群。他们的反馈往往能提供多角度的视角，帮助个人识别自身未曾察觉的优势和盲点。通过收集并综合分析这些来自同龄人的评价，大学生可以更加全面地了解自己在人际交往、团队合作、专业技能等方面的表现，进而对职业生涯规划中的目标设定、路径规划等进行有针对性的调整和完善。

（2）自我剖析评估：自我剖析是个人成长和职业发展中不可或缺的一环。它要求个体以客观、诚实的态度审视自己的内心世界、性格特质、兴趣偏好、能力水平等，并在此基础上进行深刻的反思。通过自我剖析，大学生可以更清晰地认识到自己的职业定位、价值

观及长远发展目标，从而制订出更加符合个人特点和愿望的职业生涯规划。同时，持续的自我剖析也是个人不断自我完善、自我超越的重要驱动力，促使个人在职业生涯规划的道路上不断作出适应性的调整和优化。

3. 分析总结法

分析总结法是一种系统性地审视自身职业生涯规划的方法。其核心是分门别类地评估多个关键要素，具体要点概括如下。

（1）评估基准审视。

1）审视个人价值观是否有所演变。

2）分析外部环境是否发生显著变化。

3）确定当前面临的主要挑战。

4）反思实践过程中暴露的个人短板。

（2）目标与标准核对。

1）明确当前职业生涯所处的阶段及其特征。

2）评估先前职业规划目标的现实性与适应性。

3）设定或更新成功判断标准。

（3）生涯策略考量。

1）判断是否需要调整实施策略以应对变化。

2）评估自身职业能力的获取与转化效率。

3）分析角色转换中可能遇到的问题。

4）识别当前难以解决的难题。

（4）行动计划优化。

1）校验目标达成计划的合理性。

2）确定实现目标所需的关键支持人物。

3）识别达成目标过程中的主要障碍。

（5）生涯成效考核。

1）总结职业生涯规划执行中的亮点与不足。

2）分析当前最迫切的需求，无论是知识、技能还是人脉。

3）探讨所学知识与技能的实践应用途径。

4）明确当前应立即采取的行动与应停止的行为。

（6）生涯规划修正。

1）评估是否需要调整职业方向。

2）重新规划或优化职业规划目标的实施路径。

3）考虑是否调整长远的人生目标。

4）识别并纠正其他需要改进的方面。

通过这一系列深入的分析与总结，个人能够更清晰地认识到职业生涯规划中存在的问题与挑战，进而采取有针对性的措施加以解决，不断完善和优化自身的职业发展路径。

第三节　职业素养提升

一、职业素养的基本特征

一般来说，职业素养具有以下五个主要特征。

1. 特定性

不同行业对职业素养的要求各异。例如，建筑工人所需的专业技能和职业行为与护士或教师的要求大相径庭。每个职业都有其独特的素养要求，这些要求体现了职业的特性。

2. 稳定性

职业素养是个人在长期职业生涯中逐渐积累形成的，一旦形成，便具有相对稳定性。例如，一位经验丰富的教师，其教学方法和对待学生的态度等职业素养，会随着时间而稳定下来，但是也会随着个人学习和环境变化而有所提升。

3. 内在性

职业素养是从业人员在职业活动中通过学习和体验，内化于心的品质。这种内在性使人们在评价他人时，会说"交给某人做很放心"，这反映了对对方内在素养的信任。

4. 整体性

职业素养不仅局限于某一方面，而是涵盖了个人整体素质的多个层面。一个职业素养高的人，不仅在思想政治和职业道德上表现良好，还包括科学文化、专业技能乃至身心健康等各方面。

5. 发展性

职业素养是通过教育、实践和社会影响逐渐形成的，虽然具有一定的稳定性和相对性，但是它也会随着社会的发展和个人成长而不断进步与提高。为了适应社会的不断变化，个人需要不断提升自己的职业素养。

二、职业素养的关键核心

职业素养涵盖了职业信念、职业知识技能和职业行为习惯三个方面。以下是对这三个方面的详细解释。

1. 职业信念

职业信念是职业素养的基石，包括职业道德、职业心态和职业价值观。一个成功的职业人士必须具备坚定的职业信念，这包括对工作的热爱、敬业精神、忠诚度、奉献精神、积极乐观的态度、专注用心、开放性思维、团队合作精神，以及始终如一的职业操守。这些信念是职业行为的内在驱动力。

2. 职业知识技能

职业知识技能是指从事特定职业所需的专业知识和实际操作能力。正如俗话所说，"熟能生巧"，没有扎实的专业知识和熟练的技能，就无法高效地完成工作任务，更不可能在行业中脱颖而出。不同的职业和行业都有其特定的知识技能要求，不断学习和提升这些技能是为了更加出色地完成工作。

3. 职业行为习惯

职业行为习惯是通过长时间的学习、实践和改变而形成的职场行为模式。这些习惯包括思维模式、语言表达和行为方式，它们是职业生涯中逐渐养成的固定模式。良好的职业行为习惯有助于提高工作效率和质量，是职业素养的重要组成部分。

为了使正确的信念和良好的技能在实际工作中发挥最大的效用，需要通过反复练习将这些素养内化为自然的行为习惯。这种习惯的形成是一个持续的过程，需要职业人士在日常工作中有意识地进行实践和自我提升。

三、提升职业素养的价值与方法

1. 提升职业素养的价值

培养职业素养对个人具有重要的意义和价值，以下是从五个方面阐述其重要性。

（1）提升忠诚度。职业素养有助于个人提升对企业的忠诚度。对于企业而言，忠诚的员工是业务顺利进行的保障；对于员工来说，忠诚于企业是实现个人职业发展和满足物质及精神需求的基础。良好的职业素养能够让大学生在职业道路上做到忠诚于自己、企业及岗位，促进个人与企业的共同成长。

（2）增强创新能力。职业素养的培育鼓励个人在日常工作中的思考、探索和问题解决，这是创新能力的源泉。面对重复性工作，具备良好职业素养的个人会通过不断学习和思考，培养创新能力，为企业和个人带来新的活力和动力。

（3）培养社会责任感。职业素养的提升有助于个人形成社会责任感。作为企业的一员，个人应当具备对社会负责的意识。通过提升职业素养，个人能够在工作和生活中从更广泛的角度考虑问题，培养出对社会和人民有益的责任感。

（4）加强团队精神。职业素养的培育有助于个人更好地融入团队，增强团队协作能力。在职场中，团队合作是完成任务的基石。提升职业素养能让个人更加重视团队精神，与企业共同进退，为企业的健康发展贡献力量。

（5）提高就业竞争力。在求职过程中，职业素养是提升个人竞争力的关键因素。企业尤其是管理和技术岗位在招聘时，不仅看重技能，更看重职业道德。良好的职业素养能够帮助大学生在面试中留下深刻印象，增加就业机会，提高被企业录用和重用的可能性。

2. 提升职业素养的方法

要提升个人职业素养，可以从以下几个方面着手。

（1）树立正确三观。职业素养的基石在于个人的世界观、人生观和价值观。大学生应在日常学习与生活中，培养良好的习惯，确立健康的价值观标准，并逐渐形成明确的职业意识。这不仅有助于个人成长，也为未来职业发展奠定坚实的基础。

（2）积极参与实践活动。通过参与校内外的实践活动，大学生能够积累宝贵的工作经验，提升自己的职业素养。这些活动不仅能完善个人的职业能力和专业知识，还能在实践中锻炼解决问题的能力，为将来的职业发展做好准备。

（3）深入了解行业动态。针对自己感兴趣或有意向从事的职业，大学生应积极收集相关信息，了解该职业的具体要求和标准。通过对比自身条件，识别出自身的不足，并制订提升计划，有针对性地加强职业知识与技能的学习。

对于每个人来说职业素养都至关重要，尤其是在社会分工日益精细的今天，每个人都将在职业舞台上扮演不同的角色。对于大学生而言，提升职业素养不仅是求职过程中的重要竞争力，更是实现职业长远发展的关键因素。因此，大学生应高度重视职业素养的培养，为未来职业生涯的顺畅发展打下坚实基础。

视频：大国工匠方文墨

拓展阅读

求是网评论员：培养造就大批德才兼备的高素质人才

习近平总书记在党的二十大报告中深刻指出，"培养造就大批德才兼备的高素质人才，是国家和民族长远发展大计"，并对深入实施新时代人才强国战略作出全面部署。这是以习近平同志为核心的党中央从统筹中华民族伟大复兴战略全局和世界百年未有之大变局的战略高度，对加快人才强国作出的战略谋划，对于全面建设社会主义现代化国家、实现中华民族伟大复兴的中国梦具有重大意义。

人才是实现民族振兴、赢得国际竞争主动的战略资源，是衡量一个国家综合国力的重要指标，综合国力竞争说到底是人才竞争。党的十八大以来，以习近平同志为核心的党中央始终把人才工作摆在治国理政大局的关键位置，提出了一系列新理念新战略新举措，全面系统深刻回答了为什么建设人才强国、什么是人才强国、怎样建设人才强国的重大理论和实践问题，深化了对人才事业发展的规律性认识，为加快建设人才强国提供了强大思想武器，推动新时代人才工作取得历史性成就、发生历史性变革。新时代10年，党对人才工作的领导全面加强，人才队伍快速壮大，人才效能持续增强，人才比较优势稳步增强，我国已经拥有一支规模宏大、素质优良、结构不断优化、作用日益突出的人才队伍。

党的二十大报告紧紧围绕全面建设社会主义现代化国家，深刻把握我国经济社会高质量发展需要和国际人才竞争新态势，第一次在党代会报告中将人才强国战略与科教兴国战略、创新驱动发展战略进行集中论述、作出专题部署。报告指出：坚持党管人才原则，坚持尊重劳动、尊重知识、尊重人才、尊重创造，实施更加积极、更加开放、更加有效的人才政策，引导广大人才爱党报国、敬业奉献、服务人民。完善人才战略布局，坚持各方面人才一起抓，建设规模宏大、结构合理、素质优良的人才队伍。加快建设世界重要人才中心和创新高地，促进人才区域合理布局和协调发展，着力形成人才国际竞争的比较优势。

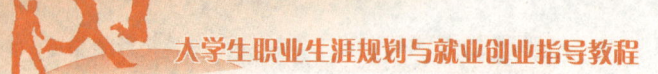

加快建设国家战略人才力量，努力培养造就更多大师、战略科学家、一流科技领军人才和创新团队、青年科技人才、卓越工程师、大国工匠、高技能人才。加强人才国际交流，用好用活各类人才。深化人才发展体制机制改革，真心爱才、悉心育才、倾心引才、精心用才，求贤若渴，不拘一格，把各方面优秀人才集聚到党和人民事业中来。

进入全面建设社会主义现代化国家、实现第二个百年奋斗目标的新征程，我们比历史上任何时期都更接近、更有信心和能力实现中华民族伟大复兴的目标，也比历史上任何时期都更加渴求人才。党的二十大在更高起点、更高层次、更高目标上对人才强国作出顶层设计，为加快建设人才强国锚定了新坐标、树立了新标杆、描绘了新愿景，我们要以更高的标准、更大的力度、更实的举措，把新时代人才强国战略各项任务落到实处。

（资料来源：http://www.qstheory.cn/wp/2022-11/14/c_1129128380.htm）

就业指导篇

第四章 就业准备

学习目标

【知识目标】
1. 了解当前大学生就业形势的严峻性及其与社会发展的关系。
2. 了解就业信息收集的途径和方法，以及如何科学地筛选和分析就业信息。
3. 熟悉求职材料的构成和准备过程。
4. 熟悉我国大学生就业形式的特点。
5. 掌握大学生就业政策。

【能力目标】
1. 能够分析和理解就业形势与政策，制订个人就业计划。
2. 能够从多种渠道收集就业信息，并进行有效筛选和评估。
3. 能够撰写符合职业要求的求职信和个人简历，准确表达个人优势和求职意愿。
4. 能够进行就业心理准备，积极应对就业竞争和可能的挫折。
5. 能够进行就业心理调适，保持积极健康的心态面对就业挑战。

【素养目标】
1. 培养学生的社会责任感，使其在就业过程中能够正确认识个人与社会的关系。
2. 培养学生的自我管理能力，使其能够有效规划职业生涯，实现个人发展目标。
3. 增强学生的自主学习能力，以适应不断变化的就业市场和职业发展需求。
4. 增强学生的创新意识和实践能力，鼓励其在就业中展现创新思维和解决问题的能力。
5. 提升学生的沟通和协作能力，为其未来的团队合作和职业发展打下基础。

案例导入

王萌萌的就业准备之旅

在大学校园的绿荫下，市场营销专业的王萌萌正站在人生的十字路口。她是一个乐观主义者，总是带着"船到桥头自然直"的态度。然而，随着毕业的钟声渐渐敲响，王萌萌开始意识到，她对即将到来的就业市场知之甚少。

就业形势的盲点

王萌萌对就业形势的认识停留在表面。她以为只要毕业证书在手，理想的工作就会自动找上门来。她没有意识到，随着毕业生人数的激增和市场经济的波动，就业市场的竞争已经变得异常激烈。

实习经历的空白

王萌萌的简历上缺少了实习经历这一重要板块。当同学们在暑假奔波于各个公司积累经验时，她却选择了游历名山大川。她认为实习是辛苦且回报不确定的劳动，不如享受当下。

简历的简单罗列

王萌萌的简历更像是一份个人资料的简单罗列。她从网上下载了一个模板，填上基本信息，却忽略了简历中应该突出的技能和成就。

求职信的空洞承诺

王萌萌的求职信里充斥着空洞的赞美和承诺，却缺乏具体的事实和数据支撑。信中的错别字和语法错误更是让这份本应展现她诚意的信件大打折扣。

就业信息的狭窄渠道

王萌萌仅依赖学校就业指导中心发布的信息，忽视了网络招聘平台和个人社会关系的广阔天地。她没有意识到，通过职业社交平台和行业交流会，也能开拓更多的就业机会。

心理准备的缺失

面对就业，王萌萌虽然满怀期待，但也心存侥幸。她期待轻松获得一份高薪轻松的工作，却没有做好面对就业竞争和挫折的心理准备。

在一次校园招聘会上，王萌萌穿着她最喜欢的休闲装，带着那份"简约"的简历，自信地走进了会场。她随意投递了几份简历，然后和朋友们一起去享受了现场的免费小吃。

几周后，面对没有任何面试邀请的现实，王萌萌开始感到焦虑。她的朋友们，那些早有准备的人，已经开始收到面试通知，而她还在原地踏步。

王萌萌的故事提醒我们，就业准备是一个全面而细致的过程。它要求我们对就业市场有清晰的认识，积累实习经验，精心准备求职材料，广泛收集就业信息，更要有勇气和心理准备面对挑战。

【思考】
1. 王萌萌在就业准备中忽略了哪些关键步骤？
2. 王萌萌在心理调适方面存在哪些不足？

第一节　就业形势与政策分析

一、大学生就业形势分析

在当今社会，科技迅猛发展，经济快速增长，市场竞争激烈，大学生就业问题已成为社会关注的焦点。面对不乐观的就业环境和高校毕业生数量的大幅增加，大学生找到合适

的就业岗位是一项艰巨的挑战。

据国家统计局官网数据，2023年普通本科和专科毕业生人数达到1 047.025 8万人，同比增加79.769 3万人。这表明我国高等教育已从精英化向大众化转变，这是社会发展和国民素质提高的必然要求。因此，大学生就业方式和就业格局也必须经历相应的转变，即从精英化向大众化转变。

大学生需要消除自身的主观理想预期与社会客观实际之间的差距，主动转变就业观念，调整自身素质，以适应社会大众化阶段的就业问题。大学生就业问题的大众化趋势不可避免，大学毕业生就业方式也必然走向大众化。

一方面，大学生需要正确认识就业形势与择业困难之间的关系，并理性地作出择业意向。如果适龄就业人口的数量大于社会所能提供的就业岗位数量，就构成了就业绝对困难情境。由于社会所能提供的就业岗位数量主要是以常规化就业岗位计算的，对就业结构中的"弹性"系数和个体化就业岗位数量很难作出精确预测，这为社会从就业绝对困难向相对困难的转变留下可能的空间。

另一方面，我国大学生就业现状以自主创业为主，这可以成为个人层面上减少就业难度的一种主动性的现实选择方案。在个人层面上，减少就业难度的方法大致有两类：一是被动选择，如对自己原先的就业意愿进行调整；二是主动选择，如自主创业。

现代中国的就业形势经历了几种重要转变，如从体制内就业到体制外就业，从机构化就业到个体化就业，从占据现有就业岗位到创造就业岗位。这种变化与体制改革和市场经济进程是一致的。自主创业成为个体在解决就业问题上发挥主观能动性的重要形式。

由于高校的不断扩招，大学生毕业人数逐年增多，在未来相当长的一段时间内，大学生的就业形势依然会比较严峻。帮助大学生走出就业难的困境，将成为政府、社会和高校长期而艰巨的任务。

大学毕业生具有较高的人力资本水平，是劳动力市场上的优势群体。然而，随着全球化和知识经济的发展，大学生初次与持续就业所需的能力门槛逐年提高，大学生必须具备能够满足新经济要求的核心就业能力才能实现发展。现如今的高校教育培训体系缺乏必要的就业市场需求导向，缺乏对创业行为的深入研究，导致大学生就业的结构性矛盾日益突出，也成为导致当下大学生就业困难的重要原因之一。

二、大学生就业形势特点

在我国高等教育的快速发展背景下，高校招生规模不断扩大，导致大学生人数迅速增长。随之而来的是，大学毕业生就业问题逐渐成为社会关注的焦点。近年来，大学生就业市场呈现出以下趋势。

1. 毕业生就业在地理分布上存在显著差异

在我国，由于经济发展水平和产业结构的不同，不同地区的就业机会和吸引力存在显著差异。一般来说，东部沿海地区和一些大城市由于经济发展较快、产业集聚度高，能够提供更多的就业机会和更高的薪资水平，吸引了大量毕业生。相比之下，中西部地区和一些中小城市由于经济发展相对滞后，就业机会相对较少，对毕业生的吸引力也相对较弱。这种地理分布上的差异导致了毕业生就业的地域性集中，也加剧了一些地区的人才流失问题。

2. 毕业生就业选择更加灵活，就业途径多样化

随着社会的发展和就业市场的变化，大学生的就业观念也在逐渐转变。他们不再局限于传统的就业方式，如公务员、国有企业等，而是更加注重个人兴趣和发展机会。因此，毕业生的就业选择变得更加灵活和多样化，包括自主创业、兼职、远程工作、自由职业等新型就业形式。同时，互联网的发展也为毕业生提供了更多的就业信息和就业机会，使他们能够更加便捷地获取就业信息，拓宽就业渠道。

3. 一些毕业生的职业期望与市场需求不匹配

尽管大学生的就业选择变得更加灵活，但仍然存在一些毕业生的职业期望与市场需求不匹配的问题。一方面，部分毕业生对于薪资待遇、工作环境、职业发展等方面的期望过高，而忽视了自身的实际能力和市场需求；另一方面，一些专业的毕业生供给过剩，而市场需求相对较小，导致这些专业的毕业生就业困难。这种不匹配现象需要通过加强职业指导、优化专业设置、提高毕业生的实践能力等措施来缓解。

4. 越来越多的毕业生选择延迟就业

延迟就业是指毕业生在毕业后不立即就业，而是选择继续深造、实习、旅游、准备考试等方式来提升自己的能力和素质，以期在未来获得更好的就业机会。这种现象的出现有多方面的原因，包括就业压力的增大、对当前就业市场的不满意、对个人职业规划的重新考虑等。延迟就业可以为毕业生提供更多的时间来思考自己的职业方向，积累更多的实践经验和知识技能，但同时也可能带来一定的经济压力和社会压力。因此，选择延迟就业的毕业生应当有明确的规划和目标，以确保这段时间的投入能够转化为未来的就业优势。

三、大学生就业政策分析

2023年12月2日，教育部发布《关于做好2024届全国普通高校毕业生就业创业工作的通知》（教就业〔2023〕4号），进一步完善高校毕业生就业创业服务体系，全力促进高校毕业生高质量充分就业；2024年6月28日，人力资源社会保障部办公厅发布《关于开展2024年高校毕业生等青年就业服务攻坚行动的通知》（人社厅函〔2024〕104号），对高校毕业生的就业提出政策性意见。可以从以下几个方面把握大学生就业政策。

1. 把高校毕业生就业工作摆在更加突出的位置

（1）强化统筹部署。各地各高校要把高校毕业生就业作为重中之重、摆在更加突出的位置，纳入领导班子重要议事日程，健全就业促进机制。要按照"秋季校园招聘月""寒假暖心行动""春季攻坚行动""百日冲刺行动"的部署，结合工作实际，统筹做好本地本校工作安排，落实落细各项工作要求，确保高校毕业生就业局势总体稳定。

（2）强化协同联动。各省级教育部门要主动加强与组织、人力资源社会保障、发展改革、财政等部门沟通衔接、分工合作、协同联动，把高校毕业生作为公共服务的重点群体，争取更多岗位、资金、培训、服务等公共资源向高校毕业生倾斜。要牵头成立高校毕业生就业工作专班，制订工作方案，明确任务清单，进一步优化工作机制，全力推进各项任务落实。

（3）强化高校责任。高校是做好本校毕业生就业工作的责任主体，主要负责同志是第一责任人，分管负责同志是直接责任人。加强学校党委组织领导，把就业工作列入学校党委常委会重要议题定期研究推进。建立健全"校—院（系）"两级就业工作领导小组，分别制订就业工作方案，分级落实工作责任。加强部门工作协同，完善激励考评机制，调动全校力量形成全员促就业工作合力。

2. 大力开拓市场化社会化就业渠道

（1）深入开展"访企拓岗"专项行动。各地各高校要持续深入开展"高校书记校长访企拓岗促就业专项行动"。高校书记、校（院）长和校领导班子成员要认真落实"两个100"要求，有针对性地拓展就业市场；二级院系要结合学科专业特点，精准有效访企拓岗，足质足量开拓就业岗位，上一年度初次毕业去向落实率低于本校平均水平的二级院系，原则上院系领导班子成员和专业负责人平均每人联系走访用人单位不少于10家。要结合毕业生就业需求，提升岗位的利用率和访企拓岗的实效性。要通过访企拓岗深度了解行业企业的人才需求，深化人才培养改革，推动供需精准对接。鼓励各地结合产业发展需求和学校办学特色，组织开展集中走访。

（2）推进实施"万企进校园"计划。各地各高校要充分发挥校园招聘主渠道作用，主动邀请用人单位进校开展招聘活动，提升每场校园招聘活动的实际效果。要结合毕业生求职就业意愿，大力拓展岗位资源，努力为毕业生提供优质的就业岗位信息。支持院系积极开展小而精、专而优的小型专场招聘活动。加强校园招聘活动组织管理，认真审核校园招聘信息，确保校园招聘活动安全、规范、有序开展。

（3）全面推广使用国家大学生就业服务平台。优化升级国家大学生就业服务平台功能，深入开展"24365携手促就业精准服务"，持续加强就业岗位的互联共享和精准推送。各省级和高校就业网在满足本地、本校招聘需求的基础上，积极与其他平台共享更多岗位信息。各地各高校要组织就业工作人员、毕业班辅导员和有求职意愿的毕业生及时注册使用国家大学生就业服务平台，确保就业政策、资讯、岗位信息等实现精准有效推送。鼓励地方和高校依托平台联合举办专场招聘活动。

（4）加强分行业分区域就业市场建设。汇聚相关部门、行业协会、社会招聘机构等多方资源，着力建设一批区域性、行业性、联盟性高校毕业生就业市场。充分发挥全国普通高校毕业生就业创业指导委员会和行业协会作用，完善"分行业就指委＋分行业协会"促就业工作机制，举办系列校企对接交流活动，加大力度建设分行业就业市场。深入开展供需对接就业育人项目，搭建人才供需对接平台，推动就业与培养有机联动。

（5）鼓励中小企业更多吸纳高校毕业生。各地教育部门要配合本地相关部门落实吸纳就业补贴、社会保险补贴、税费减免等优惠政策，支持中小企业开发创造更多适合高校毕业生的就业岗位。各地各高校要加大民营企业、中小企业招聘推介力度，为企业进校招聘提供便利，引导更多毕业生到民营企业、中小企业就业。会同有关部门持续举办"百城万企——民企高校携手促就业""全国中小企业网上百日招聘高校毕业生""全国民营企业招聘月"等活动，为中小企业招聘高校毕业生搭建平台。

（6）支持灵活就业和自主创业。各地各高校要充分挖掘新产业、新业态、新模式带动就业潜力，引导毕业生发挥专业所长，在创意经济、数字经济、平台经济等多领域灵活就业。配合有关部门落实灵活就业社会保障政策，切实维护高校毕业生合法权益。积极鼓励和支持高校毕业生自主创业，落实创业支持政策，在资金、场地等方面向高校毕业生创业者倾斜，为高校毕业生创新创业孵化、成果转化等提供服务。

3. 充分发挥政策性岗位吸纳作用

（1）优化政策性岗位招录安排。各地要积极拓展政策性岗位资源，稳定并适度扩大招录高校毕业生规模。各地教育部门要加强与相关部门的协调配合，统筹推动尽早安排党政机关、事业单位、国有企业等招考和各类升学考试、职业资格考试，加快政策性岗位招录进程，为高校毕业生求职留出充足时间。发挥国有企业示范作用，办好"国聘行动"。加大科研助理岗位开发力度，落实相关配套措施。

（2）大力挖掘基层就业空间。各地教育部门要积极配合有关部门组织实施好"特岗计划""三支一扶""西部计划"等基层就业项目，拓展实施"城乡社区专项计划""大学生乡村医生专项计划"。支持各地围绕落实推进乡村振兴战略，深入挖掘基层医疗卫生、养老服务、社会工作、司法辅助等就业机会，扩大实施地方基层项目。鼓励各地健全支持激励体系，出台更多地方优惠政策，吸引更多毕业生到中西部地区、东北地区、艰苦边远地区和基层一线就业创业。

（3）积极配合做好大学生征兵工作。各地各高校要密切军地协同，加强征兵工作站建设，加大征兵宣传进校园工作力度，畅通入伍绿色通道，配合兵役机关做好兵员预征预储、高校毕业生征集等工作，进一步推进以高校毕业生为重点的精准征集。各地教育部门要研制细化方案和实施办法，按照有关规定落实好退役后复学、升学、学费资助等优惠政策，积极鼓励高校毕业生应征入伍。

4. 推进构建高质量就业指导服务体系

（1）加强就业教育和观念引导。将就业教育和观念引导作为"三全育人"的重要内容，推动就业教育与素质教育、专业教育深度融合，在专业课教学和实习实践等育人环节强化就业教育引导。深入开展"就业育人"主题教育活动，引导毕业生树立正确的成才观、职业观、就业观，客观看待个人条件和社会需求，从实际出发选择职业和工作岗位，主动投身艰苦地区、重点领域等国家需要的地方建功立业。开展基层就业卓越教师和毕业生推荐，做好先进典型选树和系列宣讲活动。

（2）加强生涯教育和就业指导。强化大学生生涯发展与就业指导课程建设，修订完善课程教学要求。推动各高校以全覆盖、精准化、特色化为目标，将课程建设作为强化就指导服务的重要内容，作为必修课列入教学计划，给予学时、学分保障。持续办好就业指导公益直播课，提供丰富优质课程资源，遴选打造一批优秀就业指导课程和教材。加强高素质专业化教师队伍培养，打造内外互补、专兼结合的就业指导教师队伍。充分运用现代信息技术，探索建立学生成长电子档案，为学生提供个性化、精准化、便捷化的就业指导服务。

（3）办好全国大学生职业规划大赛。各地各高校要办好省、校两级赛事，全面提升大赛的覆盖面和实效性。鼓励将大赛内容设计同生涯发展与就业指导课程深度融合，切实增强大学生职业生涯规划意识，促进就业指导教师提升教学水平。鼓励将大赛与校园招聘和校企人才供需对接深度融合，引入真实职场环境，结合企业招聘要求优化赛事安排，动员更多用人单位参与大赛，帮助更多毕业生通过参赛提升职业规划和就业能力，顺利实现就业。

（4）引导强化就业实习实践。各地各高校要建立完善大学生就业实习管理制度，统筹协调就业实习与教学实习，组织引导大学生利用寒假、暑假时间积极参与就业实习实践。通过实习实践激发学生求职意愿、明确求职意向，帮助学生增强就业能力、获取就业机会。鼓励地方政府、用人单位与高校深化产学研合作，协同打造一批大学生就业实习基地。

（5）切实维护毕业生就业权益。积极营造平等就业环境，严格落实"三严禁"要求，各类校园招聘活动中不得设置违反国家规定的有关歧视性条款和限制性条件。加强就业安全教育和诚信教育，引导用人单位与高校毕业生及早签订就业协议书或劳动（聘用）合同并如实履约。及时发布求职就业预警信息，帮助毕业生防范求职风险。会同相关部门加强联合监管，依法严厉打击虚假招聘、售卖协议、"黑职介"、"培训贷"等违法违规行为。

5. 加强重点群体就业帮扶

（1）完善精准帮扶机制。重点关注脱贫家庭、低保家庭、零就业家庭、残疾人等就业困难毕业生群体，"一人一档""一人一策"建立帮扶工作台账，优先提供指导服务、优先推荐就业岗位、优先开展培训和就业实习。落实"一对一"帮扶责任制，高校和院系领导班子成员、就业指导教师、班主任、专业教师、辅导员等要与困难学生开展结对帮扶，确保每一个困难学生都得到有效帮助。会同人力资源社会保障部门持续做好离校未就业毕业生的跟踪帮扶和不断线服务。

（2）深入实施"宏志助航计划"。继续组织实施"中央专项彩票公益金宏志助航计划——全国高校毕业生就业能力培训项目"。各地和培训基地高校要精心组织实施，持续优化培训内容，不断提升培训实效。鼓励各地各高校配套设立省级、校级项目，扩大培训覆盖面。支持将就业能力培训与指导咨询、心理疏导、岗位推荐等统筹推进。强化培训基地管理，规范使用专项资金，试点开展项目实施效果评估。

（3）推进对口就业帮扶援助。鼓励部属高校与地方高校、东部高校与西部高校、典型经验高校与基础薄弱高校结对开展就业帮扶，推动区域间、校际就业经验交流、就业渠道互补、就业资源共享。加强区域统筹协调，调配更多岗位资源，为基础薄弱地区和高校提供就业帮扶援助。充分发挥工会、共青团、妇联、残联等群团组织和社会公益组织作用，为困难群体毕业生提供有温度的就业服务。

6. 完善就业监测与评价反馈机制

（1）加强就业数据监测。各地各高校要认真落实毕业去向登记制度，准确把握就业监测指标内涵，严格审核毕业生就业信息和就业材料，确保就业数据真实准确。完善毕业生就业状况布点监测机制。加强就业监测工作业务培训，提升就业监测工作质量、时效和规范化水平。严格落实就业监测工作"四不准""三不得"要求，分级开展就业工作核查，严格执行就业监测工作违规处理办法，对违反相关规定的高校和相关人员依规依纪严肃追责问责。

（2）推进就业工作综合评价。进一步完善高校毕业生就业工作综合评价指标体系，推动各地和高校破除单一评价导向，深化就业工作评价改革，促进高校就业工作制度化、规范化。选树一批全国高校毕业生就业创业工作典型，加强就业工作经验交流和宣传推广，推动各地和高校全面提升就业工作能力及服务水平。加强就业工作研究，为政府宏观决策、高校深化教育教学和人才培养改革提供支撑。

（3）完善就业状况反馈机制。各地各高校要建立完善就业与招生、培养联动的有效机制，把高校毕业生就业状况作为高等教育结构调整的重要内容。引导高校重点布局社会需求强、就业前景广、人才缺口大的学科专业，及时调整或更新升级已经不适应社会需要的学科专业。持续实施高校毕业生就业去向落实率红黄牌提示制度。深入开展高校毕业生就业状况跟踪调查，把毕业生就业状况作为"双一流"建设成效评价、学科专业设置和调整评估、招生计划安排、就业工作评价等工作的重要依据。

7. 加强组织保障

（1）逐级压实工作责任。各地各高校要切实落实就业"一把手"工程，主要负责同志要亲自部署，分管负责同志要靠前指挥。要将高校毕业生就业工作纳入领导班子考核，适时开展就业工作督促检查，推动逐级落实就业工作责任。建立完善就业风险防范化解机制，确保就业安全稳定。教育部将省级人民政府及相关职能部门制定促进高校毕业生就业政策及其实施情况，纳入省级人民政府履行教育职责评价重要内容。

（2）充实就业工作机构和力量。各地各高校要认真落实就业工作机构、人员、经费、场地"四到位"要求。省级教育行政部门要加强就业部门和服务机构工作力量，给予必要的人员、经费保障。高校要加强就业指导服务机构建设，按照不低于毕业年度毕业生500∶1的比例配备校级就业工作人员，鼓励在二级院系设立专职就业工作人员。加强专业化、职业化就业工作队伍建设，定期开展毕业班辅导员、就业工作人员业务培训，鼓励就业指导人员按要求参加相关职称评审。

（3）大力开展就业总结宣传。各地各高校要广泛宣传各项促就业政策措施，积极推进就业政策进园区、进企业、进高校、进社区。要大力宣传各地各高校和用人单位促就业的好经验、好做法，持续开展就业育

专家支招大学生求职

人典型案例和毕业生就业创业典型人物总结宣传，积极营造全社会关心支持高校毕业生就业的良好氛围。各地各高校毕业生就业工作进展情况要及时报教育部。

第二节　就业能力的自我分析

一、学习能力的自我分析

1. 学习能力的含义

学习的能力，无论是广义还是狭义，通常指的是个体获取知识并将其应用于实践的能力。它涵盖了三个核心要素：识别和解决问题的能力，收集、分析和使用信息资源的能力及分享和协作的能力。学习能力主要体现在意识和动机、获取和分析资源、评价和反思及表达能力四个方面。它涉及学习策略和技巧，这些策略和技巧有助于形成专业知识和执行能力，是所有技能的基础。

特别需要关注的是，学习能力强调了快速有效地获取和筛选信息、利用信息解决问题，以及创新和重组信息的能力。在职业发展过程中，能够适应工作并迅速学习新技能是职场人士必备的能力。为了生存和发展，每个人都需要不断学习那些自然界和本能没有赋予的生存技能。如果停止学习，就会在快速发展的社会中落后，而落后往往意味着被淘汰。

2. 学习能力的内容

在当今快速变化的社会中，大学生需要培养多种学习能力以适应不断变化的需求。

（1）独立学习能力至关重要。这不仅是传统意义上的自学能力，更是一种自我教育的能力。正如古语所说，"授人以鱼，不如授人以渔"。这意味着学生不仅要学会教师教授的知识，更要掌握学习方法，为未来的自学打下坚实基础。毕竟，学习是一个永无止境的过程，真正的知识积累更多依赖于离开学校后的自学。

（2）深入学习能力对于大学生来说同样重要。大学学习具有专业性，每个学生都有自己需要重点掌握的学科。大学教育的核心职能是研究，因此，在自己的专业领域进行深入研究成了一项基本要求。这需要阅读大量专业书籍，吸收前人的研究成果，补充课堂之外的知识，从而站在巨人的肩膀上，更深入地探索专业领域。

（3）全面学习能力也是必不可少的。现代社会需要的是全面型人才，他们能够跨越学科界限，进行更广泛的创新。因此，大学生在深入学习本专业的同时，还需要横向拓展知识面，甚至辅修或旁听其他学科的课程，努力成为"杂家"。全面学习不仅包括学科知识，还包括表达能力、理解能力、实践能力等，以及计算机操作、外语、汽车驾驶等实用技能。

（4）与时俱进的学习能力至关重要。这意味着大学生需要根据社会对人才和经济要求的变化，及时调整学习方向。这样，他们可以始终掌握当前热门专业的趋势，成为社会需要的人才。

综上所述，大学生应培养独立学习、深入学习、全面学习和与时俱进的学习能力，以适应现代社会的需求。

3. 学习能力的培养

（1）树立自主性的学习态度。自主性的学习态度是指学生在学习过程中能够主动地设定学习目标、规划学习路径、选择学习内容和方法，并对自己的学习过程和结果负责。这种态度的培养需要学生认识到学习是自己的责任，而不是被动地接受知识。为了培养这种态度，学生可以通过以下方式进行。

1）自我激励：明确学习的目的和意义，找到内在的学习动力。

2）自我管理：制订学习计划，合理安排学习时间，培养良好的学习习惯。

3）自我监控：定期反思学习过程，评估学习效果，及时调整学习方法。

4）自我评价：对自己的学习成果进行客观评价，不断追求进步。

（2）树立全新的学习理念。全新的学习理念是指适应时代发展和个人需求的学习观念，它强调学习是一个终身的过程，不仅局限于学校教育。这种理念的树立可以帮助学生更好地适应快速变化的社会环境。为了树立全新的学习理念，学生可以采用以下方法。

1）终身学习：认识到学习是一个持续的过程，不断更新知识和技能。

2）跨学科学习：拓宽知识面，学习不同领域的知识，提高综合能力。

3）实践导向：将理论知识与实践相结合，通过实际操作来加深理解。

4）创新思维：鼓励创新和批判性思考，不满足于现状，勇于探索新知识。

（3）注重实际效果。注重实际效果是指在学习过程中，不仅要关注知识的积累，还要关注学习成果的实际应用和转化。这种学习方式可以帮助学生将所学知识转化为解决实际问题的能力。为了注重实际效果，学生可以采用以下方法。

1）项目实践：参与实际项目，将理论知识应用于解决具体问题。

2）案例分析：通过分析真实案例，理解知识在实际中的应用。

3）技能训练：通过实际操作和练习，提高专业技能和实践能力。

4）反馈调整：根据学习成果的反馈，调整学习方法和策略，提高学习效率。

二、沟通能力的自我分析

1. 沟通能力的含义

沟通能力是一个人综合素养的重要体现，它不仅包括外在的技巧，还涉及内在素质的展现。沟通能力通常指的是个体在沟通过程中所展现出的能够胜任沟通工作的优良主观条件。具体而言，人际沟通能力是指与他人有效交流信息的能力，涵盖了表达、争辩、倾听及设计等多个方面。

表达能力是指清晰、准确地传达自己的思想、观点和信息的能力。争辩能力则是在沟通中坚持自己的立场，同时尊重对方观点，通过逻辑和事实进行有效辩论的能力。倾听能力是理解对方意图，给予适当反馈的能力。设计能力则涉及如何在沟通中塑造个人形象、动作和环境，以增强沟通效果。

沟通能力的高低通常通过"恰如其分"和"沟通效益"两个尺度来衡量。恰如其分意味着沟通行为要符合特定的情境和双方的关系期望。沟通效益则是指沟通活动能否在功能上达到预期目标，或满足沟通者的需求。

人是社会性动物，社会是由个体间的相互作用构成的。正如马克思所言："人是一切社会关系的总和。"一个人的发展依赖于与其直接或间接交往的其他所有人的发展。因此，沟通能力不仅是生存与发展的基本能力，也是决定一个人成功的关键因素。

在职场中，无论哪个行业，沟通能力都是必不可少的。对于大学毕业生而言，具备良好的沟通能力是他们就业时的重要优势。因此，大学生在求学期间应注重培养和提高自己的沟通技巧，以便更好地适应未来职场的需要。

2. 沟通能力的要素

（1）明确目标。沟通之前，首先要明确沟通的目的和目标。这有助于决定沟通的内容、方式和策略。明确目标有以下作用。

1）帮助沟通者集中精力在最重要的信息上。

2）指导沟通者选择合适的沟通方式和语言。

3）使沟通更加高效，避免偏离主题。

（2）适当表达。适当表达是指使用清晰、准确、恰当的语言来传达信息。适当表达包括以下方式。

1）使用简洁明了的词汇和句子结构。

2）考虑文化和语境，避免使用可能引起误解的术语或俚语。

3）适当使用肢体语言和面部表情来增强语言的表达力。

（3）有效提问。提问是沟通中获取信息和澄清疑惑的重要手段。有效提问有以下作用。

1）鼓励对方提供更多信息。

2）帮助沟通者更好地理解对方的观点和需求。

3）促进双方的互动和思考。

（4）积极倾听。积极倾听是指全神贯注地听取对方的话语，并给予适当的反馈。积极倾听包括以下方式。

1）保持眼神接触，展示出对对方话语的兴趣。

2）避免打断对方，给予对方充分表达的机会。

3）通过点头、微笑等非语言行为来表示理解。

（5）仔细观察。观察是沟通中非语言信息的重要来源。仔细观察包括以下方式。

1）捕捉到对方的肢体语言、面部表情和语调变化。

2）帮助沟通者更好地理解对方的情绪和态度。

3）发现对方可能没有用语言表达出来的信息。

（6）认真思考。在沟通过程中，认真思考对方的话语和非语言信息是至关重要的。认真思考包括以下方式。

1）仔细分析对方的观点和论据。

2）思考如何回应对方，以及如何更好地表达自己的观点。

3）在作出回应之前，考虑可能的后果和影响。

3. 沟通能力的培养

（1）明确角色定位。新入职的员工需要认识到自己作为团队新成员的地位，通常这意味着资历相对较浅。在大多数情况下，上司和同事都有更多的工作经验。因此，在表达自己的观点时，应采取更为谨慎和间接的方式。

特别是在自己的想法与其他同事不一致时，要考虑到他们的地位和经验，给予他们的意见适当的尊重。同时，在阐述自己的观点时，应避免过分强调个人，而应尝试从他人的角度思考问题。

（2）适应沟通方式。不同的企业、管理风格和业务部门往往有不同的沟通方式。例如，一家欧美 IT 公司的沟通风格可能与一家日本重型机械制造企业的沟通风格截然不同；同样，人力资源部门的沟通方式可能与工程现场的沟通方式也有所不同。

新员工应该观察并适应团队中的沟通风格，注意同事们是如何表达他们的观点的。如果团队倾向于开放和直接的沟通，新员工也可以这样做；如果团队倾向于更加含蓄和委婉的沟通方式，新员工也应该相应调整自己的沟通方式，以避免显得格格不入。

（3）保持沟通。无论自身的性格是内向还是外向，是否喜欢与他人交流，在工作中，主动沟通总是比不沟通要好。尽管不同文化背景的公司可能有不同的沟通风格，但那些性格开朗、善于交流的员工通常更受欢迎。新员工应该抓住每一个机会与领导和同事进行交流，在适当的时机表达自己的观点和想法。

三、协作能力的自我分析

1. 协作能力的含义

协作能力是指在团队环境中，通过团队合作精神和相互支持来实现团队工作效率最大化的能力。对于团队成员而言，除个人能力外，更重要的是能够在不同角色中发挥自己的专长，并与其他成员进行有效协调和合作。

现如今，一些企业已经开始将协作能力纳入员工的个人绩效考核中。这是因为一个优秀的团队并不是由一群在所有方面都特别出色的个体组成，而是能够充分利用每个成员的优势，以弥补彼此的不足。同时，团队成员之间相互分享自己的长处和优点，通过交流和学习，共同促进团队的整体进步。

2. 协作能力的作用

（1）团队利益优先。团队的成功不仅依赖于个人成就，更依赖于整体表现。团队的成功不仅来自集体讨论和决策，也来自每个成员的共同努力。团队的力量在于其整体协作，超越了个体能力的简单相加。

（2）团队协作的核心是共同目标。团队协作需要一个清晰、有挑战性且能够激励成员的目标。这样的目标能够激发团队成员的积极性和奉献精神，促进成员之间的无障碍合作。在团队中，成员需要不断分享自己的优势，学习他人的优点，及时沟通问题，以最大化团队的效能。

（3）团队合作促进个人成长。当团队成员都以开放的心态相互支持，个人能力将得到显著提升。通过学习团队中其他成员的优点并将其融入自己的工作中，不仅能够增强团队的整体实力，还能促进个人能力和潜力的发展。

（4）团队精神的精髓在于协作。协作是团队成功的关键，它建立在相互信任的基础上，要求团队成员无私奉献、相互补充。通过协作，团队能够实现 1+1>2 的效果，即团队的成果往往超过个体努力的总和。

3. 协作能力的培养

（1）洞察团队成员特质。团队合作的关键在于协同，团队氛围对合作能力有直接影响。团队成员各有所长，也各有不足。作为团队一员，应主动发现并学习其他成员的优点，同时克服自己的不足，以促进团队合作。如果每位成员都积极寻找并学习他人的积极品质，团队协作将更加顺畅，工作效率也会随之提高。

（2）宽容团队差异。团队工作需要成员间的持续讨论和协作。如果团队成员固执己见，不愿听取他人意见，团队工作将难以进行。团队效率依赖于成员间的默契配合，缺乏默契则合作难以成功。因此，对待团队成员应持宽容态度，讨论问题时对事不对人，即使他人犯错，也应以共同进步为目的帮助对方改正，而非一味指责。同时，也应自我反省，坦诚面对自己的缺点，并寻求团队的帮助以改进。

（3）赢得支持与认同。要获得团队的支持和认可，需要让大家喜欢自己。除了在工作中相互支持和鼓励，还应积极参与团队活动，关心同事生活，让大家觉得互相之间不仅是好同事，还是好朋友，这样自然会更愿意合作。

（4）保持谦逊态度。骄傲自大的人在团队中通常不受欢迎。即使在某些方面比别人优秀，也应关注他人的长处，以认识到自己的不足。团队中的每个成员都有其专长，因此保持谦逊是必要的。

（5）促进资源共享。团队作为一个整体，需要发挥整体的综合能力。个人能力若未融入团队，可能会对团队造成负面影响。资源共享是团队工作的重要组成部分，能够评估团队的凝聚力和协作能力，是团队能力的重要体现。提高团队的资源共享度是团队健康、稳定发展的基础。

四、创新能力的自我分析

1. 创新能力的含义

创新能力指的是在技术与各类实践活动中持续产出具备经济、社会及生态价值的新构想、理论、方法和发明的能力。它涵盖创新意识、创新思维、创新技能与创新精神四大维度。

（1）创新意识。创新意识源于社会与个人发展需求，激发人们创造新事物或理念的动机，并在创造活动中体现为愿望、设想与意图。作为意识活动的积极成果，它是创造活动的起点与内在驱动力，为创造性思维与创造力奠定基础。

（2）创新思维。创新思维涉及采用非传统方式解决问题的思考流程，它能跨越常规思维框架，以独特视角审视问题，并提出非传统的解决方案，最终产生富有社会意义的新颖思维成果。

（3）创新技能。创新技能是指创新实践者在活动中所需的实际操作能力，包括动手操作、信息处理及将创新想法转化为实际成果的技能，是创新能力最直接的外在体现。

（4）创新精神。创新精神体现在能够整合现有知识、信息、技能与方法，勇于提出新见解、新方法，并具备进行创造、改革与革新的决心、信念、勇气和智慧。它是国家与民族持续发展的动力源泉，也是现代人应具备的重要品质。

2. 创新能力的阻碍

阻碍创新能力得到发展和提升的因素很多，具体来说包括以下五个方面。

（1）旧文化形成的传统心理。过去的一些文化强调集体主义、和谐与稳定，这在一定程度上可能会抑制个体的创新精神。例如，对权威的尊重可能导致人们不愿意挑战现状或提出新观点。另外，过分重视遵循传统和规则也可能限制了人们探索未知及尝试新事物的意愿。

（2）应试教育模式存在缺陷。应试教育模式侧重于考试成绩和标准答案，这可能会限制学生的创造力和批判性思维能力。在这种教育模式下，学生可能更倾向于记忆和重复，而不是探索和创新。缺乏对创新思维和解决问题能力的培养，可能会导致学生在面对需要创新解决的问题时感到无助。

（3）缺乏创新意识与创新欲望。如果个人或组织没有意识到创新的重要性，或者没有强烈的创新欲望，那么创新能力的发展就会受到阻碍。缺乏对创新成果的认可和奖励，或者对失败的过度惩罚，都可能抑制人们的创新尝试。

（4）思维的惯常定式。人们在长期的生活和工作中可能会形成固定的思维模式，这些模式在某些情况下有助于提高效率，但同时也可能限制创新。当人们习惯于按照既定的方式思考和行动时，他们可能会忽视或拒绝接受新的想法和方法。

（5）空有想法而少有行动。即使有了创新的想法，如果没有相应的行动去实现这些想法，创新能力也无法得到提升。这可能是因为缺乏资源、时间、支持或害怕失

败；另外，缺乏将想法转化为实际产品或服务的能力和经验，也可能导致创新想法无法实现。

3. 创新能力的培养

（1）增强大学生的创新意识。要实现真正的创新，必须超越现有的局限。当前的应试教育体制严重制约了学生的思维拓展。从小学阶段，学生主要依赖教师的单向传授来获取知识，缺乏独立思考的空间。即使学生有疑惑并尝试向教师提问，这些问题也可能因为不属于考试范围而被忽视。评价学生学习成果的标准单一地依赖于考试成绩，导致学习的目的似乎仅仅是应对考试。在这样的环境下，大学生的创新意识难以得到有效培养。因此，要提升创新能力，首要任务是培养创新意识，鼓励学生主动发现问题、提出问题，勇于突破既定框架，超越常规，挑战既有观念与权威。

（2）挖掘兴趣，善于思考。朱清时院士在探讨创新能力提升的技巧时，强调了科学家持续取得新成就的关键因素。他指出，出色的科学家之所以能够不断有新成就，是因为他们拥有永不枯竭的兴趣，并持续培养自己的直觉，最终全神贯注地投入研究。这表明，新发明、新发现与发明家的思维习惯和学习精神密切相关。为了培养创新能力，我们需要摆脱社会中的不良风气，真正发现自己的兴趣所在，并将这种兴趣扩展到更广泛的领域，坚持不懈地沉浸在发现和解决问题的思考中。同时，采用逆向思维来考虑问题的核心，不断培养自己的直觉，并捕捉思维的灵感火花，将其转化为新的研究发现，也是至关重要的。另外，科学的态度同样重要，这意味着在思考问题时需要全神贯注，深入探究问题的每个层面。否则，效率的下降可能导致瞬间的灵感消失。

（3）开设专门的创新课程，培养大学生的创新智能。为了培养创新人才并满足学生提高创新思维与技能的需求，高等院校应开设一系列专门的课程。创造性思维并非神秘莫测，而是遵循一定的规律。将这些规律总结并传授给学生，可以帮助他们在创造发明的道路上从"必然王国"过渡到"自由王国"。

在课程设置上，应重点教授学生一些基本的科研方法。这包括如何选题、如何收集、分析和整理资料，如何提炼论点（观点），如何谋篇布局、安排论文结构，如何论证阐述及如何撰写论文等。通过这些方法的学习，学生可以初步掌握科研的技巧。

同时，教师应有意识地布置一些综合性大作业或小论文题目，对学生进行科研的基本训练。在学生进行科研的过程中，教师应提供必要的指导和辅导，帮助学生更好地理解和运用所学知识，从而提高他们的创新思维和技能。

通过这些专门的课程和训练，学生不仅能够掌握科研的方法，还能够培养独立思考和创新能力，为他们未来的学术和职业生涯打下坚实的基础。

（4）理论与实践相结合的理念。实践是检验真理的唯一标准，也是运用和巩固理论知识的唯一途径，更是创新的源泉。创新能力的培养离不开实践，它是在不断解决实践问题的过程中锻炼和培养出来的。理论与实践相结合的过程，实际上是一个从实践到创新，再从创新到实践的不断循环和提升的过程。高校在培养人才时，必须树立明确的实践意识，重视实践教学的作用。加强实践教学，将理论与实践紧密结合，不仅能够巩固学生的理论知识，还能提高他们的实践能力和创新能力。这是构建现代高等教育人才培养模式的基石，也是培养大学生创新能力的必要条件。

五、管理能力的自我分析

1. 管理能力的含义

作为驱动管理行为的关键要素，管理能力主要体现在管理者在各类管理活动中所展现的领导力。这种能力对于实现组织目标和提升管理效率具有至关重要的作用。其核心在于增强组织的运作效率。具体而言，管理者需具备以下三项关键能力：首先，要能全面且精确地设定效率标准；其次，要能敏锐地识别实际工作与效率标准之间的差异；最后，要能在实际操作中找出并解决存在的问题。

2. 管理能力的意义

（1）增强大学生的管理能力是他们应对未来社会激烈竞争的关键手段。根据国家统计局官网的数据，2023年普通本科和专科毕业生人数高达1 047.025 8万人。然而，许多企业削减甚至取消了校园招聘计划，这种"双重压力"对即将毕业的大学生来说是一个严峻的现实挑战。然而，深入分析后发现，外部环境的压力终究只是一方面的因素。大学生就业难另一方面的原因在于他们自身缺乏竞争力，自身的能力和素质与用人单位的要求存在差距，尤其是管理能力的不足，这使他们难以胜任未来工作岗位的需求。另外，大多数大学生未能为自己设定清晰的职业定位、制订合理的职业规划，而只是一味地追求进入好单位、获得高薪酬，这种不切实际的态度加上外部环境的影响，使他们的就业和发展面临重重困难。因此，大学生在完成学业的同时，必须全面提升个人综合素质，努力解决管理能力不足的问题，不断增强自身的竞争力，以适应未来社会的激烈竞争。

（2）提升大学生的管理能力是满足未来社会人力资源需求的必然选择。21世纪的竞争本质上是人才的竞争，因此人力资源成了各行各业争夺的首要资源。拥有高素质、强能力的人才意味着拥有竞争的优势。多年来实施的高校扩招政策不仅满足了学生接受高等教育的愿望，而且为社会培养了大量的专业人才。然而，现实中仍存在一些问题不容忽视。当前，用人单位普遍反映，尽管大学毕业生成绩优秀、专业基础扎实，但他们的管理能力却未能达到预期。许多企业的重要管理岗位在国内难以找到合适的人才，不得不寻求海外或留学生的帮助。这进一步加剧了国内外高校毕业生在就业方面的竞争。知识经济的快速发展使资本和技术流动加速，对人才提出了新的要求。未来中国社会将是一个更加开放、多元化的社会，对于具有管理能力的高素质复合型人才的需求将越来越多，因此加强大学生管理能力的培养是满足未来社会人力资源需求的必然选择。

3. 管理能力的培养

（1）转变教育观念，构建合理的管理能力培养模式。随着全球经济一体化的加速发展，各种组织和集团之间的竞争越发激烈。管理作为人类实践活动中的关键部分，正日益受到广泛关注。在我国高等教育事业持续进步的同时，社会对管理人才的需求也在不断增

长。管理学作为一个学科领域已相对成熟，但"隔行如隔山"的现象却相当普遍。管理专业的学生在接受了系统的正规教育并重视相关能力的培养后，通常具有较强的管理能力。相比之下，非管理专业的学生在这一领域的能力则较为不足。因此，必须转变传统教育观念，将大学生管理能力的培养纳入高等教育的长期规划，将其作为一种通用能力进行培养，而不仅仅局限于管理专业学生。高校应将管理能力的培养贯穿于整个教学过程，制订科学合理的教学计划，并针对专业与非专业学生在基础和实践上的差异进行分类，区别对待，以培养出更多既懂技术又会管理的高素质复合型人才，满足社会的需求。

（2）加强理论学习，夯实科学管理的理论基础。目前，管理学已发展成为一个独立且综合性的应用学科，其思想和理论体系相对成熟，共同构成了一个完整的科学架构。在国内，专门介绍管理学基本原理的教科书已超过百种。理论是实践的指导，要培养科学的管理能力，首先需要学习和掌握科学的管理理论。鉴于院校中非管理学专业学生占据大多数，一方面，高校应推广管理学基本原理的相关课程，使管理学像英语、政治一样，成为各专业学生的共同必修科目；另一方面，大学生也应多阅读与未来就业紧密相关的书籍，如组织行为、领导艺术、企业管理等，以拓宽视野、加深对管理学基本原理的理解，并为将来的管理实践提供现实指导和依据。

（3）营造积极氛围，在实践中促进管理能力不断提高。在管理能力的培养过程中，实践是不可或缺的一环。社会是一个充满活力的大课堂，引导大学生积极参与社会实践活动是提升他们管理能力的关键途径。实践证明，大学生通过服务社会、参与社会实践活动，能够扩大社交圈，增加社会经验，锻炼意志品质，使许多书本上的理论问题在实践中得到解决。因此，高校除了要重视大学生的专业课程实践外，还应继续开展校内外社会实践活动，如以多种形式吸引大学生参与校内行政管理、教学管理、校园文化管理、后勤保障管理等；同时，组织好校内第二课堂活动、学生会及各类学生社团；鼓励大学生参与社会公益事业、假期社会调查等活动，让更多的大学生在现实生活中拓宽视野、体验生活，通过实践不断提升自身的管理能力。

第三节　就业信息收集与筛选

一、就业信息的收集

1. 校内就业指导中心

校内就业指导中心是获取就业信息的主要途径。它负责在毕业生就业期间，及时更新并向毕业生传达就业需求信息，同时为他们提供职业指导，使他们掌握就业政策和社会需求趋势。另外，该中心还提供就业咨询服务。鉴于学校与各级就业主管部门保持着紧密联系，并且是用人单位挑选毕业生的主要平台，其独特地位使其拥有比其他部门更丰富的就业信息，且在信息的准确性、权威性和可靠性上均具备显著优势。

2. 各地人才市场和招聘会

随着就业体系的不断健全和就业市场的蓬勃发展，各地及各行业普遍设立了人才市场或人才交流服务机构，其主要职责是汇集并发布人才供求信息，办理人才交流登记手续，并安排毕业生与企业的见面交流会，为双方创造直接交流、协商的机会。另外，各级政府、企业及学校也经常举办各类招聘会。其中，政府部门和学校主办的招聘会多为免费公益活动，通过这些招聘会，毕业生可以有针对性地获取招聘资料，了解行业需求，提升自己的求职技能，展示个人才能，从而争取更多的就业机会。

3. 社会实践（或实习）

社会实践是大学生获取就业信息的重要途径。在社会实践中，通过个人努力赢得用人单位的好感和信任，从而获得就业信息，甚至直接获得职业机会的大学生不乏其人。因此，大学生在参与各种社会实践活动时，除了解社会、提升思想觉悟、培养社会能力外，还应积极收集就业信息。例如，在社会考察活动中，应有意识地关注行业发展趋势、人才需求状况、具体单位、岗位用人要求等信息；在社会服务活动中，应观察、思考，努力发掘潜在的职业或岗位机会，一旦发现，应及时追踪探索；在勤工助学等直接在用人单位进行的社会实践中，应多观察、多询问，以主人翁的态度了解和关心单位的事业发展，了解自身和周围岗位上在职人员的工作状况，特别是在与自身职业意向相符的单位或岗位实践时，要充分展示自己的才华和能力。另外，毕业实习也是一个重要的实践环节，它是学生踏入社会的序曲，是参加工作的预演。实习一方面能让用人单位对学生有所认识和理解，另一方面也让学生对择业领域有更深入的了解。如果学生能在实习期间证明自己是一个可靠的员工，而单位也发现了学生的潜力，那么通过实习阶段可能会获得开启职业大门的钥匙。因此，应充分重视毕业实习这一教学环节，努力建立最佳、最有意义的实习关系。

4. 亲友等社会关系

利用亲友、同学、同乡等社会关系网络收集就业信息和进行求职，也是大学生就业的一条重要途径。许多用人单位，尤其是中资企业，通常更愿意录用通过熟人介绍或推荐的求职者。大学毕业生在求职过程中，如果有关键人物在关键时刻提供帮助，效果通常会更好：首先，亲友一般不会误导自己，他们推荐的单位通常是经过认真筛选的，相对可靠；其次，亲友出于关心，推荐的单位在福利待遇上通常不会太差；最后，有了亲友这层关系，在单位中会有人关照，工作上可能会少走弯路，成长过程可能会更顺利。真正的才华也需要有人发现，因此，利用亲友关系求职也是一个不错的选择。

5. 网络招聘

随着专业人力资源网站的兴起，以及几乎所有公司都建立了自己的网站，招聘信息首先会在网络上发布，网络求职已成为现代大学生求职的主要途径。网络人才交流的最大优势在于它可以突破时间和空间的限制。毕业生不仅可以自由地从网络上获取大量的就业信息，而且可以将自己的简历放在网上，实现与招聘方的双向沟通。然而，网络本身并不具备筛选功能，网络上存在许多虚假信息；因此，应届毕业生在通过网络求职时需要警惕网络招聘欺诈，确保求职的安全性。

二、就业信息的筛选

鉴于就业信息来源和获取途径的多样性，其内容可能包含真实与虚假成分。因此，大学生要有效利用就业信息，就必须对收集到的信息进行筛选和提炼，去除冗余和虚假部分。在筛选过程中，大学生应根据自身实际情况，有针对性地进行整理和分析，以确保所获取的就业信息准确、科学且有效。

1. 科学地分析和取舍

为辨别就业信息的真实性和有效性，大学生应对所有获取的就业信息进行审慎分析和科学筛选。

（1）评估信息来源可靠性。通常，高校就业管理部门提供的信息较为可靠，而通过其他途径收集的信息，可能因时效性或普及度问题，需进一步验证其真实性。

（2）判断信息适用性。鉴别信息的有效性时，需考虑信息是否与个人兴趣、专长、专业背景、个人喜好，以及期望的收入、工作环境、地理位置等相匹配。同时，还应关注用人单位对生源地、学业成绩和个人素质的具体要求。

（3）深挖信息价值。进行内涵分析，即评估就业信息的实用价值。通过这一过程，剔除无关紧要的信息，保留与个人兴趣或专业技能紧密相关的信息。

2. 分清主次

在筛选就业信息的过程中，大学生还应根据信息与自身相关性的强弱进行排序。对于与自身高度相关的信息，应进行深入研究和重点考虑；而对于一般信息，则可仅作为参考。

若无法区分主次，可能会在不重要的信息上消耗过多时间和精力，从而错失最佳的择业机会。因此，明确重点、珍惜时间至关重要，这样才能在激烈的就业市场中抢占先机。

3. 深入了解

对于关键信息，应深入挖掘其根源，广泛收集相关资料，全面了解该职位的历史背景、当前状况、未来发展前景及任职要求等。同时，还应通过适当途径侧面了解该职位的薪资待遇、培训机会、晋升渠道等信息。了解得越全面、分析得越深入，就越能找到与自己匹配的职位。

筛选完就业信息，大学生可以对比和评估这些信息，或与他人分享并征求他们的意见，以便对就业信息的价值进行综合考量。

第四节　就业心理准备与调适

一、就业心理准备

就业对毕业生个人前途和命运至关重要，求职择业是大学生人生道路上的重要抉择，其成功与否可能影响一生。求职择业要求大学生不仅具备良好的思想品德素质、科学文化素质和身体素质，还需具备良好的心理素质。在择业过程中，大学生可能会面临比以往任何时候都更为严峻的问题、复杂的矛盾和深刻的困惑。每个人都需要经历自荐、笔试、面试、竞争等各种考验，这对大学生的心理素质是一次严峻的考验。做好就业的心理准备，保持健康的心态，是毕业生成功就业的关键。

1. 做好主动参与竞争的心理准备

在当前的就业市场中，大学毕业生与雇主之间的"双向选择"机制为学生提供了一个公正和透明的竞争平台。随着毕业生数量的激增，就业市场已经从"卖方市场"转变为"买方市场"，雇主在毕业生的职业选择中占据了主导地位。雇主对毕业生的素质要求日益提高，而可用的职位相对有限，尤其是那些待遇较好的职位更是稀缺。这种"供不应求"的现象是不可避免的，因此，竞争就业成了一个必须面对的现实。

在当今世界，无论是政治、经济、科技还是教育领域，竞争无处不在，它是推动社会发展的催化剂。竞争能够促进事物的发展和社会的进步，优化人力资源配置，并使劳动人事制度充满活力。如果一个人缺乏竞争意识和心理准备，就可能落后于时代，难以实现个人成就。大学生作为一个接受过系统正规教育的群体，应具备比其他社会群体更强的心理素质，摒弃过时的"等待、依赖、索取"就业观念，不抱怨环境，而是勇敢地面对就业竞争的现实，并做好充分的心理准备。他们应该敢于竞争、勇于竞争，通过竞争来展示和推销自己，从而在竞争中取得成功。

2. 做好遭遇挫折的心理准备

当代大学生多在较为顺遂的环境中成长，在家庭的呵护下往往缺乏社会生活与工作经验，且较少经历挫折，这导致部分毕业生在面对就业挑战时抗挫能力较弱。然而，求职过程充满竞争，甚至相当"残酷"，遭遇挫折和失败是常见的。在择业中，许多毕业生可能会遇到投递简历无回应、面试被拒、多次求职不成，或是心仪单位难以进入、不理想的单位却竞相邀请等情况，这些都可能给毕业生带来困惑。面对严峻的就业形势，每位毕业生都应有多次择业的心理准备，避免因一两次失败就灰心丧气、自暴自弃；应客观分析失败原因，积极寻找解决之道，培养不畏挫折、积极面对的心理素质，克服依赖和畏难情绪，及时调整心态，为下一次求职做好准备；同时，要坚信自己的价值，发掘潜力，发挥优势，培养坚韧不拔的意志，通过不懈努力，定能找到适合自己的岗位，实现个人才华与理想。总之，当代大学生应正视现实，展望未来，成为敢于竞争、不惧挫折、具有强大耐挫力的择业者。

3. 做好长远发展的心理准备

在以往的计划经济时期，由于多种因素和挑战的影响，许多人的职业生涯往往被限定在一个固定的单位，从开始到结束，这种就业模式限制了人才的合理流动和交流，也在一定程度上抑制了个人潜力的发挥。然而，随着社会主义市场经济体制的建立，用人制度的革新和人才市场的形成，那种一生只在一个单位、一个岗位上就业的现象已经成为过去。人才市场化和就业竞争化的趋势意味着大学生将频繁面临就业与再就业的情况，因此，他们需要做好多次选择职业和多次就业的心理准备。

正如古语所说："吾生也有涯，而知也无涯。"即使在就业后，也需要不断地更新知识、积累经验和提升能力。一旦条件成熟，根据个人实际情况，可以重新选择更适合自己的工作岗位。这种持续的自我提升和适应市场变化的能力，对于大学生来说，是职业生涯中不可或缺的一部分。

二、就业心理调适

就业是认识和适应社会的一个重要过程，其中遇到困难、经历挫折及产生心理冲突和困惑都是十分正常的现象。面对就业问题，学会调整心态至关重要，这有助于大学生从容、冷静地应对，并作出明智的选择。以下是一些建议，帮助大学生调节就业心理。

1. 接受客观现实，调整就业期望值

（1）认识到就业市场的实际情况，包括竞争的激烈程度、行业的发展趋势等。

（2）根据市场状况和个人能力，合理设定就业目标和期望，避免过高或过低的期望导致失望。

（3）保持灵活性，对不同的工作机会持开放态度，以适应不断变化的就业环境。

2. 充分认识职业价值，树立合理的职业价值观

（1）理解不同职业的社会价值和个人意义，不仅仅以薪资和地位作为衡量标准。

（2）树立长远的职业发展观念，考虑个人兴趣、发展潜力和工作满足感。

（3）重视工作与生活的平衡，追求全面发展，而不仅仅是职业成功。

3. 认识与接受职业自我，主动捕捉机遇

（1）通过自我评估，了解自己的优势、兴趣和职业倾向，以便找到合适的职业方向。

（2）接受自己的局限，同时积极提升技能和能力，以增强就业竞争力。

（3）主动寻找和把握职业发展的机会，如实习、培训、网络拓展等。

4. 坦然面对就业挫折，提高心理承受力

（1）认识到求职过程中的失败和挫折是正常的，不必过分自责。

（2）学会从失败中吸取教训，调整策略，以更强大的心态面对下一次挑战。

（3）培养积极的心态，保持乐观和自信，以提高应对压力的能力。

5. 调整就业心态，促进人格完善
（1）保持谦虚和开放的心态，愿意学习和接受新事物。
（2）在求职过程中，展现诚实、负责和合作的品质，以建立良好的职业形象。
（3）通过不断的自我反思和成长，提升个人的情商和人际交往能力。

6. 开拓进取，勇于创业
（1）考虑创业作为就业的一种选择，尤其是当传统就业市场机会有限时。
（2）培养创新思维和解决问题的能力，以应对创业过程中的挑战。
（3）勇于承担风险，同时做好充分的市场调研，制订完善的计划，以提高创业成功的可能性。

第五节　就业求职的材料准备

一、求职材料的构成

求职材料主要包括求职信、就业推荐书、个人简历、成绩单、社会实践及实习的鉴定材料、证件与证书等内容。

1. 求职信

求职信是毕业生在收集了相关信息后，有针对性地向潜在雇主进行的自我介绍。它是专门为特定的单位和岗位量身定制的，主要目的是表达求职者的个人愿望和技能特长，以吸引招聘人员的注意，争取面试机会。求职信在求职过程中扮演着至关重要的角色，它是学生自我推销和展示公关技巧的重要途径。

2. 就业推荐书

就业推荐书旨在辅助求职者就业，通常由各教育机构提供固定的格式，学生根据自身具体情况填写相关资料。完成信息填写后，必须经过学校官方的盖章确认，以保证其有效性。这份推荐书是高等院校向企业推荐其毕业生的一种书面介绍，其中包含学生的个人资料、学业成绩、奖励与处罚记录及社会实践活动等，这些信息对于企业选拔人才至关重要，直接影响到毕业生的就业前景。

就业推荐书的涵盖范围广泛，信息详尽。在招聘过程中，企业往往将学校出具的就业推荐书作为评估毕业生的重要参考。在求职初期，毕业生一般提交就业推荐书的复印件。只有在企业决定录用并正式签订合同之际，才会使用正本的就业推荐书。

3. 个人简历

个人简历是对求职者过往经历的精练概述。它集中展示了个人在生活、学业和职业道路上的历程及取得的成就。一般来说，一份规范的个人简历应当包括以下要素：申请者的姓名、性别、年龄、民族、出生地、政治面貌、教育背景、联络方式、个人自评、职业经

历、教育背景、所获荣誉及成就、职业期望等。当然，个人简历的内容应根据大学生的求职意向进行相应的调整。例如，对于财务岗位的申请，个人简历应着重展现求职意向、专业课程及其成绩、取得的资格证书和相关的实习经验；而对于新媒体运营岗位的申请，则应强调个人性格特点、兴趣爱好、特殊才能及全面的素质和能力实践。

4. 成绩单

成绩单是大学毕业生学习成绩的证明，通常为表格形式，应由学校教务部门出具并盖章。

5. 社会实践及实习的鉴定材料

社会实践及实习的鉴定材料能让毕业生体验社会生活，为毕业后踏入社会做好充分的准备，积累相关经验，提高自身的实力。鉴定材料是社会实践单位和实习单位给予的评价，对日后就业有一定的帮助。

6. 证件与证书

资格证书和其他各类证书是毕业生在求职、任职及开展专业活动时所必需的证明文件，它们是企业在招聘和选拔人才时的关键参考。这些证书能够增加求职者的就业机会，充当进入职场的敲门砖，并提升被潜在雇主录用的可能性。这些证书涵盖了外语水平证书、计算机等级证书、各种奖学金及获奖证明、专业技能证书及各种职业资格证书等。

除了上述的核心内容，求职资料还可能包含导师的推荐信、已发表的学术论文（或文章）的副本或相关证明等附加材料。

二、求职信的制作

求职信是求职过程中的关键一环。对于应届毕业生而言，它是在了解潜在雇主的同时，通过合适的方式和渠道来有效地推广自己，雇主能够认识到求职者的价值，理解求职者的优势，并最终决定录用，以满足就业目标。求职信的质量往往直接影响着求职者能否获得面试的机会。因此，求职信在格式和内容上都应当符合相关要求，以确保给招聘单位留下深刻的正面印象。

1. 求职信的撰写格式

（1）称呼：应写在信件的最左侧，例如"尊敬的招聘负责人""敬爱的部门经理"等。称呼应依据招聘单位的特性来定，确保体现出信件是针对具体个人而非整个单位，这样信件更可能得到具体人员的关注和处理。

（2）开头：以礼貌的问候语开始，如"您好"或"敬启者"。

（3）正文：在正文中，阐述自己申请职位的资格和条件，重点展示自己的成就和特长，确保内容具有说服力。

（4）结尾：在信件的结尾部分，重申自己的求职意愿，并以敬意的话语结束，如"期待您的回复"或"敬祝商祺"。

（5）附件：附上的证明材料应当是经过盖章和签名的，以增强材料的可信度。

（6）署名和日期：在信件的最后，写上自己的全名和写信的日期，确保格式规范，体现出专业性。

2. 求职信的撰写技巧

（1）知己知彼、精准定位。撰写求职信是一种交流艺术，它能展现个人专业素养。站在招聘单位的立场思考，是提升求职信效果的关键。求职者应采用角色代入的方式，针对特定单位和岗位进行定制化求职。通过分析招聘要求，洞察单位需求，有针对性地展示自己的教育背景和经验，凸显自己的智慧和才能，让招聘方看到自己的潜力和价值，从而作出对求职者有利的决策。

（2）逻辑清晰、特色鲜明。从阅读者的视角安排内容，根据求职目标合理安排文本结构，将关键信息置于显眼位置，对相似内容进行合理分类和串联，确保段落间的逻辑连贯性。求职信应展现个人风格和专业水准，表达要直接、简洁，书写要清楚，内容、语气、词汇选择和期望表达都应积极向上，充分展现求职者乐观、负责、创新的一面。

（3）真实客观、适度自荐。用实际成就和经历代替夸张的言辞，适度地自我介绍。求职信是招聘单位对求职者的一次初步考查，通过信件，招聘方能够评估求职者的语言表达和文字功底，求职信可谓是招聘方对求职者的第一印象的重要依据。

（4）简洁明了、篇幅适中。求职信应控制在单页篇幅内，避免出现文字错误，严禁错别字、语病和不流畅的表达。求职信不应简单重复履历内容，而应独立成文，具有独特性。建议留存副本，使用A4纸张打印，以保持专业形象。

3. 求职信的写作内容

求职信通常限制在一页纸内，其结构通常包含引言、主体和结语三个部分。以下是根据五段落格式介绍求职信写作的关键点。

（1）第一段（引言）：目的是吸引招聘人员的注意，激发他们对求职者的兴趣。这部分应回答的问题：为什么招聘人员应该阅读你的信件？你可以为他们带来什么价值？开篇要简洁有力，明确表达你对岗位的兴趣和为什么你是合适的候选人。

（2）第二段（价值推销）：在这一段，求职者需要明确展示自己的技能、能力、资历和自信，这些都是满足招聘要求的关键因素。强调自己的哪些特质和能力能够满足招聘方的需求，并突出自己的竞争优势。

（3）第三段（成就展示）：本段应详细说明自己的成就、成果和教育背景，这些内容应与第二段中提到的价值点相呼应。尽量用具体的数据或成果来量化自己的成就，以增强说服力。

（4）第四段（后续行动）：在这一段，需要明确下一步的行动计划。可以提出希望安排面试的请求，或者告知招聘人员将在近期内联系他们以讨论后续步骤，表现出积极性和对职位的认真态度。

（5）第五段（结语）：这是一个简短的结尾段落，用于礼貌地结束信件并对招聘人员表示感谢。结尾要保持简洁，避免拖沓，留下积极的印象。

4. 求职信的写作要点

（1）信封和信纸的选择应遵循专业标准，避免使用带有其他公司名称的信封和信纸，以体现专业性和对求职过程的重视。

（2）在撰写求职信时，应坚守诚实守信的原则，合理评价自己的能力，既不低估自己，也不夸大其词。在保持自信的同时，避免给人留下自大或浮夸的印象。

（3）控制好求职信的篇幅，确保内容简洁明了。过长的信件可能会让人失去阅读的兴趣，影响求职效果。

（4）确保文字表达流畅，字迹清晰可辨。求职信是招聘单位对求职者能力的初步考察，良好的文字功底会给人留下深刻印象。如果手写能力强，手写求职信可以展现这一特长。

（5）求职信的内容布局应清晰有序，段落之间留出适当空行，以便于阅读。对于需要强调的内容，可以使用特殊字体（如黑体字）来突出显示。

（6）掌握用多种语言撰写求职信的技能，例如中英文或中日文对照，特别是应聘外资企业时，这不仅能展示外语能力，还能表达对公司的尊重。

（7）求职信应具有针对性，针对每个职位量身定制求职信，展现对这份工作的热情和认真态度。避免使用同一封求职信广泛投递，这样的做法往往难以取得好的效果。

三、求职简历的制作

个人简历是对个人生活、学习、工作历程及其成就的精练总结。其核心宗旨是向潜在雇主全方位展示自己的资质和经历，以争取获得面试的机会，进而实现就业目标。通常，个人简历会作为求职信的补充材料，一同递交给招聘单位，以便对方更深入地了解应聘者的背景和潜力。

1. 个人简历的形式

个人简历通常采用两种主要格式：表格形式和时间顺序形式。表格形式通过直观的表格布局展示个人基本信息及其教育和职业经历，这种格式清晰易懂；而时间顺序形式按照时间线排列教育和工作经历，这种方式有助于展现个人的成长轨迹和技能发展。对于即将步入职场的大学生而言，这两种格式都是推荐的选择。

简历的核心价值在于使潜在雇主能够全面地了解求职者，进而提供工作机会。因此，简历的编写应当简洁而精练，避免冗余和不必要的细节。简历的布局应易于阅读并具有吸引力，以便给招聘方留下积极的印象。简历中的内容应聚焦于关键点，语言要恰当，书写要清晰规范。

2. 个人简历的内容

（1）个人资料：提供基本的身份信息，包括姓名、性别、出生日期、籍贯、政治面貌、婚姻状况、健康状况、兴趣爱好及性格特点等。

（2）教育背景：列出求职者的教育经历，包括就读的院校、所学专业、获得的学位、掌握的外语水平及计算机技能等。

（3）荣誉奖励：记录求职者在学业或社会活动中获得的荣誉和奖励，如三好学生、优秀团员、优秀学生干部、专项奖学金等。

（4）工作经历：详细说明求职者的工作经历，包括在学校期间参与的社会工作，尤其是那些与所申请职位相关的经历。

（5）个人技能：突出求职者的专业技能，如计算机操作、外语能力、驾驶技能等。

（6）社团活动：提及求职者参与的社团活动及在其中担任的职务，这可以展示团队合作和领导能力。

（7）证书复印件：附上求职者的获奖证书、外语等级证书、驾照等复印件，这些可以增强简历的可信度。

（8）研究项目和成果：如果参与过重要的研究项目，应该在简历中详细说明，包括项目名称、合作者、赞助商（如果有的话）及完成时间。

（9）求职意向：明确求职意向，包括希望从事的工作类型、职业发展目标等，这些信息应该与申请的职位相关，并能吸引招聘者的注意。

3. 个人简历的标准

（1）整洁清晰：简历的布局应该整洁有序，信息的呈现要清晰易懂。这不仅反映了认真细致的态度，也使招聘人员能够快速抓住重点。

（2）简单明了：简历应该简洁，通常不超过一页。重点突出与求职目标直接相关的信息，而对其他不太重要的信息则可以简略带过。

（3）准确无误：无论是在用词、术语还是整体撰写上，都应确保信息的准确性。避免使用模糊不清的描述，确保所有数据和事实都是正确无误的。

（4）真诚坦率：在描述自己的经历和技能时，要保持诚实。不要夸大自己的成就，也不要过分谦虚。真诚地展示自己的能力和经历，这样更容易获得招聘人员的信任。

拓展阅读

做好高校毕业生就业要抓住三个关键

党的二十大报告指出："实施就业优先战略"，为进一步做好就业工作指明了方向。客观来说，高校毕业生是我国劳动力市场大军中最为重要的一个群体，在数量上已成为新增就业主力，我国2022年高校毕业生突破千万大关，达1 076万人，2023年高校毕业生总人数已达1 158万人。

值得注意的是，我国高校录取人数依旧呈现上升态势，因此，预计我国高校毕业生人数在未来数年内都不会出现明显下降。正因如此，高校毕业生就业问题将会持续成为我国面临的主要社会矛盾之一，2023年的政府工作报告已将"促进青年特别是高校毕业生就业工作摆在更加突出的位置"。

为进一步分析高校毕业生就业的难点，笔者首先基于经济学理论框架对就业问题进行

拆解。当一国经济结构出现快速变化时，必然伴随着部分行业的衰落和企业的退出，导致已有工作岗位快速流失，失业率上升。虽然新行业兴起会创造新的就业岗位，但工作匹配和技能再培训存在时滞，因此造成了摩擦性失业。但需要注意的是，高失业率也可能导致劳动力市场就业难形成恶性循环：失业者觅工动力不足，或者其技能无法满足企业需求，企业便很难寻找到称心如意的员工，从而降低企业寻觅员工的动力。因此，这样不仅会导致岗位空缺率偏高，企业潜在劳动需求得不到满足，还会导致相关人员寻觅正常就业途径以外的其他渠道，直接或间接造成其无法负担技能培训的经济或时间成本，进一步强化了劳动力市场的悲观预期，甚至促成就业市场恶性竞争，共同降低劳动者正常觅工动力，构成就业难这一状态的自我强化机制。

相对于年长的劳动者，高校毕业生有更优渥的成长环境，但这也导致了他们在劳动力市场上面临更大挑战。首先，当前高校毕业生大多成长于我国宏观经济腾飞期，从小的衣食无忧让他们对工作岗位和未来人生规划有更强的个性需求。其次，由于缺乏社会阅历和人生经验，青年人尚未建立成熟的择业观，这一群体普遍对自己有着过高的人生期待。与此同时，高等教育和职业发展有效衔接还不充分，进一步导致高校毕业生的就业成功率不如其他青年群体，就业失败经验可能还会进一步触发他们求职时的抵触情绪。再次，这一代人普遍得到了家庭的大力支持，此前广为讨论的"六个钱包买房论"无论对错，都反映出父辈乃至祖辈的积累成为当前青年人的坚强后盾。慢就业成为他们的第二选项，无形中提高了他们的择业期待。最后，当前就业的严峻形势加剧了竞争压力，导致"内卷"现象广泛在求职和在职人群中出现，进一步降低青年人求职意愿、专精工作相关内容的内在激励与稳定发展职业的动力。

当代青年人的以上特点也体现在其失业原因方面。根据2021年人口与就业年鉴数据，截至2021年年底，笔者估算出青年人主要失业原因是毕业未就业（59.0%）和个人原因/辞职（28.2%）。对比2012年人口与就业年鉴数据，毕业未就业和个人原因/辞职的比例分别为61.4%和18.6%。从这些数据来看，我国对于青年人就业的辅导和支持，在过去十年持续收效，但由于个人原因/辞职造成的失业也开始成为需要重点关注的领域。

另外，根据中国劳动和社会保障科学研究院课题组的研究数据，2021年高校毕业生大多流向了五大服务行业：教育、制造业、信息、软件与信息技术、金融与科学研究和技术服务。这也反映出青年群体呈现出较强的行业取向，与我国2021年人口与就业年鉴数据形成印证：2021年年底，青年群体主要行业集中于制造业（18.6%），批发零售（15.4%），住宿餐饮（8.7%），教育（7.8%），信息、软件与信息技术（4.7%），居住、修理（6.5%），公共管理（4.9%）等服务行业。

通过以上分析可以看出，首份工作保障、稳定青年职业发展和支持青年人就业重点行业是解决青年群体就业问题的三个关键要素。因此，在解决高校毕业生就业上，应着重做好以下三方面工作。

第一，以就业导向思维推进高等教育改革，系统做好落实毕业生首份工作的第一责任人。在做好立德树人、专业教育的同时，应进一步破除灌输式教学思维，将专业理论与实践操作有机结合，夯实毕业生在职场应用专业知识的基本功。同时，不同院校应做好专业分工，突出优势学科，充分利用已有教师资源和配套设施，深耕优势领域内的人才培养工作。还要做好大学生职业规划课程体系建设，积极将择业教育、职业观教育、职业生涯教育与就业心理指导融入日常教学，增进学生对就业重要性的认知，引导毕业生树立正确的就业观、正确面对就业道路上的挫折和烦恼，做好大学毕业生的引路人。相关教育监管部门应预判宏观趋势并建立各类人才需求信息，科学筹划各高校专业设置、招生规模和人才培养方案，在人才供给上优化结构、提升质量。各高校应积极筹备毕业生就业专场，积极吸引中小微企业和基层单位带需入校宣介，为学生创造职业实践机会。

第二，尊重青年人的时代需求，建立全生命周期的职业培训体系，稳定青年职业发展路径。尊重青年人的个性化需求，公平保障所有劳动者合法权益，提升岗位与岗位、部门与部门之间的流动性，保障劳动力要素流转有序，通过提升未来职业发展的丰富路径和经济激励，以增强劳动市场对青年人的吸引力，降低其对首份工作的工资预期，激活青年人下基层、实现灵活就业和创新创业的动力。同时，建立全生命周期的适应性职业培养和学位授予，健全中小企业内职业技能等级设置和等级认定机制，精准满足青年人职业发展的教育需要，通过保障长期人力资本积累，降低企业人才培养成本，提升企业用工激励，进而助力大学生群体就业创业。另外，基于劳动法对不同行业拟定岗位工作手册，规范用人过程，破除求职"内卷"趋势。

第三，增进劳动市场匹配效率，扩大高校毕业生就业搜寻范围，顺应高校毕业生就业重点行业倾向。创新公共就业服务管理机制，组建专业人才工作队伍。通过积极利用大数据、信息化技术、与市场招聘平台公司深度合作提升基层公共就业服务质量，通过统筹公共就业与市场就业服务平台着力提升劳动市场匹配效率、扩大就业搜寻范围，主动寻找新业态就业突破口。同时，统筹搭建全国一体化、多层次高校毕业生就业匹配体系。在有效帮助高校毕业生甄别虚假和不良工作信息的同时，重点关注毕业生就业的主要行业，积极了解重点行业的发展趋势和岗位技能需求，与高等教育具体培养形成互动。另外，积极发展针对大学毕业生的第三方职业规划与发展辅导机构、专业职业技能培训机构，打造一体化人才服务体系，进一步提升高校毕业生与市场的技能匹配度，多措并举帮助扩大毕业生劳动搜寻范围，提升市场劳动匹配效率，降低劳动力供需双方的搜寻成本，内生性提升双方的工作和人才搜寻动力。

（来源：https://txs.youth.cn/xw/202303/t20230328_14415149.htm）

第五章 求职策略

🎯 学习目标

【知识目标】

1. 了解在求职过程中自荐的多种方法，包括参加招聘会、主动上门拜访、电话联系、邮寄或电子方式发送简历等。
2. 了解面试评估的主要内容，如形象气质、专业知识掌握、职业能力、适应能力等。
3. 熟悉面试的不同类型，如结构化面试、非结构化面试和半结构化面试，以及它们的应用场景。
4. 熟悉公务员选拔考试的内容和形式，包括行政职业能力测验和申论。
5. 掌握笔试的类型和考查重点，包括专业技能考核、心理评估、作文测试、智力测试和综合能力评估。

【能力目标】

1. 能够根据个人情况和岗位需求，选择合适的自荐方式。
2. 能够撰写有效的求职文案，包括简历和求职信，以清晰传达个人意愿和能力。
3. 能够在面试中恰当地展现个人优势和特点，同时关注对方的需求和具体要求。
4. 能够管理面试过程中的情绪，保持积极的心态，即使面对拒绝或挫折。
5. 能够把握自我推荐的时机，如在对方最需要时展示自己的才华和优势。

【素养目标】

1. 培养学生在求职过程中的自信、积极性和胆量，以积极的态度面对挑战。
2. 增强学生在社交场合的真诚、谦逊和礼貌，以建立良好的第一印象。
3. 增强学生的情绪管理能力，特别是在面对求职过程中的拒绝和挫折时。
4. 提升学生的市场洞察力，能够洞察先机，把握每一个可能的求职机会。
5. 提升学生对自身专业知识和技能的深刻认识，以及如何巧妙地表达这些能力。

🔊 案例导入

李莉是一位即将毕业的大学生，她对一家知名的互联网公司的产品经理岗位非常感兴趣。在经过一番准备后，她参加了该公司的面试。面试当天，李莉穿着她最喜欢的休闲装，因为她认为这样可以展现她的个性。面试过程中，她自信满满，但在回答问题时，她过于强调自己的个人成就，而忽略了团队合作的重要性。另外，当面试官询问她对公司文化的了解时，李莉显得有些茫然，因为她没有提前做好这方面的准备。面试结束后，李莉有些沮丧，因为她意识到自己可能没有通过面试。

【思考】

1. 在面试前的准备中，李莉忽视了哪些关键的自荐技巧，导致她在面试中的表现不尽如人意？

2. 如果李莉想要改进她的面试技巧，她应该如何准备，以便在未来的面试中更好地展现自己的优势和适应岗位需求？

第一节　自荐的方法与技巧

一、自荐的方法

在求职过程中，个人可以通过多种途径展示自己的能力和潜力。例如，可以携带个人简历参加招聘会，直接向潜在雇主展示自己的优势。主动上门拜访企业，面对面地介绍自己的专业背景和技能，也是有效的方式。另外，通过电话联系企业，可以快速传达自己的求职意向。

对于书面材料，可以通过邮寄或电子方式发送简历，这种方式不受时间和地点的限制，适合那些学业成绩优异、写作能力出众的毕业生。同时，这种方式也适合那些因学业繁忙或地理位置不便而无法亲自上门的求职者。企业也倾向于接受这种形式的自荐。

另外，可以利用他人的推荐来增加自己的可信度。例如，教师的推荐因其社会关系和学术声望而备受重视。家人、朋友和同学的帮助也能扩大求职的范围。

学校提供的就业服务也是重要的资源。校内就业指导中心通常会与企业保持联系，了解双方的需求，以组织的形式进行推荐，这增加了推荐的信任度和权威性。

通过媒体广告进行自荐可以迅速覆盖广泛的受众。实习和社会实践也是展示自己能力的好机会，通过这种方式，求职者可以在正式入职前先与企业建立联系。

随着互联网的发展，网络自荐成了一种新兴且有效的求职方式。这种方式具有广泛的覆盖面和即时性，预示着未来求职的趋势。

总体来说，这些自荐方法并不是孤立的，而是在实际求职中相互结合使用，以达到最佳效果。个人应根据自己的实际情况选择最合适的自荐方法。

二、自荐的技巧

1. 自我推荐是一种途径，而非终极目标

自我推荐无疑是个人职业发展中的一项重要策略，它犹如一座桥梁，通往更多工作机会或展示自我的舞台。然而，它并非职业发展的终极目标，而是实现个人职业愿景的途径之一。因此，应将自我推荐视作一段旅程，通过这段旅程，能够有效地迈向更广阔的职业前景，实现长远的职业规划。

2. 进行自我推荐时，需具备自信、积极性与胆量

自信是自我展示的磐石，它使人们在展现自我时显得坚定而有力。积极性则是那份点燃热情的火花，让人们在自我推荐时显得积极主动，成功吸引他人的目光。而胆量是在面对未知的挑战时，敢于挺身而出，勇往直前的那份勇气。

3. 自我推荐时应表现出真诚、谦逊和礼貌

真诚是构筑信任的基石，谦逊使人们更敢开心扉，接纳建议与反馈；而礼貌是社交场合中不可或缺的润滑剂，它让人们在初次交往时，便能留下美好的印象。

4. 在自我推荐时，应关注对方的需求和具体要求

深入了解对方的需求，不仅能够更准确地展示自身优势，还能有效地满足这些需求。同时，对具体要求的关注也彰显出对这次机会的郑重态度，进而体现出专业素养和高度适应性。

5. 自我推荐时需擅长展现个人优势和特点

每个人均拥有其独树一帜的优点与个性特质，在自我推荐时，若能条理清晰地彰显这些优势，将有助于在激烈的竞争中崭露头角。这需要深度挖掘自身的特质，并学会以恰当的方式予以呈现。

6. 学会撰写求职文案是自我推荐的重要技能

求职文案是自我推荐的书面形式，它跨越了面对面交流的界限，让对方在无须直接对话的情况下便能了解求职者。一封精心撰写的求职信函，能够精准而清晰地传达求职者的意愿、能力和对职位的无限热情。

7. 自我推荐时需懂得如何恰当地"包装"自己

"包装"自己并非夸大其词，而是以一种得体的方式，精准而生动地展示个人的能力和辉煌成就。这需要对自己过往的经历与能力有深刻且全面的认识，并能巧妙地运用富有吸引力的方式予以表达。

8. 在自我推荐过程中，情绪管理至关重要

在自我推荐的过程中，可能会遭遇拒绝或挫折，然而，强大的情绪管理能力有助于维持积极的心态，坚定地继续前行。同时，它还能让人们在交流中保持冷静，从而更好地展现自己的才华和优势。

9. 自我推荐时，应懂得适时退让，避免盲目坚持

在自我推荐的过程中，需根据实际情况灵活调整策略。有时，适时地退让可以赢得更多的时间和机会，而盲目的坚持可能使求职者失去更多。

10. 把握自我推荐的时机是成功的关键

在自我推荐的艺术中，时机的把握至关重要。需犹如精准的猎手，在对方最迫切需要之时现身，或者在市场最为有利之际，展示自身的才华与优势。这需要具备敏锐的市场洞察力，能够洞察先机，把握每一个可能的机会。

第二节　面试技巧

一、面试概述

1. 面试的含义

面试是企业选拔员工的关键环节，它为双方提供了深入交流的平台。通过面试，企业能够更全面地了解应聘者，而应聘者也能对公司有更直观的认识，从而帮助双方作出更明智的招聘或求职决策。

作为招聘过程中的核心评估手段，面试是一个经过细致规划的过程，主要通过对话和观察来评估求职者的各项素质。相较于笔试，面试更加灵活和全面，不仅考察应聘者的专业技能，还能直接观察其沟通和应对突发状况的能力，这使得面试成为用人单位青睐的方式。

在面试中，评估的内容非常广泛，包括但不限于应聘者的外表和举止、职业目标、专业知识、工作经验、工作态度、语言表达、分析和解决问题的能力、反应速度、自我管理能力、团队合作精神及个人兴趣等。

总体来说，面试是企业筛选人才的重要工具。它允许公司和求职者在正式录用前进行面对面的交流，使双方能够提前了解对方，从而作出更精确的招聘或接受工作的决定。

2. 面试的类型

面试可以根据不同的标准进行分类，以下是对这些分类的简要描述。

（1）根据标准化程度分类。

1）结构化面试：这种面试遵循一套固定的程序和评分标准，所有应聘者都会被问到相同的问题，以确保评估的一致性。

2）非结构化面试：与结构化面试相对，非结构化面试没有固定的模式，面试官可以根据情况灵活提问。

3）半结构化面试：结合了结构化面试和非结构化面试的特点，面试官会问一些预设的问题，同时也留有空间进行即兴提问。

（2）根据实施方式分类。

1）单独面试：面试官与每位应聘者进行一对一的交谈，适用于深入探讨个人能力和经验。

2）小组面试：多位应聘者同时接受面试，这有助于比较不同候选人的表现。

（3）根据进程分类。

1）一次性面试：所有面试环节在一次会面中完成，适用于初步筛选或小型组织。

2）分阶段面试：面试过程分为多个阶段，可能包括初步筛选、技术面试和最终面试等。

（4）根据内容分类。

1）情境性面试：面试官会设置特定的情境或问题，观察应聘者的反应和处理方式，以评估其解决问题的能力。

2）经验性面试：重点在于询问应聘者过去的工作经验和成就，以预测其未来的工作表现。

每种面试类型都有其特定的应用场景和优势，选择合适的面试形式可以帮助用人单位更有效地评估应聘者的适配度。

3. 面试的内容

面试是一种评估应聘者全面能力和素质的有效手段，它能够检验应聘者的知识水平、沟通技巧、适应能力和心理承受力等方面。在招聘过程中，面试官可以通过这一环节更深入地了解应聘者，以判断其是否符合岗位需求。以下是面试评估的八个主要方面。

（1）形象气质。形象气质涉及应聘者的外貌、着装、言谈举止和精神面貌。某些岗位，如教师、公关人员和高级管理人员，对形象气质有较高的要求。通常，外表端庄、穿着得体、行为礼貌的人往往做事有条理，自我约束能力强，且具有强烈的责任感。

（2）专业知识掌握。考察应聘者对专业知识的掌握程度和范围，包括专业课程、教育背景、学术成绩和外语能力等，特别是对于岗位所需专业知识的深入了解。

（3）职业能力。通过审查简历或求职表，面试官会提出相关问题，探究应聘者的背景和工作经历，从而评估其责任感、逻辑思维和口头表达等职业能力。

（4）适应能力。评估应聘者对面试官问题的理解速度和回答效率，面对突发情况时的机智和应对能力，以及对意外事件的处理是否合适。

（5）自我管理能力。自我管理能力在各个行业都极为重要。它包括在面对批评、压力或利益冲突时能否保持冷静，以及在工作中能否自律，按时完成任务。

（6）工作热情。通过了解应聘者过去的学习和工作态度，预测其在新的工作岗位上能否保持勤奋和负责。

（7）求职意向。了解应聘者选择本单位的原因和工作追求，以判断本单位的职位或条件能否满足其期望。

（8）道德品质。重点考察应聘者的责任感、忠诚度和可靠性，以及是否具备吃苦耐劳的精神和脚踏实地的态度。应聘者应突出展示受雇主欢迎的品质，如自信、意志力和责任感。

二、面试的问答技巧

在面试过程中，大多数问题并没有固定的正确答案，关键在于回答是否与求职者的个人特质和岗位需求相匹配。因此，求职者在准备面试时，应遵循以自我为本的原则，确保所有回答和提问都与自己的情况相符，这包括回答的内容、方式、语气、语调和表情。面对面试官提出的非传统问题，求职者应认识到这可能是一个机会，表明他们引起了招聘单位的兴趣和关注。

1. 谨慎发言，边思考边回答

尽管面试节奏较快，但当面试官提出问题时，求职者应给自己留下思考的时间。在回答和提问时，应表现出思考的姿态。即使对某个问题胸有成竹，也不要急于背诵准备好的答案。记住，面试是展现自己的过程，应注重表达的方式和方法。

2. 先给出结论，再详细阐述

在回答问题时，可以先提出自己的总观点，然后再详细解释和展开。在面试时，对于需要多角度回答的问题，避免使用具体数字来列举，如"我从三个方面来说"或"因为有五个原因，我认为"，可以使用"几点"这样的表述，以防在紧张中给自己设下陷阱。

3. 塑造友好和善的沟通形象

面试时，每位面试官都持有求职者的简历。面对"介绍一下你自己"这样的问题，应避免使用挑战性的反问语气。面对不专业的面试官或封闭式问题，求职者不应仅以"能"或"可以"简单回答，以免失去展示自己的机会，并避免给招聘单位留下不良印象。

4. 错误在所难免，关键在于应对

紧张时，言辞可能失控。若发生口误，不必气馁或慌乱，可以诚恳地道歉并幽默地化解。面试官通常会理解人在紧张时的失误。求职者应提前准备应对突发情况的策略，包括适当的补救言辞。同时，面试官的问题可能是在考察求职者的视角，因此控制情绪至关重要。

5. 坚持诚信原则

在面试中，诚实是根本。对于不懂的问题，应诚实地承认，并适当表达自己的学习意愿。例如，可以表示自己对该领域不熟悉，但愿意学习，或者提出自己的初步看法，这样会让人觉得求职者踏实、谦虚且可靠。

三、面试的礼仪技巧

穿着打扮和行为举止可反映一个人的修养与生活风格，面试官对大学生的第一印象往往也源于其仪表和举止。

1. 面试仪表

面试是面试官与大学生之间的一种正式互动，大学生应认识到仪表在面试中的重要性。仪表不仅影响面试官对大学生的初步印象，而且对是否录用该大学生具有显著影响。

（1）着装打扮。着装是个人文化素养和修养的体现，它是一种无声的表达。服装还能透露出一个人的心理状态。大学生参加面试时，应确保着装整洁、得体，并符合职业形象。

针对不同的职位，着装应与之相匹配。根据应聘的职位性质和类型来选择服装是明智之举。不同行业对着装的要求各不相同，这种差异在着装上应有所体现。尽管某些行业的着装标准可能没有明文规定，但通常存在一些约定俗成的规范。

例如，应聘操作性岗位如车间工人，应选择朴素的服装；而应聘广告公司则不宜穿着过于保守；对于艺术设计等创意行业，服装可以更加活泼，不一定要颜色统一，也可以有图案。大学生在选择服装时应注意以下三点。

1）女性应避免穿着过于花哨的上衣和裙子，应避免使用大红色、橙色、粉红色、紫色等鲜艳颜色。

2）男性应选择深色西装，领带和衬衫袖口要保持干净整洁。

3）男女都应尽量避免佩戴过多的首饰。

（2）化妆与发型。化妆与发型也是面试礼仪的重要组成部分。面试前，大学生应整理好仪容，确保头发清洁、整齐。

1）男性应避免留胡子和长发。

2）女性应避免浓妆，以淡妆为宜，并避免使用香味浓烈的香水。

2. 面试举止

行为表现是一种非言语交流，通常通过面部表情、身体姿态和动作等形式展现。对于即将参加面试的大学生而言，以下是一些行为举止上的注意事项。

（1）轻轻敲门后进入面试场所。在进入面试室前，应轻敲房门（通常门是关闭的），待获准后方可进入。敲门时力度要适中，避免过重，也不要提前探头窥视或直接推门而入。进入后，轻轻将门带上。

（2）礼貌地向面试官问好。进入面试室后，可以微笑点头或进行适当的问候，如"早上好""下午好"等，并礼貌地自我介绍，保持得体的举止和热情的态度。注意，除非面试官主动伸手，否则不宜握手。

（3）专注回答问题。在面试过程中，回答问题时要全神贯注，努力给面试官留下真诚、稳重、自信的印象。同时，根据面试官的反应调整语言表达，并保持不卑不亢的态度。在交谈中，内容和表达方式都同等重要，应确保条理清晰，并通过表情、语调和声音传达出真诚及热情。

（4）保持微笑。微笑是一种极具魅力的交流方式，它能有效缩短与面试官的心理距离。面试时保持微笑，有助于提高面试成功率。

（5）保持正确的坐姿。面试时的坐姿至关重要。正确的坐姿是放松而挺拔，双腿并拢，双手放在膝上，身体略微前倾，避免坐得过浅或过深。正确的坐姿能够展现出大学生的精神风貌。

（6）避免不适当的小动作。面试时应避免任何可能给人不耐烦或不自信印象的小动作，如频繁看表、摇晃双腿等。

（7）认真倾听并保持眼神交流。面试时，应与面试官保持适当的眼神接触，这是基本的交流礼仪和自信的表现。避免长时间直视对方眼睛，而是将目光放在对方的额头或鼻梁上方。

（8）礼貌地告别。当面试结束时，应微笑站立，感谢面试机会，并礼貌道别。如果有人接待，离开时也应表示感谢。

（9）面试后的礼仪。面试结束后，大学生可以在一两天内发送一封感谢信，内容包括对职位的兴趣、个人优势等。即使感觉可能落选，也可以发送短信表达对面试机会的感激，以此展现个人素养，并可能为自己创造更多机会。

四、面试常见问题应对

在求职面试过程中，毕业生会面临各种问题，以下是一些常见的面试问题及其参考回答，毕业生可以根据自己的实际情况进行调整和准备。

（1）为什么要选择我们单位工作？可回答因单位在行业内的良好声誉、发展前景广阔、企业文化契合个人价值观、岗位与个人职业规划高度匹配等原因，表达希望在此平台发挥所长，实现职业成长的愿望。

（2）请谈谈过去的工作经历。简述过去工作中承担的主要职责、参与的关键项目、取得的具体成就，以及这些经历如何锻炼了专业技能和团队合作能力，突出与应聘岗位相关的经验。

（3）请谈谈对工作的期望与目标。短期目标可围绕快速融入团队、掌握岗位技能、完成既定任务；长期目标则希望能在专业领域深入发展，为公司创造更大价值，同时实现个人职业晋升和能力的提升。

（4）你喜欢这份工作的哪一点？首先表达对这份工作的整体兴趣，然后具体指出工作中最吸引自己的一个或几个方面，比如工作内容、团队氛围、公司文化或职业发展机会，最后结合自己的经验和技能说明这一点如何与自己的职业规划相契合。

（5）请你谈谈接受挫折的经验。简要描述一个具体的挫折经历，然后说明自己面对挫折时的态度和采取的行动，包括如何分析问题、寻求帮助、调整心态和制定解决方案。最后强调从这次经历中学到的宝贵教训和如何将这些经验应用到未来的工作中。

（6）选择这份工作的动机是什么？首先表达对该公司或职位的兴趣，然后结合个人职业规划、专业技能或兴趣与该工作的匹配度来阐述动机。最后强调自己能为公司带来的价值和对个人职业成长的期望。

（7）你对薪资的期望值如何？首先，表达对薪资的开放态度，然后提到对行业标准和该职位市场价值的了解。其次，强调自己更重视工作内容和职业发展机会。最后，表示愿意根据公司的薪酬结构和提供的整体福利来讨论合适的薪资。

（8）我们为什么要聘用你？首先强调自己的独特"卖点"，如专业技能、成功经验和对工作的热情，然后说明这些特质如何直接对应岗位需求，并能为公司带来具体的价值。最后强调自己的积极态度和对团队的贡献潜力，以此来说服面试官你是最合适的人选。

（9）你是否愿意去公司派你去的那个地方？表达对工作地点灵活性的开放态度，说明自己愿意根据公司需要调整，同时强调对工作机会的重视超过地点。如果可能，提及对即将前往的地方的了解或兴趣，以及自己适应新环境的能力。

（10）谁曾经对你的影响大？思考一个对自己职业或个人成长有显著影响的人，如导师、上司或家人。简要说明他们如何影响自己，包括他们传授的价值观、技能或信念。强调这些影响如何塑造了自己的工作态度和职业发展。

（11）你将在这家公司待多久？在回答这个问题时，可以表达对长期职业发展的承诺，同时避免给出具体的时间框架。

（12）什么是你最大的成就？在回答这个问题时，最好选择一个与工作或个人成长相关的成就，并且能够展示自己的技能、决心和价值观。

（13）你还有什么问题？询问公司文化和团队的工作方式，以了解自己能否很好地融入这个环境。

求职季，你被"压力面试"冒犯过吗？

视频："AI招聘官"带来求职新体验

第三节　笔试技巧

一、笔试概述

1. 笔试的含义

笔试是一种常见的评估手段，主要用于评估求职者在特定知识领域、专业技能或文字运用能力方面的掌握情况，同时也是评估应聘者综合素质的一种书面测试方式。它帮助用人单位对求职者的基础知识、专业素养、文化水平和心理健康等方面进行综合评价。

在招聘过程中，笔试发挥着重要作用，尤其是在大型招聘活动中，它能有效地反映应聘者的基本能力，并划设一个符合需求的基准线。这种方法的适用范围广泛，成本相对较低，适合大规模实施。然而，分析结果可能需要较多的人力资源，且有时应聘者可能会迎合考试要求，这在个性测试中尤为突出。

笔试的优点主要包括以下几点：

（1）经济性。笔试可以在不同地点和时间对众多应聘者进行，效率较高。

（2）广泛性。笔试试卷内容丰富、覆盖面广，一份试卷可以包含多种题型，从而能够全面测试应聘者的知识、技能和能力的深度与广度，具有较高的信度和效度。

（3）客观性。笔试的试卷可以密封，评卷有客观标准，减少了主观干扰，保证了考试的客观性、公平性和公正性。

总体来说，笔试提供了一种均等且相对客观的机会，这是其他测评方式难以比拟的。

然而，笔试也存在不足，它过于依赖机械记忆，难以考察个人的创新和推理能力，也无法全面评估应聘者的工作态度、品德、组织管理能力、口头表达能力和实际操作技能。因此，尽管笔试有效，但仍需结合其他评估方法，如情景模拟法、心理测试等，以弥补其不足。通常情况下，笔试是招聘流程中的初选环节，只有通过笔试的应聘者才能进入面试或后续测试阶段。

2. 笔试的类型

根据评估的目的、内容和标准，求职过程中的笔试通常分为以下几类。

（1）专业技能考核。专业技能考核旨在评估应聘者是否具备担任特定职位所需的专业知识和技能。这类考试内容专业性强，例如，外资企业会考查外语能力，科研岗位会考查实践操作能力，而国家机关招聘公务员侧重于行政管理和法律知识。

（2）心理评估。心理评估通过在规定时间内完成标准化的量表或问卷，以判断应聘者的心理状态和个性特征。特定雇主常用此方法来测试求职者的态度、兴趣、动机、智力和个性，以确定其是否适合岗位。

（3）作文测试。作文测试的目的是评估应聘者的书面表达、问题分析和逻辑推理能力。测试内容可能包括限时撰写会议通知、请示报告或工作总结，或就特定话题发表观点。

（4）智力测试。智力测试，即IQ测试，用于评估应聘者的智力水平。这类测试通常用于对思维能力有较高要求的职位，如研发和策划岗位，重点在于考察反应、理解和创新能力。

（5）综合能力评估。综合能力评估不仅包含智力测试要素，而且要求更高。例如，应聘者需在规定时间内分析数据或材料，识别优点及缺点，并提出解决方案，全面考察其阅读理解、问题发现、分析和解决问题的能力及知识广度。

（6）公务员选拔考试。根据《中华人民共和国公务员法》的规定，一级主任科员以下及其他相应职级公务员的选拔，采用公开考试、严格考察、平等竞争、择优录用的原则。公务员选拔考试包括笔试和面试，内容根据公务员所需的基本能力及不同职位类别和层级机关的需求来设定，笔试科目包括行政职业能力测试和申论等。

3. 笔试的考查

为了轻松应对笔试，大学生应当熟悉雇主在笔试中关注的重点。通常，雇主在笔试中主要关注以下三个核心方面。

（1）评估问题分析和解决能力。几乎所有企业都会重视应聘者的问题分析和解决能力。这部分考查的是应聘者在处理问题时是否展现出逻辑性，逻辑链条是否连贯，内容是否全面。同时，它也检验应聘者能否从不同角度审视问题，是否具备创新和发散思维能力，以及能否在解决问题的过程中结合实际情况，不仅关注问题解决本身，还要考虑其实

际应用价值。

（2）评估书面表达技巧。无论是中文还是英文书写，都是展现应聘者思维的方式，也是展现分析和解决问题能力的媒介。面试官将通过词汇使用、写作思路和文字运用能力来评判应聘者的分析及解决问题的能力，这两者是相互补充的。如果缺乏有效的分析问题方法，即使文字水平再高也难以写出有深度的内容。反之，如果没有良好的写作技巧，再优秀的思路也无法有效地传达给面试官。

（3）评估与职位相关的专业知识和技能。这类考查通常针对专业性较强的岗位，包括基本的数理分析能力，如数列规律、速算、平面几何和立体几何的基础应用；对日常生活中的常识和时政知识的掌握，这反映了应聘者对生活、社会及国家经济政治的认识，以及文字分析和图形推理能力。企业出这类题目是为了考察应聘者是否具备形象思维和抽象思维能力，有些企业还会通过判断题等形式测试应聘者的语言理解力和表达力。

二、笔试的方法

笔试的方法有很多，这里介绍三种常见的方法。

1. 测试法

测试法涵盖了多种具体的评估手段，相较于论文和作文方法，它在实际应用中更为广泛。以下是四种常见的测试方法。

（1）填空法：此方法涉及在缺少词汇的句子中填入适当的词语，操作难度不一。

（2）判断法：也被称作订正法，要求评估者对提供的信息进行正确与否的判断。

（3）选择法：提供多个容易混淆的选项，要求选择者从中选出正确的答案。

（4）问答法：要求回答者针对提出的问题给出简短的回答，通常适用于简单问题的快速回答。

这些方法往往相互交织，例如选择法在某些情况下也属于判断法的范畴。

测试法存在一些明显的不足，例如，它倾向于寻找简单且唯一的正确答案，这可能会限制求异思维和发散思维的发展；同时，它也不能完全准确地反映一个人的表达能力，因为所有复杂的思维过程都被简化了。因此，设计测试的机构通常会确保题目具有明确性、简洁性，同时保证题目数量充足、覆盖面广及难度适中。求职者在准备测试时，应根据这些特点进行复习，以避免不必要的错误。

2. 论文法

论文法在我国有着悠久的历史，并且在人才选拔的笔试环节中曾经被广泛使用。这种方法与测试法的主要区别在于，它允许应试者提供个性化的答案。如果将测试法视为一种封闭或识别性的评估方式，那么论文法则属于开放或表达性的评估方法。

论文测试通常要求求职者对职业选择中的具体问题进行评价，分析某种现象或表达个人感想。例如，事故分析、对公司或管理者的评价、阅读后的感想等，都属于论文测试的范畴。论文测试能够更深入地评估一个人的能力，但它的不足之处在于难以设定客观的评分标准，容易受到主观性的影响。另外，论文测试题目多为理解性问题，对于实际技能的提升帮助有限。在回答这类问题时，应试者需要深入理解题目要求，并提供全面而详尽的解释。

3. 作文法

作文法是我国传统的考核方式，它要求求职者在用人单位设定的主题范围内或根据特定要求撰写文章，以此来评估求职者的知识水平、思维能力和文字表达能力。在作文考试中，书写的文字、使用的词汇和句子的正确性都是具体且明显的，它们往往容易给人留下深刻印象。因此，求职者在参加作文考试时，不仅要确保主题表达清晰，还必须对每一个字、词、句及标点符号给予足够的重视，这样才能给用人单位留下良好的印象，并有望获得较高的评分。

三、笔试的技巧

笔试是许多考试和招聘过程中的重要环节，掌握一些有效的笔试技巧可以帮助求职者更好地展示自己的能力。

1. 认真准备

（1）保持良好的身心状态。

1）充足的睡眠：确保在考试前夜有充足的睡眠，以便大脑能够清晰地思考。

2）健康的饮食：考试前吃一顿营养均衡的餐食，以保持能量水平。

3）适量的运动：适量的运动有助于放松身心，提高注意力。

（2）了解笔试类型，做到有的放矢。

1）研究考试大纲：了解考试涵盖的主题和题型，这样可以更有针对性地准备。

2）模拟练习：通过模拟试题来熟悉考试的格式和难度。

（3）笔试的知识准备。

1）复习重点：根据考试大纲重点复习相关知识点。

2）练习题目：通过大量的练习来巩固知识点和提高解题速度。

2. 笔试细节

（1）听从安排。

1）准时到达：确保按时到达考场，避免因迟到而影响考试状态。

2）听从监考指示：遵循监考人员的指示，确保考试的顺利进行。

（2）遵守规则。

1）不作弊：遵守考场规则，诚信考试。

2）不使用禁止物品：确保不携带任何禁止的物品进入考场。

（3）写好姓名。在试卷上清晰地填写姓名和考号，以免造成混淆。

（4）卷面整洁。

1）书写工整：保持卷面的整洁，有助于阅卷老师清晰地阅读答案。

2）使用合适的笔：使用清晰可读的笔来答题，避免使用可能造成模糊的笔。

3. 精细答题

（1）掌握题型。

1）熟悉题型：了解不同题型的解题方法和技巧。

2）时间管理：合理分配时间，确保所有题目都能得到充分的考虑。

（2）书写答案。

1）条理清晰：组织好答案，使其条理清晰，易于理解。

2）审题准确：仔细阅读题目，确保完全理解题目的要求。

3）检查答案：在时间允许的情况下，检查答案的准确性和完整性。

四、公考题型介绍

现以 2024 年国家公务员行政职业能力测验和申论为例，简要介绍常见考试题型。

1. 行政职业能力测验题型

行政职业能力测验试卷包括"注意事项"和试题。"注意事项"是对行政职业能力测验试卷作答提出的重要指导性建议，包括试卷构成、作答时间、作答时需要特别注意的事项等。考试时，报考者应仔细阅读"注意事项"，遵守相关要求，合理把握作答时间，正确填写填涂姓名、准考证号等信息。试题分为常识判断、言语理解与表达、数量关系、判断推理和资料分析等部分。

（1）常识判断：主要测查报考者在政治、经济、文化、科技等方面应知应会的基本知识及运用这些知识进行分析判断的基本能力。

（2）言语理解与表达：主要测查报考者运用语言文字进行思考和交流、迅速准确地理解及把握文字材料内涵的能力，包括根据材料查找主要信息及重要细节；正确理解阅读材料中指定词语、语句的含义；概括归纳阅读材料的中心、主旨；判断新组成的语句与阅读材料原意是否一致；根据上下文内容合理推断阅读材料中的隐含信息；判断作者的态度、意图、倾向、目的；准确、得体地遣词用字等。

（3）数量关系：主要测查报考者理解、把握事物间量化关系和解决数量关系问题的能力，主要涉及数据关系的分析、推理、判断、运算等。常见题型有数字推理和数学运算两种。

（4）判断推理：主要测查报考者对各种事物关系的分析推理能力，主要涉及对图形、语词概念、事物关系和文字材料的理解、比较、组合、演绎及归纳等。常见题型有图形推理、定义判断、类比推理、逻辑判断四种。

（5）资料分析：主要测查报考者对文字、数字、图表等统计性资料的综合理解与分析加工能力。

2. 申论题型

申论试卷由"注意事项""给定资料""作答要求"三部分组成。"注意事项"是对申论试卷作答提出的重要指导性建议，包括试卷构成、作答时间、作答时需要特别注意的事项等。考试时，报考者应仔细阅读"注意事项"，遵守相关要求，合理把握作答时间，正确填写填涂姓名、准考证号等信息，使用现代汉语在答题卡上正确的位置作答。"给定资料"是需要报考者阅读的有关材料，是完成"作答要求"的基础。"给定资料"所反映的是经济社会发展中的某些事例，对经济、政治、文化、社会、生态等方面都有可能涉及。"作答要求"是报考者在阅读"给定资料"的基础上需要完成的若干任务。

申论试卷按照中央机关及其省级直属机构综合管理类、市（地）级及以下直属机构综合管理类和行政执法类三类职位，分别命制试题。

（1）中央机关及其省级直属机构综合管理类职位：主要测查报考者的阅读理解能力、综合分析能力、提出和解决问题能力、文字表达能力。

1）阅读理解能力——全面把握给定资料的相关内容，准确理解给定资料的含义，准确提炼事实所包含的观点，并揭示所反映的本质问题。

2）综合分析能力——对给定资料的全部或部分的内容、观点或问题进行分析和归纳，多角度地思考资料内容，作出合理的推断或评价。

3）提出和解决问题能力——准确理解把握给定资料所反映的问题，提出解决问题的措施或办法。

4）文字表达能力——熟练使用指定的语种，运用说明、陈述、议论等方式，准确规范、简明畅达地表述思想观点。

（2）市（地）级及以下直属机构综合管理类职位：主要测查报考者的阅读理解能力、贯彻执行能力、解决问题能力和文字表达能力。

1）阅读理解能力——能够理解给定资料的主要内容，把握给定资料各部分之间的关系，对给定资料所涉及的观点、事实作出恰当的解释。

2）贯彻执行能力——能够准确理解工作目标和组织意图，遵循依法行政的原则，根据客观实际情况，及时有效地完成任务。

3）解决问题能力——对给定资料所反映的问题进行分析，并提出解决的措施或办法。

4）文字表达能力——熟练使用指定的语种，对事件、观点进行准确合理的说明、陈述或阐释。

（3）行政执法类职位：主要测查报考者的阅读理解能力、依法办事能力、公共服务能力和文字表达能力。

1）阅读理解能力——准确理解归纳给定资料的主要内容，对资料涉及的观点和事实进行恰当的解释，并作出合理的推断。

2）依法办事能力——遵循依法行政的原则，综合运用恰当有效的方法完成任务、解决问题、实现目标。

3）公共服务能力——能够全面准确了解公众需求和愿望，灵活运用各种措施和办法为公众提供优质、高效、便捷的服务。

4）文字表达能力——熟练使用指定的语种，对事件、观点进行准确合理的说明、陈述或阐释。

拓展阅读

党的二十大代表李敏：在青春奋斗中绽放绚丽之花

"既要当好'宣传员'，也要当好'战斗员'"

十年前，刚完成学业的李敏，在求职路上屡屡碰壁；十年后，身为江苏省沭阳县新河镇双荡村党总支副书记，这个勤勉努力的姑娘带着村民们的期盼和嘱托，来到北京，走进人民大会堂，参加中国共产党第二十次全国代表大会。开幕会当天，恰逢她32岁生日。

"这十年是我'圆梦'的十年。在党和政府的支持下，我圆了创业梦。现在，我想通过自己的努力，带领更多人富起来，让我们的乡村美起来！"备受鼓舞的李敏告诉记者，现场认真聆听了党的二十大报告，每每回想起来依然心潮澎湃，"全面推进乡村振兴""加快发展数字经济"……字里行间传递的民生情怀，"为我们指明了方向、鼓足了干劲儿。"

回到家乡的第二天，李敏一大早就召集村里的致富带头人开会，将党的二十大报告提出的新思想、新观点、新举措讲给村民听，尤其要把涉及"乡村振兴"的部分和乡亲们讲清楚、说明白。党的二十大报告为乡村振兴描绘了一幅壮丽图景，也让这个青年党代表心中照进了更多温暖阳光。

"我感受到了党为人民谋幸福的恒心、为民族谋复兴的决心，以及向着全面建设社会主义现代化强国的第二个百年奋斗目标迈进的坚定信心。"李敏坦言，"在工作中，我们既要当好'宣传员'，也要当好'战斗员'，把党的'好声音'种到群众心田，让大家信心越来越足、日子越过越红火，让共同富裕可以看得见、摸得着。"

花田间激扬青春

祖国十年巨变，李敏是见证者，更是拼搏奋斗的亲历者。十年间，她凭借着过人的毅力与努力，在人生旅程中绽放出绚丽之花。

7岁那年，一场突如其来的车祸让李敏失去了左小臂。在生活中，像挤牙膏、拧毛巾、扣纽扣等点滴小事，都得从零学起。

在父母的疼爱下，李敏以超越常人的努力，于2009年考入盐城纺织职业技术学院（现盐城工业职业技术学院）服装设计专业。掌握了一技之长，她原本以为今后会闯出一片新天地，然而3年后毕业找工作时，却因为手臂残疾，一次又一次被拒绝。

"那时候因求职受挫，一度陷入绝望。后来我回到家乡，也不知道该做些什么。"李敏告诉记者，沭阳不仅是花木之乡，也是花木电商的创业之乡。正是在2012年，中央把"发展农产品电子商务"写进"一号文件"，江苏省随之提出利用现代信息技术手段，发展农产品电子商务等交易方式，鼓励建设特色农产品营销网站。

随即，李敏报名参加了县里的电商学习班，在花田间激扬青春，自主创业之路就此起航。

2013年，李敏的网上店铺"木子的秘密花园"开张了，主要售卖百合、风信子、绿萝等花卉绿植。最开始的时候，接连好几天没有订单，她不分昼夜地守在计算机前作宣传。

"开店、上产品、包装、销售都是我一个人干，当时各级党组织都很关心我，为我提供免抵押的小额创业贷款和仓储物流支持。后来，有了订单，更多的考验也随之而来。"李敏告诉记者，最初用单手打包花卉，对她来说着实是个挑战，"右手五个手指头经常被扎破，左臂剩余的胳膊也都是血淋淋的伤口。"

有一次，一位买家订购了一笔 2 000 棵的花椒苗订单。花椒苗上到处都是刺，等到她一个人用一只手前前后后一天包装下来，不仅累得腰酸背痛，五个手指也有四个都被刺扎满了。

尽管困难重重，但李敏不愿放弃，性格坚毅的她一路走来，在反复摸索练习中"不断崩溃，不断自愈"，如今早已熟能生巧，嘴和手相互配合给绿植打包，一系列动作流畅自如。

随着订单一天天多了起来，爱动脑筋的李敏不断琢磨如何将网店经营得更好。创新营销模式，借助直播卖花木，不断升级产品档次……"木子的秘密花园"慢慢步入正轨，人气越来越旺。通过电商自主创业，她不仅开辟了个人新生活，还带动家乡村民触"网"创富，让花木之乡焕发出了新面貌。

"让大家的生活更加好起来"

幸福是奋斗出来的，乡村振兴也是奋斗出来的。李敏就像一颗向上的种子，扎根于乡村沃土，萌芽、生长，焕发出勃勃生机。一路走来，受到了很多帮助，她也想尽己所能回馈大家。

2017年，党的十九大提出实施乡村振兴战略。在政策号召下，李敏报名参加"返乡富民创业新村干"选拔，经过多轮筛选，走上村党支部副书记岗位。为更好地带动村民增收致富，她在村里设立电商扶贫驿站、组织村民参加电商培训、传授直播策划运营经验……通过学习，初学者新开网店 6 个月左右时间就能产生效益，双荡村电商由原来的 100 多户增加到 400 多户。

不仅以前外出务工的村民回来了，甚至 70% 以上的当地大学生都选择了回乡创业。2021 年，在党组织的支持下，李敏带领村里返乡创业新村干创办双荡村"新村干"公益直播基地，免费向村民开放，帮助当地花农销售自制"沭派盆景"，助力更多人通过直播方式增收致富，绘就了一幅乡村振兴新图景。

"在我们村，手机变成'新农具'、直播变成'新农活'、流量变成'新农资'。"李敏高兴地告诉记者，现在，双荡村几乎家家都从事花木种植、电商销售，村民们从辛苦种田、外出打工到以花致富，生活发生了翻天覆地的变化，"这些变化是'中国梦'照进现实的模样，也是'中国梦'实践中的一个小小缩影。"

筑梦不停，圆梦不止。探索新的村民致富之路，成为李敏今后的努力方向。"我们将

认真学习和贯彻落实党的二十大精神，持之以恒推动创业就业，齐心协力建设美好家乡，让我们的乡村美起来，让大家的生活更加好起来，在全面建设社会主义现代化国家新征程的道路上步履不停。"李敏坚定地说。

（来源：https://www.rmzxb.com.cn/c/2022-11-08/3237365.shtml）

第六章 就业权益与法律保障

学习目标

【知识目标】

1. 了解大学生就业权益的主要内容。
2. 了解劳动争议的解决程序。
3. 熟悉就业权益的保护原则。
4. 掌握就业协议与劳动合同的区别。

【能力目标】

1. 能够识别和防范就业过程中的潜在陷阱,如黑中介陷阱、兼职陷阱、收费陷阱、借贷陷阱、传销陷阱、合同陷阱、试用期陷阱和信息陷阱。
2. 能够通过毕业生就业主管部门、所在高校和毕业生自身进行就业权益的保护。
3. 能够理解并运用劳动争议的解决途径,以维护自身的合法权益。

【素养目标】

1. 培养学生的法律意识,使其在遇到不公平待遇时能够通过合法途径维护自己的权利。
2. 培养学生的就业安全意识和风险防范意识,使其在求职过程中能够识别和避免就业陷阱。
3. 提高学生对就业权益保护的认识,使其能够在求职过程中更好地维护自己的利益。
4. 增强学生对劳动争议解决程序的了解,提高其在劳动纠纷中的应对能力。
5. 增强学生对劳动合同重要性的认识,使其在签订劳动合同时能够明确自己的权利和义务。

案例导入

在一个阳光明媚的春日早晨,李涛的心里却布满了乌云。他是一名充满活力的大四学生,正站在人生的一个重要十字路口——就业。几个月前,他在校园招聘会上脱颖而出,成功获得了一家知名科技公司的 offer,这让他成了同学们羡慕的对象。他与公司签订了一份"闪闪发光"的就业协议书,约定毕业后加入公司,开启他的职场生涯。

然而，就在李涛满怀憧憬地准备步入社会时，一通意外的电话打破了他的美梦。电话那头，HR的声音带着歉意："李涛，很抱歉通知你，由于公司战略调整，我们不得不取消你的职位。"李涛的心瞬间沉到了谷底，他感到自己的未来被无情地搁置了。

李涛的第一反应是愤怒和失望，但他很快冷静下来，回想起大学就业指导课上老师的话："在职场上，权益的维护往往需要你自己站出来。"他决定，不能就这样放弃，他要为自己的未来而战。

他首先尝试与公司协商，希望能够找到一个双方都能接受的解决方案。但是，公司的回复让他感到了深深的挫败："这是不可抗力，我们无能为力。"李涛知道，这不仅仅是一个简单的道歉就能解决的问题，他需要采取更有力的行动。

在导师和同学的支持下，李涛联系了学校的就业指导中心。就业指导中心的老师听了他的遭遇后，立即行动起来，为他提供了专业的法律咨询，并帮助他联系了劳动部门。在劳动部门的指导下，李涛勇敢地向劳动争议仲裁委员会提交了仲裁申请。

在仲裁庭上，李涛详细陈述了自己的情况，他的真诚和坚持感动了在场的每一个人。仲裁委员会经过审理，最终裁定公司违反了就业协议，应当支付李涛违约金。公司不服，将案件上诉至人民法院。经过一番激烈的法庭辩论，法院最终维持了仲裁委员会的裁决。

李涛的维权之旅虽然漫长而艰难，但最终他赢得了胜利。他不仅为自己争取到了应有的赔偿，更重要的是，他为自己的未来赢得了尊重。他的故事在校园里传开了，成为一个关于勇气、坚持和维权的传奇。

【思考】
1. 在李涛的维权之旅中，他首先采取了哪种措施来解决与公司的争议？
2. 在本案例中，李涛最终通过哪个法律程序成功维护了自己的权益？

第一节　大学生就业权益

一、大学生就业权益的主要内容

就业权益是指依据国家法律和相关法规所保障的，求职者在求职过程中应享有的不可侵犯的权利。依据现行的大学生就业政策和相关法律、法规，大学生在求职过程中主要拥有以下几项权益。

1. 获取就业信息权

大学毕业生享有获取就业信息的权利，这包括获取公开、及时和全面的就业相关资讯。就业信息对于毕业生作出职业选择至关重要，只有在充分掌握信息的前提下，他们才能根据自身情况作出合适的职业决策。毕业生获取就业信息权具体包括三个层面。

（1）信息透明：所有招聘信息应对所有毕业生公开，确保每位求职者都能接触到同样的信息。

（2）信息的时效性：毕业生应获得最新有效的信息，避免接收过时或无效的就业资讯。

（3）信息的完整性：毕业生有权获得准确且全面的就业信息，用人单位应提供全面的信息，而不仅仅是符合其特定要求或利益的内容。

通过这些信息，毕业生可以全面了解潜在雇主，从而作出符合个人职业发展的选择。

2. 接受就业指导权

大学生有权获得学校提供的就业指导服务。根据《中华人民共和国高等教育法》第五十九条的规定："高等学校有责任为毕业生、结业生提供就业指导和服务，国家鼓励高等学校毕业生到边远、艰苦地区工作。"这表明，获得就业指导和服务是大学生的一项基本权益。

高校应建立专门的就业指导机构，并配备专业人员为大学生提供就业指导。这包括向大学生宣传国家关于毕业生就业的政策，教授求职技巧，以及引导大学生根据国家和社会的需求，结合个人情况作出职业选择。通过这些指导，大学生可以更准确地定位自己的职业方向，作出合理的职业选择。

在大学生就业市场完全市场化的背景下，就业市场也出现了一些合法的就业指导机构，为学生提供额外的就业指导服务。这些机构可以为大学生提供更加多样化的就业信息和职业发展建议，帮助他们更好地适应就业市场的需求。

3. 被推荐权

高校在毕业生就业服务中扮演着推荐者的角色，其推荐对用人单位的招聘决策具有显著影响。学校的推荐权包含以下三个核心要素。

（1）真实性：高校在推荐毕业生时必须坚持真实性原则，根据毕业生的实际情况向用人单位提供信息，不得故意低估或夸大毕业生的表现和能力。

（2）公平性：高校应保证推荐过程的公正性，为所有毕业生提供平等的推荐机会，避免任何形式的偏袒或歧视，确保每位毕业生都能得到公平的对待。

（3）择优性：在确保公平和公开的基础上，高校应根据毕业生的表现和能力进行择优推荐。用人单位在招聘时也应遵循择优录用的原则，以实现人才的最优配置，激励大学生积极学习和提升自我。

通过这样的推荐机制，可以促进毕业生的就业，同时激发在校大学生的学习动力，实现教育资源的有效利用和人才的合理流动。

4. 就业自主选择权

就业自主选择权赋予了大学毕业生在遵守国家就业政策的前提下，根据自己的意愿自由选择职业的权利。依据国家的相关规定，大学毕业生可以在国家就业政策的框架内自主决定自己的职业道路。只要毕业生的选择符合国家的就业指导原则，他们有权自由选择工

作单位，而不受学校、其他机构或个人的不当干预。任何强迫毕业生到特定单位就业的行为都是对这一权利的侵犯。

这项权利凸显了高校毕业生在人才市场中的自主性，保障了他们能够根据自己的专业技能、职业兴趣和个人发展目标来选择最适合自己的工作机会。这样的自主选择不仅有助于毕业生实现个人职业发展，也有助于用人单位吸引和保留合适的人才，从而促进整个社会的人力资源优化配置。

5. 公平待遇权

在当前就业环境中，毕业生的公平受录用权确实面临挑战，这已成为他们普遍关注和担忧的问题。由于配套措施的滞后，一个完全开放和公平的就业市场尚未形成，用人单位在录用毕业生时仍存在不同程度的不公平和不公正现象，如性别歧视、关系就业和地域限制等。

为了应对这些挑战，保护毕业生的公平待遇权，需要采取一系列措施。首先，高校应建立专门的就业指导服务机构，配备专业人员为大学生提供就业指导和服务，包括宣传国家关于毕业生就业的政策，指导求职技巧，以及引导大学生根据国家和社会需求，结合个人情况作出职业选择。

其次，政府和相关部门应加强对就业市场的监管，确保用人单位遵守公平就业的原则，消除各种形式的歧视。这包括对性别、学历、地域等歧视行为的打击，以及对招聘过程中不透明和不公正行为的监管。

此外，毕业生自身也应增强法律意识，了解和掌握自己在就业过程中的权利，学会用法律武器保护自己的合法权益。当遇到不公平待遇时，毕业生可以通过合法途径，如申诉、仲裁或诉讼，来维护自己的权利。

最后，社会应提高对公平就业的认识，形成尊重和保护毕业生就业权益的良好氛围。通过政府、高校、用人单位和毕业生的共同努力，可以逐步改善就业环境，实现更加公平和公正的就业市场。

6. 违约求偿权

违约求偿权是大学毕业生在与用人单位签订就业协议后，依法享有的一项重要权益。根据相关法律、法规，一旦用人单位无故违约或解约，毕业生有权要求用人单位进行相应的赔偿。这项权利确保了毕业生在就业过程中的合法权益得到保护，体现了公平、公正的就业原则。

在实际操作中，毕业生、用人单位、学校三方签订的就业协议具有法律效力，任何一方都不得擅自毁约。如果用人单位无故要求解约，毕业生可以要求对方严格履行就业协议，签订劳动合同。如果用人单位拒绝履行或无法履行，那么应承担违约责任，支付违约金，毕业生有权要求用人单位对其进行补偿。

此外，毕业生在签订就业协议时，应注意协议中关于违约责任的条款，包括违约金的数额和支付条件等。这有助于在发生违约时，毕业生能够依据协议条款维护自己的权益。同时，毕业生也应提高自身的法律意识，了解相关法律、法规，以便在权益受到侵害时，能够及时采取措施保护自己的合法权益。

二、大学生就业权益的保护

1. 就业权益的保护原则

大学毕业生的就业权益受到社会多方面的保护。在现实条件下，部分大学毕业生曲解了就业权益保护的本义，滥用就业权益保护的救助途径，在造成自己与用人单位就业纠纷的同时，也损害了自己职业发展的长期利益。毕业生就业权益保护应该遵循以下原则。

（1）双赢原则。这一原则强调的是毕业生和用人单位之间的合作关系，旨在通过有效沟通和协商，解决双方在就业过程中可能出现的问题和分歧。双方都应寻求在职业发展和企业运营中找到共同的利益点，实现互利共赢。

（2）契约为本。契约精神是现代市场经济的基石。毕业生在签订就业协议和劳动合同时，应充分理解其中的条款，并在双方自愿的基础上达成一致。一旦签订，双方都应遵守契约内容，履行各自的责任和义务。

（3）依法保护。法律是保护毕业生就业权益的最有力工具。毕业生应了解相关法律、法规，当权益受到侵害时，应通过法律途径寻求解决，而不是采取非法或过激的行为。同时，用人单位也应遵守法律规定，保障毕业生的合法权益。

（4）平等自愿。在就业过程中，毕业生和用人单位都应享有平等的地位，双方的意愿都应得到尊重。任何一方都不能强迫对方接受不公平的条件。平等自愿的原则有助于建立基于相互尊重的长期合作关系。

（5）充分协商。当出现就业纠纷时，通过充分的协商来解决问题是最理想的途径。这要求毕业生、用人单位和学校三方都应积极参与沟通，寻求共识，通过协商达成双方都能接受的解决方案。

2. 大学生就业陷阱及防范提示

在就业过程中，毕业生确实面临着多种潜在的陷阱和挑战，以下是各个陷阱的防范提示。

（1）黑中介陷阱。毕业生应优先选择公共就业人才服务机构和正规市场中介机构。在与市场中介机构签订协议时，要查看其是否具备《人力资源服务许可证》，并看清签约内容，不轻信口头承诺，避免盲目签字。

（2）兼职陷阱。毕业生应了解当前岗位的市场薪资水平，不轻信轻松赚钱的工作机会。注意个人信息安全，不要轻易泄露银行卡、网银、支付宝等密码信息，不随意打开陌生网址链接。

（3）收费陷阱。应聘工作本身不需要任何费用。对于要求先交费的招聘面试或实习，要谨慎对待，核实有无收费的法律依据。例如交费，要求出具正规发票并加盖单位公章，为可能发生的纠纷保留证据。

（4）借贷陷阱。增强辨别意识，查看机构或企业经营范围是否包含培训内容，慎重签

署贷款协议或含有贷款内容的培训协议。一旦发现被骗，立即向有关部门报案。

（5）传销陷阱。清楚传销属于违法行为，了解传销的基本特征，对发展下线的宣传保持警惕，避免陷入传销设计的圈套中。如果不慎进入传销组织，在确保人身安全的前提下，第一时间脱身报警。

（6）合同陷阱。法律规定，建立劳动关系双方应当订立书面劳动合同。签订劳动合同前，应与用人单位认真协商、慎重对待，不可草率签订。注意劳动合同是否具备《中华人民共和国劳动合同法》规定的必备条款，警惕其中于法无据、明显不合理的条款。

（7）试用期陷阱。了解试用期的法律规定，包括试用期的时限、工资水平和社保缴纳等。任何违反法律规定的试用期约定均无效，试用期期间应正常缴纳社保，工资水平不低于单位相同岗位最低档工资或者不低于劳动合同约定工资的80%，且不低于当地最低工资标准。

（8）信息陷阱。通过企业官网、媒体报道、工商登记注册信息等查询用人单位基本情况，仔细甄别各类招聘信息，不要盲目轻信。求职时要详细询问岗位信息、工作内容，避免入职后发现实际工作与预期有出入。

毕业生在求职过程中应提高警惕，了解和识别各种潜在的就业陷阱，并采取适当的防范措施，以保护自己的合法权益。同时，政府和相关部门也应加强对就业市场的监管，以规范市场秩序，保护求职者的利益。

3. 大学生就业权益保护的途径

（1）通过毕业生就业主管部门进行保护。大学毕业生的就业权益保护是一个多方面、多层次的问题，涉及法律、政策、社会意识等多个领域。根据国家相关政策和法律规定，已经有一系列措施来保护毕业生的就业权益。

首先，毕业生就业主管部门有责任制定相应的规则来确保毕业生的权益，并依据国家的法律和政策规定对侵犯毕业生权益的行为进行抵制或处理。这包括但不限于就业歧视、虚假招聘、违规收费等问题。主管部门需要加强对用人单位的监管，确保其遵守法律、法规，维护毕业生的合法权益。

其次，大学毕业生和签约各方应信守诺言，自觉维护大学毕业生就业秩序，严格遵守国家有关规定和学校就业政策。这不仅是毕业生个人的责任，也是用人单位和教育机构的共同责任。通过增强法律意识和契约精神，可以有效地减少就业纠纷，保护毕业生的权益。

最后，国家已经出台了一系列政策来支持大学毕业生的就业和创业。例如，人力资源社会保障部、教育部、财政部联合发布的通知中提到了整合优化吸纳就业补贴和扩岗补助政策、延续实施国有企业增人增资政策、实施先进制造业青年就业行动等多项措施，以促进大学毕业生等青年就业创业。

在保护毕业生就业权益方面，还需要注意以下几个方面。

1）加强就业权益意识：毕业生需要了解自身的就业权益，增强法律意识，以便在权益受到侵害时能够及时采取措施。

2）完善法律保护体系：立法机关应进一步完善相关法律法规，对招聘歧视行为增加惩处手段、细化惩罚机制。

3）加强监管和执法：政府部门应加强对人力资源市场的监管，依法查处虚假招聘、违规收费、"黑中介"等违法违规行为，规范人力资源市场秩序。

4）建立就业预警机制：利用大数据、人工智能等技术建立就业预警机制，及时预测和应对就业市场的风险。

通过这些措施，可以有效地保护大学毕业生的就业权益，促进其顺利就业，同时也有助于维护社会稳定和经济发展。

（2）通过所在高校进行保护。高校在保护毕业生就业权益方面扮演着至关重要的角色。根据国家的相关政策和规定，高校可以通过以下几个方面来规范和监督毕业生的就业过程，确保毕业生的权益得到保护。

1）制订就业指导和推荐措施：高校可以制定一系列的就业指导政策，帮助毕业生了解就业市场，提供职业规划服务，并在推荐毕业生给用人单位时，确保信息的真实性和透明度。

2）监督就业协议的签订：高校在毕业生签订就业协议的过程中应进行监督和指导，确保协议内容符合国家有关政策规定，维护毕业生的合法权益。

3）抵制不公平的录用行为：对于用人单位在录用毕业生过程中的不公平、不公正行为，高校有权予以抵制，以维护大学毕业生的公平受录用权。

4）审核就业协议：对于用人单位与毕业生签订的就业协议，高校应进行审核，确保协议内容合法合规，未经高校审核同意的就业协议不能作为编制就业方案的依据。

5）提供就业权益保护教育：高校应加强对学生的就业安全和诚信教育，通过体系化课程、普法宣传、案例宣讲等形式提升毕业生的法律意识和风险防范意识。

6）建立就业预警机制：基于大数据、人工智能等新兴技术建立就业预警机制，评估就业市场状况，预测就业风险并提出相应化解措施。

7）就业权益维护：加强人力资源市场监管，依法查处虚假招聘、违规收费、"黑中介"等违法违规行为，规范人力资源市场秩序。加大就业权益知识普及，发布防范求职陷阱的提示和维权警示，增强高校毕业生的风险防范意识和权益保护意识。

通过这些措施，高校可以有效地保护毕业生的就业权益，帮助他们顺利地从校园过渡到职场。同时，高校也应该与政府、企业和社会组织合作，共同营造一个公平、公正的就业环境。

（3）通过毕业生自身进行保护。大学毕业生权益保护的一个重要方面就是毕业生进行自我保护，具体表现在以下三个方面。

1）了解就业政策和规则：毕业生首先需要熟悉国家关于就业的方针、政策，以及自己在就业过程中的权利和义务。这包括了解劳动合同法、就业促进法等相关法律、法规，以及学校提供的就业指导和服务。了解这些信息有助于毕业生在求职过程中作出明智的决策，并在遇到问题时知道如何寻求帮助。

2）遵守就业规则：毕业生在就业过程中应遵守法律、法规和市场规则，诚实守信，不参与任何形式的欺诈和不正当竞争。这不仅包括在求职材料中提供真实信息，也包括在与用人单位签订合同时遵守约定，不无故违约。遵守规则是保护自己和他人权益的基础。

3）法律手段维权：当毕业生的就业权益受到侵犯时，应知道如何使用法律手段来维护自己的权益。这可能包括与用人单位协商、向学校或当地劳动部门寻求帮助、申请劳动仲裁，或者在必要时通过法律途径提起诉讼。毕业生应保留好所有与就业相关的文件和证据，以备在维权过程中使用。

第二节　就业协议与劳动合同

一、就业协议

1. 就业协议书的概念

"全国普通高等学校就业协议书"（简称"就业协议书"）是明确毕业生、用人单位和学校在毕业生就业工作中权利与义务的重要文件。它不仅是毕业生落实用人单位、用人单位接收毕业生、学校制订毕业生就业方案、毕业生就业主管部门编制毕业生就业计划的依据，也是国家为规范高校毕业生就业工作，维护毕业生、用人单位和学校的合法权益，防止就业欺诈行为而采取的一项必要措施。

就业协议书通常由教育部或各省、市、自治区就业主管部门统一制定，并由学校发放。毕业生在签订就业协议书时需要仔细阅读协议内容，确保了解其中的权利和义务。毕业生、用人单位和学校各执一份协议书，作为办理就业方案、接转档案关系的依据。

随着技术的发展，为了优化高校毕业生的求职就业服务流程，教育部已经开通了全国高校毕业生毕业去向登记与网上签约平台，推荐用人单位与高校毕业生实行网上签约。网上签约的电子就业协议书与纸质三方协议书具有相同的法律效力。

毕业生应认真对待就业协议书的签订，这是保障自己就业权益的重要步骤。同时，学校和用人单位也应提供必要的支持和指导，共同维护一个公平、公正的就业环境。

2. 就业协议书的内容

为确保毕业生和用人单位在签订就业协议时的行为规范，教育部门推出了标准化的就业协议书模板，并要求相关各方统一采用。当毕业生与用人单位就工作事宜达成共识后，他们将通过教育机构正式签署就业协议。这一过程旨在清晰界定毕业生、用人单位及学校三方之间的权利与责任，确保国家就业计划的权威性得到维护。该协议主要涵盖以下四个核心部分的内容。

（1）内容及要求。这一部分是就业协议的重要内容，它表明国家的就业政策和对就业协议书的使用规定。主要有以下六个方面内容。

1）对毕业生的要求。教育部门印发的就业协议书中明确指出："毕业生需遵循国家的就业规定，真诚地向潜在雇主提供个人情况，掌握企业的招聘需求，明确个人就业意向，并按时向公司报到。如有特殊情况导致不能准时报到，应获得企业的同意。"这一规定要求毕业生在充分理解国家就业政策和用人单位招聘意图的基础上，按照既定流程签订就业协议。毕业生在求职过程中必须诚实地向企业介绍自己，禁止任何形式的虚假宣传或误导。在签订协议之前，毕业生应深入了解用人单位对他们的期望和工作角色，并根据自己的专业背景和实际情况作出综合考量。对于已经签约的毕业生，他们必须在约定的时间内报到，如有特殊情况无法按时报到，必须获得用人单位的同意。

2）对用人单位的要求。用人单位需按照规定，诚实地说明自身的状况，并对毕业生的期望和计划作出明确表述，同时确保妥善完成接收毕业生的相关程序。对于那些已经获得毕业资格的毕业生，雇主不得基于学业成绩解除合约。若毕业生未能获得毕业资格，即被视为结业生，所签订的就业协议将不具有效力。在招聘过程中，用人单位必须向毕业生准确描述公司的性质、经营状况、未来展望、福利待遇，以及对毕业生专业和具体岗位职责的要求。一旦与毕业生签订合同，用人单位应负责安排毕业生的人事、户口和档案转移等事宜，并为其提供生活和工作的具体安排。对于已经获得毕业资格并拿到毕业证书的毕业生，用人单位不得无故违反协议或拒绝接收。未能获得毕业资格的结业生不属于合格毕业生，与他们签订的就业协议视为无效。就业协议不适用于结业生。

3）对学校的要求。教育部门规定，学校有责任准确地向潜在雇主提供毕业生的信息，并进行有效的推荐。一旦用人单位决定录用某位毕业生，学校将对相关材料进行审核，并将其包含在建议的就业计划中，随后提交给国家教育部进行审批。学校还负责处理与此相关的所有手续。

学校作为协议的一方，必须诚实地向用人单位介绍毕业生的情况，并进行适当的推荐。在学校的毕业生就业管理职责中，学校需要根据国家就业政策和校内规定，对毕业生与用人单位签订的就业协议进行审核，确保其内容和形式都符合政策要求。审核通过后，学校将这些协议纳入建议的就业计划，并提交给上级毕业生就业管理部门进行审批。这一流程确保了就业协议的正式性和合规性，同时也保障了毕业生的就业权益。

4）关于就业协议条款的特别约定。协议中明确指出，毕业生、用人单位和学校三方若有任何额外的约定，这些内容必须在协议书的备注区域中写明，并经过各方的签字和盖章，成为协议书不可分割的一部分。这一规定突出了书面约定的重要性，以避免因非书面协议而引发的争议。虽然这一点看似简单，但其实非常关键。学校在审核就业协议时，通常不认可口头协议，因为这些在实际操作中很难得到证实。因此，所有特殊条款或特别约定都需要正式记录在案，以确保所有协议内容都明确无误，并且具有可执行性。

5）就业协议的生效及违约。协议规定，一旦各方签字并加盖公章，协议即生效，所有签署方都必须严格遵守。如果任何一方需要修改协议，必须得到其他两方的同意，并且提出变更的一方需要向其他两方支付违约金。此外，协议还规定，如果签约的一方由于特殊情况无法履行协议，必须在得到其他双方的同意后，承担相应的违约责任，这可能包括

赔偿损失或支付违约金等不同形式。通常，各方在签订就业协议时，会对违约责任的具体形式达成共识并作出相应的承诺。这些规定共同确保了协议的严肃性和各方权益的保护。

6）就业协议书的使用和管理。协议声明其正规版本将被制作成三份原件，分别由毕业生、用人单位和学校保管。任何协议的复印件都不具备效力。为了保证就业协议的正式性和有效性，高校通常要求每位毕业生只能拥有一套带有唯一编号的就业协议书。在求职过程中，毕业生只能使用带有自己编号的协议书原件，复印件或他人协议书均不被接受。学校在审核协议时，对于非原件的协议将不予认可，也不会进行签字或盖章。

对于用人单位而言，就业协议书不仅是确认毕业生就业状况的一个标志，也是他们进入职场的重要凭证。许多用人单位在面试邀请中会要求毕业生出示已签署的就业协议书，以此作为评估毕业生就业进展的依据。因此，这份协议不仅是法律上的承诺，也是毕业生求职过程中的重要文件。

（2）签署协议三方的意见表述。这一部分主要包括以下三项内容。

1）毕业生的情况及意见。在就业协议书中，毕业生需亲自填写自己的基本信息，涵盖姓名、性别、年龄、民族、政治面貌、培养方式、健康状况、专业、学制、学历及家庭地址等。在"毕业生意见"一栏中，毕业生需明确表达自己对于接受用人单位职位的意愿，并详细记录与用人单位协商后达成的所有相关协议，以预防未来可能出现的任何争议。

虽然"毕业生意见"部分是毕业生表达意愿和保护自身权益的关键环节，但在实际操作中，一些毕业生可能未充分认识到其重要性。他们可能简单地签署"同意"，而没有详细说明自己的条件和协商结果，这可能导致他们在日后的争议中缺乏足够的保护。因此，毕业生被鼓励认真对待这一部分的填写，确保自己的意愿和协议得到准确记录和保护。这样可以避免未来在就业协议的执行过程中出现不必要的纠纷。

2）用人单位的情况及意见。在就业协议书中，用人单位负责填写其详细的单位信息，这包括单位的全称、所属关系、联络人、联系电话、所有制形式、单位类型、毕业生档案的转寄地址等。在"用人单位意见"这一栏目中，需要包含两个主要部分：一是用人单位对于录用毕业生的态度和条件；二是用人单位的上级主管单位对于录用事宜的审批意见。

即使用人单位有意录用某位毕业生，也必须获得其上级主管部门的批准，尤其是涉及毕业生的户口迁移或非本地生源毕业生的聘用时，这一审批步骤尤为关键。根据我国的人事制度，只有得到上级人事部门的正式审批，用人单位才能合法地完成毕业生的接收流程。

因此，毕业生在签订就业协议前，应确保用人单位及其上级主管部门均已在协议书上签署同意意见，以保证协议的合法性和自己的权益得到保障。这一步骤对于确保毕业生顺利就职和解决与之相关的人事问题至关重要。

3）学校意见。在就业协议书中，学校意见部分涉及对毕业生提供的个人信息和用人单位情况的审核，以及对协议内容是否符合教育部门和学校的就业政策进行初步审查。此外，学校还需对学生的具体就业去向进行登记和备案。

学校意见由学校毕业生就业主管部门代表学校进行，以确保所签就业协议符合国家的就业方针、政策及学校的相关规定。一旦就业协议书通过审查，学校将在协议书上签字并加盖公章，以此行动表达对毕业生和用人单位所达成就业协议的正式认可。

这一环节是就业协议生效的重要步骤，标志着学校对毕业生就业选择的支持，并为毕业生顺利步入职场提供必要的行政协助。同时，这也是学校对学生就业情况的官方记录，有助于学校进行就业率的统计和未来就业服务的改进。

（3）备注。备注栏提供了一个平台，允许毕业生、用人单位和学校三方在不违反国家就业政策、法律法规和学校规定的前提下，共同商定并记录额外的协议条款。这些条款可能涉及试用期长度、薪资福利、违约责任等，一旦双方就这些内容达成一致，便可在备注栏中进行明确标注。

如果毕业生和用人单位在后期希望对协议进行修改，比如毕业生需要违约，用人单位必须在备注栏中注明同意违约，并加盖与之前相同的公章。只有在此条件下，学校才会考虑为毕业生发放新的就业协议书。

为了保持协议书的清晰性和正式性，如果没有额外的条款需要添加，应将备注栏的空白部分划线标注"以下空白"，以此表明没有其他未尽事宜。这样的做法有助于避免未来的误解和争议，确保协议书的正式性和法律效力。

（4）注意事项。毕业生在收到就业协议书后，需要认真阅读其中的每一个条款。同时，他们必须妥善保管这份协议书，并在成功找到工作时，以认真和负责的态度来签订该协议。在填写协议书中的空白部分时，双方应明确记录所有商定的内容。对于那些未填写的空白处，应使用"/"（斜杠）来划除，或者明确标注"无"，这样可以防止因未明确填写而引发的任何潜在争议。

特别需要注意的是，就业协议书的签订双方是毕业生和用人单位，而学校的角色主要是作为见证方、监督方，以及为双方提供服务。一旦毕业生与用人单位完成签约，他们应尽快完成所有必要的后续手续。协议书签署完毕后，应确保三方各执一份：一份交给用人单位，一份交给学校，另一份由毕业生自己保留。这样做可以确保所有相关方都有协议的记录，也方便日后的查询和参考。

就业协议书的样式示意如图 6-1 所示。

3. 就业协议书的主要特征

就业协议书是大学毕业生与未来雇主之间建立劳动关系、明确双方权利与义务的重要文件。这份协议具有以下特点。

（1）民事法律行为。就业协议书是双方当事人自愿达成的民事合同。只有当毕业生和用人单位双方的意思表示一致时，协议才有效。如果只有一方表达意愿，或者双方的意愿不一致，协议则不成立。

（2）平等互利。在签订就业协议书时，毕业生和用人单位都基于平等和互利的原则进行选择。毕业生可以根据自己的职业规划和个人优势选择适合的工作岗位，而用人单位也可以基于自身需要选择最合适的毕业生，协议的签订不涉及任何强迫行为。

××省普通高校本、专科（高职）就业协议书

毕业生基本情况	姓名		性别		民族		出生日期	
	政治面貌		健康状况		身份证号			
	毕业学校		院（系）		专业			
	学号		培养方式		学历		学位	
	生源地区				学制		毕业时间	
	家庭地址				家庭电话			
	电子邮箱				电话/手机			
用人单位基本情况	单位全称				组织结构代码			
	单位地址				邮政编码			
	联系人		联系电话		单位传真			
	电子邮箱		企业规模		岗位名称			
	行业类型							
	单位性质							
	档案转寄单位名称			档案转寄地址				
	档案接收联系人			档案接受电话			邮政编号	
	户口迁移地址							
培养单位基本情况	单位名称		联系人		联系电话			
	通信地址				邮政编码			

经毕业生（甲方）、用人单位（乙方）、培养单位（丙方）协商。同意达成以下约定：
（1）甲、乙、丙三方须共同遵守协议背面所列内容。
（2）甲、乙双方如有其他约定，可本着平等协商、权利义务对等的原则另附约定，并视为本协议的一部分。
（3）其他约定（如工作地点等。可另附页说明）：
_____
_____
_____

毕业生意见	签名：_____
用人单位意见	用人单位人事部门意见： ____负责人：____（公章） 年 月 日	用人单位上级主管部门意见： ____负责人：____（公章） 年 月 日
学校意见	毕业生所在院（系）意见： ____负责人：____（公章） 年 月 日	学校毕业生就业主管部门意见： ____负责人：____（公章） 年 月 日

备注：（1）本协议书限国家统一招生录取的普通高等教育非定向本、专科（含高职）毕业生使用。
（2）甲、乙双方签署意见后，应在一个月内交送丙方签署意见。逾期所产生的后果由责任方承担。

图 6-1 《就业协议书》的样式示意

（3）权利义务的具体约定。就业协议书详细规定了毕业生的工作期限、岗位、薪酬、福利待遇、协议终止条件及违约责任等关键条款。这明确了毕业生在用人单位工作时享有的权利，以及用人单位的权利和义务。

签订就业协议书是一个严肃的法律行为，要求双方认真对待。毕业生在签订前应充分了解协议内容，用人单位也应提供必要的信息，以确保双方在明确各自权利和义务的基础上建立劳动关系。这样的协议有助于预防未来的劳动争议，并为双方提供了法律上的保护。

4. 就业协议书的争议解决

（1）违约的表现形式。

1）毕业生违约的表现形式如下。

①与一个单位签订协议后，若毕业生找到更心仪的工作机会，可能会选择与原单位解约，转而与新单位签约。

②毕业生不应私下转让就业协议书，或与多个单位签订协议，这违反了协议的独占性原则。

③提供虚假信息给用人单位，如学历、经历等，以满足用人单位的招聘条件，实际上并不符合岗位要求。

④其他违约行为可能包括但不限于违反协议中规定的其他条款。

2）用人单位违约的表现形式如下。

①在毕业生按照协议规定报到时，若单位无正当理由拒绝接收毕业生，则构成违约。

②用人单位提供虚假信息，如夸大职位前景、薪资待遇等，以诱导毕业生签约，实际上并不打算履行或无法履行承诺。

③用人单位可能会通过收取不合理费用，如押金、培训费等，来限制毕业生的自由选择，这是违反就业协议的行为。

④其他违约行为可能包括不履行协议中规定的用人单位的责任和义务。

（2）违约责任的归责原则。依据《中华人民共和国民法典》中第五百七十七条的规定：当事人一方不履行合同义务或履行合同义务不符合约定的，应当承担继续履行、补救措施或者赔偿损失等违约责任。该法典确立了严格的责任准则，意味着一旦发生违约行为，违约方必须向守约方承担相应的违约责任，无论其违约是出于故意还是疏忽。在就业协议的情境中，任何一方的违约行为，不考虑其主观意图，都需担负起违约的责任。

（3）违约责任的免责条件。免责条件即法律明文规定的当事人对其不履行合同不承担违约责任的条件。我国法律规定的免责条件如下。

1）不可抗力因素。《中华人民共和国民法典》第五百九十条款明确规定："当事人一方因不可抗力不能履行合同的，根据不可抗力的影响，部分或全部免除其责任，但是法律另有规定的除外。因不可抗力不能履行合同的，应当及时通知对方，以减轻可能给对方造成的损害，并应当在合理期限内提供证明。当事人延迟履行后发生不可抗力的，不免除其违约责任。"不可抗力指的是那些无法预见、无法避免且无法克服的外部情况。若在就业协议签订后，因不可抗力导致的一方违约，该方不需承担违约责任。

2）依照关于高校毕业生就业的相关法规，应届毕业生若在毕业前选择继续深造、参军或被任命为公务员，且已与用人单位签订就业协议，这些情况不构成违约，用人单位不得要求支付违约金。因此，若毕业生成功考取研究生、成为公务员或参军，他们可以与用人单位解除合同关系而不会被视为违约。

（4）争议解决的途径。关于就业协议书的争议问题时有发生，然而国家没有明确的关于解决就业协议书争议的法律规定。在实践中，解决就业协议书争议的主要办法如下。

1）毕业生与雇主通过协商解决问题。这一方式适用于由毕业生引起的就业协议纠纷。毕业生可以主动与雇主沟通，表达歉意并阐述具体情况，争取雇主的谅解。在必要的情况下，毕业生可能需要支付违约金。通过双方的协商，可以达成新的共识或协议。

2）学校或省级毕业生就业管理机构协助解决。这种方法通常适用于由用人单位引起的争议。学校或相关行政机构可以介入进行调解，帮助双方解决纠纷，促使双方达成一致。

3）依法解决争议。若协商和调解未能解决问题，可以选择通过法律途径，即向人民法院提起诉讼，由法院根据法律规定作出裁决。

二、劳动合同

1. 劳动合同的概念

劳动合同也称作劳动契约或劳动协议，它是劳动者与用人单位之间为了确立劳动关系、界定双方权利与义务而签订的协议。从根本上看，劳动合同是劳动者与用人单位双方意愿一致达成的协议结果。作为一种特殊类型的契约，劳动合同不适用传统民法的调整方式，而应当由专门的《中华人民共和国劳动合同法》这一特别法律来进行规范和调整。

2. 劳动合同的法律特征

劳动合同确实具有其独特的法律特征，这些特征体现了劳动关系的特定性质和要求。以下是劳动合同的一些关键法律特征。

（1）特定主体。劳动合同的签订双方是特定的，一方是用人单位（如企业、机关等），另一方是劳动者个人。劳动者必须是具有劳动力的自然人，而用人单位则是需要劳动力的实体。

（2）劳动行为为标的。劳动合同的核心是劳动者的劳动行为，而非劳动成果。劳动者加入用人单位，成为其中的一员，并按照合同约定完成劳动任务。

（3）满足再生产需求。劳动合同不仅要规定工作期间的权利和义务，还要考虑到劳动者在丧失劳动能力时，其本人及家属应得到的物质帮助，体现了劳动力再生产的特性。

（4）劳动过程的目的。劳动合同的目的是实现劳动过程，而非仅仅关注劳动成果的交付。劳动者通过完成劳动过程来获得报酬。

（5）从属性和非强制性。劳动者在履行劳动合同时需服从用人单位的安排和指示，但在劳动行为上不能被强制。即使劳动者不履行合同，用人单位也不能强制其劳动。

（6）权利义务的延续性。劳动合同规定的权利和义务在一定条件下可以延续到合同期外，如支付经济补偿金、承担工伤责任等。

（7）内容的法定性。劳动合同的许多内容是由法律规定的，双方当事人必须遵守，不能随意变更。同时，合同内容不得违反法律设定的标准和限制。

这些特征体现了劳动合同与一般民事合同的区别，强调了保护劳动者权益和平衡劳资双方权利义务的重要性。通过这些特征，劳动合同可确保劳动关系的稳定性和公平性，同时也为用人单位提供了必要的劳动力保障。

3. 劳动合同的内容

劳动合同是劳动者和用人单位之间确立劳动关系、明确双方权利和义务的书面协议。根据《中华人民共和国劳动法》的规定，劳动合同应当包含以下关键条款。

（1）合同期限：明确劳动合同是固定期限、无固定期限还是以完成一定工作任务为期限。如果是固定期限，需要具体说明合同的有效期限。

（2）工作内容：详细描述劳动者的岗位、工作性质、工作范围，以及需要达到的工作效果和质量标准。

（3）劳动保护和劳动条件：包括用人单位为劳动者提供的工作环境、安全卫生设施、防护用品等，确保符合国家规定的安全卫生标准。

（4）劳动报酬：规定劳动者的工资数额、支付方式、支付时间及其他社会保险待遇，且不得低于国家规定或集体合同的标准。

（5）劳动纪律：包括劳动者在工作期间应遵守的规则和纪律，如考勤制度、工作规范、奖惩制度等。

（6）劳动合同终止条件：明确劳动合同终止的具体条件，尤其是在无固定期限合同中，双方应协商确定合同终止的条件。

（7）违反劳动合同的责任：规定如果合同一方违反劳动合同，应承担的法律责任。这些规定应符合国家法律和行政法规的原则，确保公平合理。

劳动合同的这些条款为双方提供了明确的指导和保护，确保劳动关系的稳定性和双方权益的合法性。劳动者和用人单位都应严格遵守合同条款，以维护和谐的劳动关系。

4. 劳动合同的签订、终止、变更、续订和解除

劳动合同的签订、终止、变更、续订和解除是劳动关系管理中的重要环节，它们共同构成了劳动合同的生命周期。以下是这些环节的详细说明。

（1）劳动合同的签订。劳动合同的签订程序通常包括以下步骤。

1）发布招聘信息：用人单位公开发布招聘公告或广告。

2）劳动者报名：劳动者根据招聘信息报名应聘。

3）考核与筛选：用人单位对应聘者进行考核，筛选合适的候选人。

4）通知录用：用人单位通知符合条件的劳动者。

5）签订合同：双方协商一致后，签订书面劳动合同，并各自保存合同副本。

根据《中华人民共和国劳动合同法》的规定，建立劳动关系应当订立书面劳动合同。已建立劳动关系，未同时订立书面合同的，应当自用工之日起一个月内订立书面劳动合同。

（2）劳动合同的终止。劳动合同的终止通常发生在以下情况。

1）合同期满：固定期限或以完成一定工作任务为期限的劳动合同到期自然终止。

2）约定条件出现：当事人约定的终止条件出现时，合同终止。

3）特殊保护：劳动者在医疗期、孕期、产期和哺乳期内，合同期限应自动延续至相应期限结束。

劳动合同终止意味着双方的权利和义务关系结束，用人单位应依法办理相关手续。

（3）劳动合同的变更。劳动合同的变更是指在合同履行过程中，因情况变化，双方协商一致，对合同部分条款进行修改或补充。变更可能涉及以下内容。

1）工作任务调整：增加或减少生产或工作任务。

2）合同期限调整：延长或缩短合同期限。

3）岗位或职务变动：劳动者的工种或职务变化。

4）报酬调整：增加或减少劳动报酬。

变更劳动合同需要双方协商一致。

（4）劳动合同的续订。劳动合同期限届满后，如果双方协商一致，可以续订劳动合同。

（5）劳动合同的解除。劳动合同的解除是指在合同期限届满前提前终止劳动关系的行为，包括以下内容。

1）合意解除：双方协商一致解除合同，用人单位需支付经济补偿金。

2）用人单位单方解除：在法律规定的条件满足时，用人单位可单方解除合同。

3）劳动者单方解除：在法律规定的条件满足时，劳动者可单方解除合同，包括预告解除和用人单位违法解除。

劳动合同的解除应遵循法律规定，确保双方的权益得到合理保护。

三、就业协议与劳动合同的区别

就业协议书与劳动合同虽均关联就业，但两者存在根本差异。就业协议书由教育部制定，涉及毕业生、用人单位及高校三方，于毕业前签订；而劳动合同则是毕业生报到后，与用人单位间确立权利义务关系的法律文件，受《中华人民共和国劳动法》保护。两者签订后均具法律效力，要求毕业生与用人单位依约执行。

1. 内容不同

在毕业生就业协议框架下，毕业生需承担的责任包括向用人单位真实反映个人情况，并按约定时间前往用人单位报到。用人单位则有责任向毕业生准确介绍自身情况，并负责处理毕业生的相关手续。学校则需要负责执行毕业生的派遣任务，毕业生就业协议实质上是毕业生分配工作的具体表现。相较之下，劳动合同涵盖的范畴更为广泛，包括工资待遇、劳动保障、工作职责、工作纪律等多个方面，其中劳动双方的权益和义务规定得更为详尽。

2. 主体不同

就业协议主要适用于应届毕业生、用人单位、学校这三方之间，其中学校扮演的是见证方或者签约方的角色。就业协议对于用人单位的性质没有特定的限制，因此它适用于所有类型的单位。劳动合同的适用范围仅限于劳动者（包括应届毕业生）与用人单位之间，不包括公务员单位、参照公务员制度运行的组织和社会团体，以及军事系统内的单位，且劳动合同的签订与学校无直接关联。

3. 法律依据不同

毕业生就业协议属于非典型合同，其遵循《中华人民共和国民法典》、国家关于毕业生就业分配的法律、法规及相关政策措施。一旦该协议被签署，各参与方必须严格遵守，若任意一方希望变更协议内容，必须事先征得其他两方的同意，否则将被视为违约行为。相较之下，劳动合同是一种典型合同，它受到《中华人民共和国劳动法》《中华人民共和国劳动合同法》《中华人民共和国劳动争议调解仲裁法》等法律法规的约束和规范。

4. 签订时间不同

通常情况下，就业协议的签订时间早于劳动合同。就业协议是毕业生在确定就业单位时签署的，且这一过程通常发生在学生离校之前。而劳动合同则是在毕业生正式报到就业单位后订立的。若毕业生与用人单位就薪资、住房等事项有提前的协商一致，这些内容可以在就业协议的相关条款中明确记载，并在协议附件中补充说明。在后续订立劳动合同时，这些预先约定的内容应当得到确认和尊重。

5. 适用的人员不同

劳动合同的适用范围广泛，涵盖了中华人民共和国境内的所有公民。只要具备劳动能力且满足法律规定的条件，通过供需双方的见面和双向选择过程，一旦被用人单位录用，即可与用人单位签订劳动合同。相比之下，就业协议的适用对象较为特定，仅限于高校毕业生。

6. 纠纷解决方式不同

当毕业生因就业协议产生纠纷时，相关方可以直接向人民法院提起诉讼，但不得申请劳动争议仲裁。而对于劳动合同引发的纠纷，任何一方均有权向所在地的劳动争议仲裁委员会提出仲裁申请。如果当事人对仲裁结果不满，可以随后向人民法院提起诉讼。仲裁在此情况下是诉讼的必经程序，如果当事人未经仲裁直接向人民法院提起诉讼，法院将不予受理。

第三节　劳动争议

在社会生活中，劳动争议是一种常见的纠纷类型。那么，面对劳动纠纷，应当如何妥善处理呢？解决劳动争议有一套专门的程序，这些程序考虑到劳动争议的特殊性，并不完全采用处理普通民事纠纷的方法，而是结合了行政手段和司法途径。根据《中华人民共和国劳动法》中第七十七条的规定，用人单位与劳动者发生劳动争议时，当事人可以依法申请调解、仲裁、提起诉讼，也可以协商解决。调解原则适用于仲裁和诉讼程序。

依据这一规定，劳动者和用人单位可以选择多种程序来解决劳动争议。一旦发生争议，双方可以向相关行政部门提出投诉，或者向调解组织寻求调解。如果在调解组织收到申请后的 15 天内未能达成调解协议，当事人有权向劳动仲裁委员会提出仲裁申请。如果调解协议达成后，一方未在约定时间内履行协议，另一方也可以依法申请仲裁。另外，当事人还可以直接向劳动仲裁委员会提出仲裁申请。通过这些程序，劳动争议可以得到有效解决。

一、协商程序

协商解决劳动争议是指劳动者与用人单位就争议事项直接对话，共同寻找解决争议的方法。与其他类型的纠纷不同，劳动争议涉及的双方分别是单位和单位的员工，由于双方已经建立了劳动关系，因此对彼此有一定的了解。在发生争议时，双方最好首先尝试通过协商来解决，通过自愿达成共识来消除分歧。然而，协商并不是解决劳动争议的强制性步骤。双方可以选择进行协商，也可以选择不协商，这完全基于自愿原则，任何一方都不能强迫对方进行协商。这种灵活性为双方提供了更多的选择，以寻找最适合双方的解决方式。

二、申请调解

调解程序是劳动争议当事人自愿选择的一种解决方式，它涉及一方当事人向劳动争议调解委员会提出调解申请。根据《中华人民共和国劳动法》第八十条的规定："在用人单位内，可以设立劳动争议调解委员会。劳动争议调解委员会由职工代表、用人单位代表及工会代表组成。"这些成员通常具备法律知识、政策理解和实际操作能力，并且对本单位的具体情况有深入了解，这有助于他们更有效地解决劳动争议。除涉及集体劳动合同签订或履行的争议外，企业内部的劳动争议均可由本企业的劳动争议调解委员会进行调解。

与协商程序相似，调解程序也是基于当事人的自愿选择，调解达成的协议本身并不具备法律强制力。如果一方当事人对调解协议反悔，他们仍然有权向劳动仲裁机构提出仲裁申请，寻求进一步的解决途径。这种程序的灵活性为劳动争议的解决提供了更多的选择，同时也尊重了当事人的意愿和自主权。

三、仲裁程序

劳动争议仲裁是一种正式的解决劳动纠纷的程序，其中一方当事人将争议提交给劳动争议仲裁委员会处理。这一程序结合了调解的灵活性和效率，同时仲裁裁决具有法律强制力，是解决劳动争议的关键途径之一。劳动争议仲裁委员会是由国家授权的独立机构，专门负责依法处理劳动争议案件。

申请劳动仲裁是解决劳动争议的可选方式之一，同时也是提起诉讼的必经程序。根据法律规定，如果当事人希望将劳动争议诉诸法庭，必须先经过仲裁程序。这意味着当事人不能绕过仲裁直接向人民法院提起诉讼。仲裁程序为劳动争议提供了一个正式、公正的解决平台，确保了争议双方的权益得到妥善处理。通过仲裁，可以有效地解决劳动纠纷，减少诉讼的可能性，同时也为劳动关系的和谐提供了保障。

四、诉讼程序

《中华人民共和国劳动法》中第八十三条确立了劳动争议当事人对仲裁裁决不满时的法律途径。劳动争议当事人对仲裁裁决不服的，可以自收到仲裁裁决书之日起十五日内向人民法院提起诉讼。一方当事人在法定期限内不起诉又不履行仲裁裁决的，另一方当事人可以申请人民法院强制执行。

诉讼程序，也就是通常所说的"打官司"，是在一方当事人不满劳动争议仲裁委员会的裁决并向人民法院提起诉讼后启动的。这一程序具有严格的法律和程序要求，法院的判决具有强制执行力。

为了解决劳动者难以获取由用人单位掌握的证据的问题，《中华人民共和国劳动争议调解仲裁法》中规定："劳动者无法提供由用人单位管理的与仲裁请求相关的证据，仲裁庭可以要求用人单位在规定的时间内提供。用人单位在指定期限内不提供的，应当承担不利后果。"

此外，《劳动争议调解仲裁法》中还规定："劳动争议仲裁的时效期间为一年，这一期限从当事人知道或应当知道其权利被侵害之日起计算。劳动关系存续期间因拖欠工资而发生争议的，劳动者申请仲裁不受一年时效期间的限制。但是，劳动关系已经终止的，应当自劳动关系终止之日起一年内提出。"这些规定为劳动者提供了更充分的法律保护，确保了劳动争议能够得到及时和公正的解决。

重庆沙坪坝区：
打造"沙磁巧姐"
技能培训品牌
助力群众精准定向
就业

拓展阅读

为什么要加强灵活就业和新就业形态劳动者权益保障？

习近平总书记在党的二十大报告中指出："健全劳动法律法规，完善劳动关系协商协调机制，完善劳动者权益保障制度，加强灵活就业和新就业形态劳动者权益保障。"这对于强化社会保障，维护劳动者合法权益，优化自主创业环境，不断拓展就业创业服务渠道具有重要意义。

第一，灵活就业和新就业形态劳动者，对拓宽就业新渠道、培育发展新动能发挥了重要作用。灵活就业主要包括个体经营、非全日制、新就业形态等三类就业方式。个体经营，主要包括从业人员在两人及两人以下的登记注册个体工商户、未登记注册的个体经营户；非全日制就业人员，主要包括养老、托幼、家教、保洁、搬运、装修维修等家政服务和打零工人员。新就业形态就业人员主要包括交通出行、外卖配送、网络零售、直播销售、互联网医疗等领域的平台就业人员；新就业形态就业人员包括：一是将互联网平台作为经营载体或信息提供者，实现就业的劳动者，其与平台企业之间的权利义务关系适用民事法律调整；二是依托平台就业，与平台企业之间订立劳动合同或符合确立劳动关系情形的劳动者；三是依托平台就业，工作有较大自主性，劳动过程受到平台企业的管理，不完全符合确立劳动关系的情形。目前，我国灵活就业和新就业形态蓬勃发展、方兴未艾，类型丰富多样，已经覆盖生产、生活各领域、高中低端各层次，从业人员数量迅猛增长，规模持续扩大。据国家统计局数据，截至2021年年底，我国灵活就业者为2亿人左右。灵活就业和新就业形态在稳经济、保就业、促增收方面发挥了重要作用，有效减轻了困难群体的就业压力。特别是面对2020年以来经济下行压力增大的严峻形势，灵活就业和新就业形态发挥了重要的"蓄水池"功能，为防范规模性失业风险、保持就业局势总体稳定作出了积极贡献。

第二，现行的劳动法、劳动合同法和社会保障制度主要针对传统就业方式设计，还不能很好适应灵活就业和新就业形态劳动者。这使灵活就业和新就业形态劳动者的法律身份，同平台企业、用户和第三方外包企业的法律关系及权利义务等，均缺乏明确界定和规范。我国现行失业保险和工伤保险均属于"单位关联型"，未签订劳动合同的灵活就业和新就业形态劳动者无法参保。基本养老和基本医疗保险虽然为其设立了相应路径，但如选择城镇职工保险，会受到户籍限制且个人承担更高费用；如选择城乡居民保险，又需要回到户籍地且保障水平低。一些用人单位为了降低成本、规避用工主体责任，采取社会化用工方式，或将劳动用工外包给第三方企业，或以加盟等方式用民事关系代替雇佣关系，或诱导劳动者注册为个体工商户，导致管理无序、保障缺位。第八次全国职工队伍状况调查报告显示，全国仅有43%的新就业形态人员与平台企业或第三方外包公司签订了劳动合同，29%的人签订了劳务协议，其余28%的人没有签订任何形式的合同或协议。

第三，把加强灵活就业和新就业形态劳动者权益保障作为构建和谐劳动关系的重要抓手，促进高质量充分就业。要抓紧研究制定保障灵活就业和新就业形态劳动者权益的法律、法规和制度体系，落实完善各项支持和保护政策措施，规范灵活就业和新就业形态健康发展，更好促进积极就业。引导相关企业充分尊重和平等对待灵活就业和新就业形态劳动者，完善行业公约和行业标准，促进企业加强自律、依法用工，自觉履行其应当承担的用工和权益保障责任。加强人力资源市场监管，加强对企业用工方式的监督和合法性审查，对刻意规避监管、逃避责任的行为予以督促整改。进一步放开灵活就业和新就业形态人员在就业地参加企业职工养老保险的户籍限制，支持自主选择缴费方式和缴费基数，调动其参保积极性。全面落实困难人员灵活就业社会保险补贴政策，减轻困难人员缴费压力。积极开展职业伤害保障试点，有序推进参保登记、职业伤害确认、待遇支付和信息管理等工作。实施维护灵活就业和新就业形态劳动者劳动保障权益专项行动，推动各项法律、法规和政策措施落地见效。

（资料来源：https://www.12371.cn/2023/03/03/ARTI1677833693125709.shtml）

第七章 职业发展

学习目标

【知识目标】

1. 了解角色转换的内涵。
2. 了解学生与职业人在职责承担、所处环境、人际交往和文化氛围上的差别。
3. 熟悉职业适应的多维度要求。
4. 掌握学校和职场在社交环境、组织基础、发展路径和目标定位上的差异。
5. 掌握学生角色向职业角色转换的方法。

【能力目标】

1. 能够调整个人期望值以适应职业环境。
2. 能够快速了解并融入新工作环境,包括理解企业文化和确定个人职责。
3. 能够理智面对职场中的冷落和挫折,并采取积极措施应对。
4. 能够有效地与同事和领导建立和谐的关系。
5. 能够虚心接受批评并积极消除与他人的隔阂。

【素养目标】

1. 培养学生的职业角色意识,以促进角色转变。
2. 增强学生的抗压能力,以面对职场中的挫折和压力。
3. 增强学生的人际交往能力,以建立和维护良好的工作关系。
4. 提升学生的适应能力,以应对职业生活中的各种挑战。
5. 提升学生的职业素养,包括职业道德和工作态度。

案例导入

小唐是一名市场营销专业的应届毕业生,他对自己的未来充满憧憬。经过一番努力,他终于获得了一家知名科技公司的市场营销助理职位。然而,在开始工作的几个星期中,小唐就感到了前所未有的压力。他的工作任务比预期的要繁重得多,包括市场调研、数据分析、策划案撰写等,而且每项任务都有严格的截止日期。小唐发现自己很难在有限的时间内高效地完成所有工作,这让他感到焦虑和不安。

在校园里，小唐习惯了自由的学习节奏，可以随时向教授和同学求助。但在工作中，他发现同事们都很忙，很难找到人随时提供帮助。他的直接上司李女士是一个对工作要求极高的人，对小唐的工作成果总是提出批评和改进意见。小唐感到自己的自尊心受到了打击，他开始怀疑自己是否真的适合这份工作。

此外，小唐还面临着人际交往的挑战。他发现自己在团队会议中提出的创意常常被忽视，他不确定是否应该更加积极地表达自己的观点。同时，他也在努力记住同事的名字和职责，希望能够更好地融入团队。在一次公司聚会上，小唐发现自己很难加入同事们的谈话，他感到有些孤立。

小唐的困惑逐渐影响了他的工作表现。他开始害怕犯错，对于新的项目提案缺乏积极性。他意识到自己需要找到一种方法来适应职场环境，提升自己的职业技能，并且学会如何与同事和领导有效沟通。

【思考】

1. 在本案例中，小唐遇到了哪些具体的职场挑战？他应该如何调整自己的心态和行为来更好地适应职场生活？

2. 考虑到小唐的专业背景和当前的职场环境，他应该如何提升自己的职业技能和人际交往能力，以减少在职场中的挫折感并提高工作效率？

第一节　角色转换与职业适应

一、角色转换与职业适应的内涵

1. 角色转换的内涵

社会学者通常将角色转换视为个体在身份和角色地位发生变化时，其思想观念和行为方式的相应变化。对于即将步入社会的大学毕业生而言，这一转换意味着他们需要从学生的身份转变为社会成员（如职场人士）的身份，同时，他们的思想和行为模式也要随之发生相应的转变。角色扮演是一个动态过程，通常包括角色期待、角色理解和角色实践三个阶段，角色转换同样遵循这一过程。

角色期待也被称作角色期望，反映了社会对特定角色的期待和要求；角色理解则是个体对角色规范和要求的认知与领悟；而角色实践即角色行为，指的是个体在实际活动中的行为表现，它是角色理解的具体体现。角色期待可以看作一种社会层面的意识，它代表着一种外部的推动力；相对地，角色理解则是一种个体层面的意识，代表着内在的动力；角色实践则是个体意识向社会实践行为的转化过程。

2. 职业适应的内涵

在职场中，个体如何与工作环境、任务和活动相协调，是一个涉及多方面的心理和生

理过程。这包括对工作性质的理解、自我评估、技能学习、行为调整，以实现个人与职业角色的和谐。

适应职业生活意味着在对工作有一定了解的基础上，持续调整个人的职业理念、意识和行为，以满足职业的需求和变化。这种适应是多维度的，涵盖心理、生理、岗位、智力和社交等方面。

（1）心理层面：涉及对工作角色的认同、情感态度的调整、意志力的培养、个性的塑造。

（2）生理层面：涉及对工作时长、劳动强度和工作压力的适应。

（3）岗位层面：涉及对工作制度和岗位规范的适应。

（4）智力层面：涉及对工作所需知识和技能的掌握。

（5）社交层面：涉及与领导和同事建立和谐关系的能力。

通过这些方面的适应，个体能够更好地融入职场，提升工作效率和满意度。

二、学校和职场的差别

学校与职场之间存在显著的差异，这些差异主要体现在以下几个关键点。

1. 社交环境

学校通常是一个较为亲密的环境，学生与教师、同学之间建立了深厚的关系，形成了一个类似家庭的社群。职场则更像是一个由陌生人组成的环境，员工需要不断适应新的人际关系和客户，这对于新毕业生来说可能是一个挑战。

2. 组织基础

职场是由多个以特定目标为导向的组织构成的，这些组织基于利益交换和往来而存在。相比之下，学校和学生之间不存在直接的经济利益关系，更多是基于互助和合作。

3. 发展路径

在职场中，每个组织都有明确的发展方向和规章制度，员工需要遵守这些规则以推动个人和组织的共同成长。学校则主要负责培养人才，其发展路径与职场有所不同，主要是教育和学习。

4. 目标定位

学校的主要目标是教育和培养学生，学生在学校的主要任务是学习知识。职场则以盈利和生存为首要目标，企业更倾向于招聘有实际工作经验的员工，希望他们能够快速适应并贡献于公司。

工作经验通常指的是求职者在申请工作前已经从事过相似的工作。企业需要的职位类型多样，从技术到管理，从生产到销售，大多数职位是学生在校园里难以接触到的。这种经验的缺乏是学生从学校过渡到职场时面临的一个主要障碍。

三、学生与职业人的差别

1. 承担的职责有所区分

在大学阶段，学生以学业探索为核心，可以无畏地尝试和犯错，因为学校环境相对宽容，错误被视为学习过程的一部分。大学生享有一定的宽容度，可以在导师的指导下学习，在父母的帮助下生活，基本无须承受过重的心理压力。然而，一旦步入职场，成为职业人士，就必须迅速适应社会规则，服从上级的管理，并对工作中的失误承担相应的社会责任。研究表明，那些能够快速完成从学生到职场人角色转变的人，更容易获得单位的认可，更快找到新的起点，享受事业成就和获得幸福。因此，毕业生需要正确应对社会挑战，处理好工作与人际关系的矛盾，克服心理障碍，提升适应能力，迅速融入新环境，迈出成功的第一步。

2. 所处环境存在差异

大学生活相对简单，围绕着宿舍、教室、图书馆、食堂展开，享受着宁静的校园氛围。而职场生活则节奏快速，工作紧张，加班频繁，没有了长假期的自由，且需要适应不同的生活环境。初入职场，由于经验不足，工作压力往往较大，心理负担也随之增加。

3. 人际交往的复杂性不同

职场中的人际关系远比校园内的同学关系复杂，对于刚毕业的大学生来说，处理这些关系是一项必须学习的技能。校园内的交往相对简单，而社会上的交往则更为复杂，需要时间去适应。

4. 文化氛围的转变

学生时代，学习时间灵活，假期较多，学术讨论被鼓励，学习以理论为主。相比之下，职场中，工作时间固定，加班常见，节假日稀少，工作任务紧迫且重要，老板更注重实际成果而非讨论，工作导向以经济利益为主。

大学生在求职和工作中面临诸多挑战，要让上司满意更是不易。因此，大学生应认识到学生与职场人的区别，重视角色转换的重要性。

四、学生角色向职业角色转换的方法

大学毕业生在从学生身份过渡到职业人身份的过程中，为了降低角色冲突，必须提前做好准备，树立职业角色意识，提升职业技能，增强角色扮演的能力，这样才能为职业生涯打下坚实的基础。

1. 调整期望值，珍视就业机会

青年时期是充满活力和梦想的阶段，年轻人对未来充满期待，有着宏伟的志向和梦想。然而，大学毕业生需要意识到理想与现实之间存在差异。因此，一旦步入工作岗位，他们需要根据实际情况调整自己的期望，适当降低期望值，以减少心理落差，更快地适应

新环境。同时，要珍惜第一次就业的机会，秉持"既来之，则安之"的态度，全身心投入工作中，热爱并精通自己的职业。许多成功的毕业生都是从对初次选择的职业不感兴趣，逐渐转变为热爱，并最终取得事业上的成功。

2. 强化角色意识，促进角色转变

社会就像一个大舞台，每个人都扮演着特定的角色。毕业生进入新的工作环境后，应该清楚地认识到学生角色与职业角色的不同，明确自己在工作中的角色定位、职责范围，理解上级赋予的权力和自己的义务，熟悉单位的工作制度、业务流程和要求。如果缺乏角色意识，固执己见，不遵守规定，必然会与新环境产生冲突。因此，应该在主观上加强角色认识，按照职场的标准严格要求自己。

3. 加强专业学习，提升工作技能

由于专业课程的局限性和大学生活的短暂性，学生在校期间学到的知识是有限的。随着科技的发展，新的知识和技能不断涌现，很多都需要在工作实践中学习和提高。尽管大学毕业生已经掌握了一定的知识和技能，但面对全新的职业环境，他们需要像初学者一样从头开始学习，向同事请教，学习他们分析和解决问题的方法，提升自己的专业技能，对不懂的问题要虚心求教，避免不懂装懂，这样才能更快地融入团队。

4. 调整心态，培养抗压能力

在职场中遇到挫折是正常的，尤其是对于新进入陌生环境的新人。无论何时何地，从事何种职业，都应保持积极的态度，不沉溺于悲观失望。长期处于悲观状态不仅对工作和职业适应不利，也对个人的身心健康有害。因此，要保持进取心和积极心态，正确看待挫折，做好应对准备；分析挫折的原因，采取有效措施；适当宣泄受挫情绪；总结经验，提高抗压能力。

第二节　初入职场的人际关系

一、快速了解并融入新环境

不论曾经取得何等卓越的成就，除积淀了一份自信之外，重要的是要将自己置于"零基础"的位置上，以追求新的成就。熟悉新的工作氛围和获取相关信息，可以让我们在自己的职业道路上占据优势地位，从而把握工作的主导权。这样，我们就不会仅仅是等待被分配任务和安排，而是能够主动适应工作中的各种需求。在适应新环境时，应当关注以下几个要点。

1. 了解工作单位的基本情况

新入职的大学生面对形形色色的工作单位，这里以公司为例，探讨需要掌握的公司概况。

（1）掌握公司的创立和发展历史，以及公司的发展方向。
（2）探究公司的性质，包括公司的资产状况、所有权形式、经营策略等。
（3）掌握公司当前的经营状况，对于制造型企业，还需要了解其产品构成。
（4）了解公司的组织架构，包括领导层级和所采用的管理方法。
（5）熟悉公司的规章制度，如财务规定、出勤规则、工作准则、操作流程，以及差旅费用的报销流程等。
（6）认知公司的人力资源政策和员工薪资福利制度。

2. 深入理解企业文化

企业文化是企业内部文化现象的体现，它是在特定的社会历史背景下，企业及其员工在长期的经营活动中形成的价值观念和行为模式的总和。对于新加入的员工来说，深入理解企业文化是快速融入企业的核心步骤。只有深刻理解企业文化，才能快速把握企业的核心精神和宗旨，确保个人行为与企业目标一致，与企业发展同步，快速融入企业的大环境，以及与同事建立良好的人际关系。

3. 确定个人职责

新入职的大学生在适应新环境和理解企业文化的同时，需要迅速掌握自己的工作职责。这包括了解自己的职责、权限和责任，具体如下所述。
（1）明确自己职位的目标和责任。
（2）界定自己职位的决策权限。
（3）了解并遵循职位事务处理的流程。
（4）掌握完成工作所需的基本技能，如工具使用和操作流程。
（5）识别自己的直接上级和管理部门，并对其负责。
（6）理解自己职位在整个工作流程中的重要性，以便有针对性地促进团队合作，避免方向性错误。
（7）了解企业的发展蓝图，以便自己在工作中能够适应新的变化。

4. 快速融入团队

当你从学校步入职场，面对的是全新的工作、经历和环境。如果能客观评估形势，快速完成从学生到职场人的角色转变，并顺利度过适应期，这将是非常理想的。

根据个人情况，冷静分析不适应工作环境的原因，通常包括生理、心理和技能方面的因素。

工作强度大，快节奏和繁重任务可能会让新入职者感到身体疲惫。保持有节奏的工作，避免混乱，自然能够适应工作节奏。

之前的学生生涯相对单纯，人际关系简单，而社会环境复杂多变，大学生步入职场后价值观可能会受到挑战。面对复杂的人际关系，重要的是保持自我，既不自大也不自卑；在同事关系上，应以诚相待，热情而有分寸，平等对待每位同事，避免卷入不必要的人事纷争；避免形成小团体，而应努力与所有同事建立和谐的合作关系。

保持宽容的心态，对于非原则性问题不必过于计较，将主要精力集中在工作上，这将提升你的工作表现；同时，开朗的性格、真诚的态度和广泛的兴趣爱好，也有助于在新环境中建立良好的同事关系。

如果感到工作能力不足，应正视问题，认识到大学毕业证书并不足以代表一切。理论知识需要通过实践来验证，应踏实提升自己的专业技能，快速掌握工作内容。

5. 理智面对冷遇

大学毕业生步入社会，要想获得认可，单靠一张毕业证书是不够的。一些毕业生在社会中遭遇冷落，这是常见的现象。要摆脱这种困境，必须学会理性分析和正确应对。面对冷落时，首先应从自身寻找原因，通常有以下几个方面。

（1）自视过高，不愿从事基础工作，又无法承担重要任务，导致领导难以安排合适的工作。

（2）对工作挑剔，不愿承担重任，总是羡慕其他岗位。

（3）缺乏责任心，工作马虎，无法完成领导交办的任务。

（4）自认为看破世事，对时事发表不当评论，产生不良影响。

（5）过分关注眼下得失，缺乏长远规划，只做短期内有利可图的事。

（6）未能正确处理个人与家庭、事业与集体的关系。

毕业生应认真反思自己的行为，找出被冷落的原因。无论原因如何，都应首先从自身找问题，不应抱怨命运，更不应自暴自弃。通过努力，可以尽快化解矛盾，消除冷落。以下是三个消除或避免冷落的方法。

（1）保持谦逊，持续学习。虽然大学生掌握较多知识，但与整个知识体系相比，只是冰山一角。现代社会知识更新迅速，据估计，大学毕业时所学知识已有70%过时，只有30%仍具价值。因此，应虚心向他人学习，不可自大。

（2）勤奋工作。毕业生到岗后，除了学习，还应展现实干精神。雇主招聘是为了解决实际问题，而非装饰门面。只要能勤奋工作，取得成绩，自然会赢得领导和同事的认可，冷落也会随之消失。

（3）保持开放心态。由于经验不足，毕业生在工作中遇到挫折和冷落是难免的，有时并非个人原因。面对冷落，应保持冷静和开放，多从自身找原因，总结经验教训，这有助于解决问题。否则，问题只会更加复杂。

6. 正确看待挫折

心理学家将挫折定义为个体在有目的的活动中遇到障碍，导致需求未能得到满足时产生的一种负面情绪状态。遭遇挫折后，个体可能会经历紧张、焦虑和苦闷，心理平衡被打破。

大学毕业生步入职场，满怀希望和理想，但现实与理想之间的差距往往很大。无论从事何种工作，遇到挫折是不可避免的。如果不能及时调整心态，正视挫折，就容易产生失落和消极情绪。有的人在挫折面前自责、沮丧；有的人逃避责任，将失败归咎于他人；有的人将不满发泄到他人身上，不分析原因，不吸取教训，导致重复犯错；还有的人一蹶不振。这些都不是正确的应对方式。正确的应对态度包括以下几点。

（1）采取积极的自我心理防御，寻求心理平衡。例如，将消极情绪转化为积极的动力，将悲痛转化为力量，实现心理上的提升；或者通过改变工作方法来尝试新的可能性；或者寻求补偿，以实现平衡。此外，还有多种方法可以缓解挫折感，如宣泄、认知调整、理性情绪疗法、心理咨询等。

（2）正确看待工作的成败。成功固然值得欣喜，但遇到挫折也不应气馁。挫折可能是通往成功的垫脚石。只要目标明确，脚踏实地，稳步前进，最终会取得成功。那时，回顾过去，挫折和失败可能成为人生的宝贵财富。"笑到最后的人笑得最好。"

（3）勇于面对问题。挫折并不可怕，可怕的是不敢面对现实问题。战胜挫折的关键在于将自己定位为解决问题的人，而不是问题的一部分。专家建议，在遇到挫折后，可以问自己四个问题。

1）问题的本质是什么？我是否充分理解？
2）问题的根源是什么？深入反思。
3）可能的解决方案有哪些？
4）最佳的解决方案是什么？

坚持这四个问题，并努力解决它们，就能真正"笑到最后"。

与同事和领导建立和谐的关系，保持轻松愉快的交流，是具有晋升潜力的人必须具备的特质。只有与周围的人保持良好的关系，乐观开朗地对待人和事，才能获得领导的认可和同事的支持，从而获得更多的晋升机会。

7. 虚心接受批评

对待批评的态度确实能反映一个人的涵养和道德水准，并且对个人的人际关系和工作表现有着不小的影响。不同的人对批评有不同的反应。有些人能够勇敢地承认错误，虚心接受批评，从中吸取教训并及时改正；而有些人一旦受到批评就会失去信心，变得沮丧，甚至自暴自弃；还有一些人一听到批评就会愤怒，导致领导和同事对他们敬而远之。显然，后两种态度是不可取的。

对于刚步入职场的大学毕业生来说，领导通常不会轻易批评他们，如果领导真的提出了批评，那通常是因为他们犯了明显的错误。对待批评，应该持有"有则改之，无则加勉"的态度，即"如果批评得对，我就按照你的建议去做"。而对于初入职场的大学生来说，能够笑着接受批评是一个更高的要求。面对批评，如何能够保持微笑，虚心接受，这不仅关乎态度，还需要正确的方法来达到好的效果。以下是一些正确的方法。

（1）耐心倾听。让批评者完整地表达他们的意见，如果听完后还不清楚自己的错误所在，可以询问："你能说得更具体一些吗？"这有助于找到受批评的原因，并分析批评是否合理。

（2）坦诚接受。如果确实是自己的错误，勇敢地承认："我错了，感谢你的批评，我会接受你的意见并努力改正。"这是最好的应对方式。

（3）适时回应。如果批评者态度强硬，不妨说："让我再考虑一下，我们明天再讨论好吗？"这样可以避免情绪失控，防止冲突的发生。

（4）委婉解释。如果批评者对情况了解不足，批评不公正或完全是误会，可以进行适当的解释，以便让对方了解真实情况。用词要委婉，语气要平和，这对双方都有好处，尤其是有助于自己的形象。

总体来说，对于善意的批评，不应该反击，因为这样会造成尴尬，伤害感情；也不应该找借口推卸责任或保持沉默。这两种态度都是消极的，不利于批评者指出自己的错误。无论采取什么方法，都应该真诚和冷静。在语言上接受批评后，还需要有实际行动。即使批评者没有道理，也不应该耿耿于怀或寻求报复。要知道，直接提意见的人多半是出于善意，希望被批评者有所进步。即使是误会，说清楚了也就没事了，怀恨在心只会损害自己的形象。

8. 积极消除隔阂

在日常生活中，与他人交往时难免会产生一些障碍。因此，学会如何打破这些障碍，推动人际关系的正向进展，对于每位大学毕业生而言都是一个挑战。

人际间的隔阂成因复杂多变。针对不同的隔阂成因，应采取相应的解决策略。大致可以将隔阂的成因归纳为以下三点。

首先，当双方在交流中不愿或很少展现真实的自我，这会导致彼此对对方的真诚性产生疑虑，进而形成隔阂。

其次，双方可能因为对某件事情的理解存在偏差而产生隔阂。

最后，若一方侵害了另一方的利益或情感，亦或是伤害了对方的人格，也会造成隔阂的出现。

面对与他人之间的隔阂，应保持冷静，分析原因，并采取相应的措施。

若隔阂源于彼此了解不足，那么应该彼此坦诚相待，以真心换真心。在人际交往中，应相信大多数人是善良的。向对方展示自己的内心世界和真实自我，并不会给你带来伤害。只要摒弃那种"言不过三，心不毕露"的旧观念，真诚交流，常沟通情感，就能有效消除第一种情况的隔阂。

若隔阂是由误解引起，则应展现出宽容，善意地进行解释，消除误解。由于个体性格、文化素养、价值观等方面的差异，人们在看待和处理问题时会有不同的方式，因此产生误会是在所难免的。面对这种情况，应该互相理解，如果误解了他人，应耐心听取对方的解释，以解除误会，一旦真相明了，隔阂便会随之消散。

若是因自己的失误伤害了对方，应诚挚地道歉，寻求对方的原谅。每个人都有自己的尊严和利益，不容侵犯。在交往中，若不慎伤害了对方，可能会引发对方的不满，甚至冲突。面对这种情况，无论责任是否全在自己，或是有意无意，都应真诚地道歉，以获得对方的谅解。诚意和耐心能够化解冲突，消除隔阂。

9. 努力钻研业务

对于刚步入社会、经验尚浅的应届毕业生而言，在职场上犯错是在所难免的。然而，这并不是说可以放任错误的发生。在职业生涯中，应尽力防止错误发生，或将错误降至最少。

为了规避工作中的失误，首先，必须深入钻研本职工作，认真执行职责，确保任务的顺利完成。学历和知识并不直接等同于能力，只有将所学知识运用到实际工作中，才能转化为真正的能力。理论知识与实践经验的结合，是提升业务能力的关键。

其次，需要加强自身的薄弱环节。正如每个人都有其独特的优点和强项，同样也会存在缺点和不足。这些不足往往是导致工作失误的主要原因。因此，在工作中应注重弥补个人的短板。

最后，重视职业道德的培养同样重要。建立正确的职业观念和价值观，培养忠诚、敬业、奉献的职业精神，坚持严谨认真、实事求是的工作态度，追求细致入微、追求卓越的工作风格，尊重同事，促进团队协作，牢记服务大众的宗旨。这些品质不仅是完成工作、开拓职业道路的必要条件，也是处理人际关系的关键，更是赢得同事和领导认可的基础。

二、建立良好的人际关系

人际关系是指个体之间在心理上的距离，它基于一定的社会背景，在相互交往的过程中，通过认识、情感体验和行为互动等方式形成，是长期交往的结果。在现代社会中，一个人的社交能力是衡量其素质的重要标准之一。缺乏良好的交际能力，不仅会影响个人的身心健康，也会对职业发展产生不利影响。

1. 建立和谐人际关系的重要性

在社会和工作环境中，和谐的人际关系能够使人感受到文明和温暖，从而得到锻炼、充实和成长。对于新入职的大学生来说，建立和谐的人际关系尤为重要，主要体现在以下几个方面。

（1）减少孤独感和陌生感。新环境中的大学生可能会感到孤独和陌生，通过建立良好的人际关系，可以快速融入新环境。

（2）维护身心健康。工作中的不顺心和心情不愉快往往与人际关系有关，和谐的人际关系有助于消除隔阂，增进理解，从而促进身心健康。

（3）促进工作和生活的顺利进行。良好的人际关系可以使工作更加顺心，生活更加惬意，无论是在工作中遇到问题还是在生活中遇到困难，都能够得到同事的支持和帮助。

2. 建立和谐人际关系的原则和技巧

建立良好的人际关系需要注意以下几个方面。

（1）尊重、诚恳和主动。无论是与上级还是同事相处，都应该以尊重、诚恳和主动为基础。尊重他人、诚实守信、主动热情，这样的品质会受人欢迎。

（2）了解领导。了解领导的背景、工作习惯、目标和喜好，与领导交流时，要认真倾听，理解领导的意图，并在决策前提供意见和建议。一旦决策确定，就不要再争论。

（3）建立和谐的同事关系。以平等、团结、宽容为原则，避免卷入是非，不搞小团体。遇到问题时，应主动向同事请教，遇到矛盾时，应通过沟通解决，避免留下后遗症。避免过度亲近某个同事或不合群，也不要过分好奇他人的私事。

在职场中，除了业务能力，人际关系同样需要细心经营。不注意细节可能会导致人际关系问题，影响职业发展。与同事交流时，可以多谈论共同感兴趣的话题，避免无谓的争辩，不要因言辞不当而伤害感情。这样才能扩大交往范围，建立良好的人际关系。

三、树立有效的工作态度

刚入职场的年轻人虽然在业绩上不一定被寄予厚望，但正确的工作态度对于他们的职业发展至关重要。以下是职场新人应该树立的一些工作态度。

1. 认真对待每一份工作

（1）无论是重要的项目还是日常的琐碎任务，都应该认真对待。这表明尊重自己的工作，也尊重上司和团队的期望。

（2）即使是小任务，也是学习的机会，可以逐步积累经验，了解公司的运作方式。

（3）认真完成每一项任务，无论大小，都能展示责任感和专业性，这对于建立良好的职业形象非常重要。

2. 避免个人小毛病影响工作

（1）职场不是学校，需要更加自律和专业。应该合理安排时间，确保工作优先。

（2）加班是职场常见的现象，应该理解并接受这一点。如果需要加班以完成紧急任务，应该积极配合，除非有特殊情况。

（3）保持工作的连续性和质量，不要让个人的生活习惯或小毛病影响到工作表现。

3. 面对困难要积极解决

（1）遇到挑战时，应该积极寻找解决方案，而不是逃避。这表明有解决问题的能力和勇气。

（2）如果任务确实困难，应该及时与上司沟通，说明情况，寻求帮助或建议，而不是等到问题无法解决时才提出。

（3）通过积极的态度和行动，可以逐渐赢得同事和上司的信任，这对于职业发展非常有利。

4. 持续学习和进步

（1）职场新人应该保持学习的态度，不断吸收新知识，提升自己的技能。

（2）向经验丰富的同事学习，勤学好问，这样可以快速成长，也能展现出上进心和团队合作精神。

5. 展现积极的职业形象

（1）始终保持积极的态度，即使在面对压力和挑战时也不轻易放弃。

（2）通过工作表现和态度，让别人看到自己的潜力和对未来工作的热情。

6. 建立良好的人际关系

（1）在工作中，与同事和上司建立良好的关系是非常重要的。这不仅有助于日常工作的协调，也有助于个人的职业发展。

（2）尊重他人，乐于助人，这可以帮助在工作中获得支持和合作。

7. 适应变化和接受挑战

（1）职场环境和需求经常变化，新人需要展现出适应变化的能力，接受新的挑战。

（2）对于新的工作任务和责任，应该持开放的态度，这有助于快速成长和提升自己的价值。

通过树立这些工作态度，职场新人可以更快地融入工作环境，提升自己的核心竞争力，为未来的职业发展打下坚实的基础。

四、打造核心竞争力

个体的核心竞争力涵盖了多个层面，关键在于深入理解自身未来的竞争所在，清醒识别自身的长处与短处，克服以往的局限和阻碍，调整心态，确立人生目标，提高个人竞争力，以及增强在社会中的生存和进步能力。提升个人核心竞争力主要表现在以下几个层面。

1. 逆向思维能力

面对难题时，运用逆向思维有助于从不同的角度探索问题，找到解决方案。这种能力使职场人员能够快速定位问题的本质，无论是人为因素还是系统性问题。

2. 换位思考能力

在解决问题时，能够站在公司或领导的角度考虑，有助于提出更全面和长远的解决方案。这种能力表明员工能够超越个人利益，考虑整个组织的利益。

3. 总结能力

强大的分析、归纳和总结能力有助于在工作中发现规律，提高效率，从日常工作中提炼出有价值的信息，从而作出更明智的决策。

4. 文书编写能力

能够编写简洁、清晰的报告和表格，使信息传达更加高效。这种能力确保了沟通是精准和专业的，有助于提高工作效率。

5. 信息资料收集能力

收集和整理信息的能力对于作出基于数据的决策至关重要。这种能力有助于快速获取和利用关键信息。

6. 方案制订能力

在遇到问题时，能够提出多个解决方案供领导选择，而不是仅仅提出问题。这种能力显示了员工的主动性和解决问题的能力。

7. 目标调整能力

在个人目标与组织目标不一致时，能够灵活调整目标，与组织目标保持一致。这种能力有助于员工在组织中找到自己的位置，促进个人与组织的共同发展。

8. 自我安慰能力

在面对失败和挫折时，能够自我安慰并迅速恢复，这种能力有助于保持积极的态度，

继续前进。

9. 书面沟通能力

当面对面沟通效果不佳时,能够有效地使用书面沟通方式,如电子邮件或信函,来传达你的观点。这种能力有助于更清晰、全面地表达自己的想法。

10. 企业文化适应能力

能够快速适应不同企业的文化,这种能力有助于在新环境中快速融入,并发挥自身的能力。

11. 岗位变化承受能力

在快速变化的工作环境中,能够适应岗位的变化,甚至在必要时能够接受职业的转变。这种能力表明员工具有高度的灵活性和适应性。

这些能力的培养和提升,将有助于员工在职场中建立自己的核心竞争力,增强其社会生存和发展能力。

专家建议:毕业生初入职场要学会应对焦虑情绪

第三节　职业未来发展

一、职业的发展趋势

随着社会的快速发展,尤其是科技的不断进步,职业领域正在经历着深刻的变化。以下是当前职业领域的几个主要趋势。

1. 新兴职业种类大量涌现

(1)科技进步和市场需求的增长催生了许多新兴职业,如新材料、新能源开发、网络管理、软件开发等。

(2)边缘科学的出现也带来了新职业,如生命科学研究、人口问题研究等。

(3)政治体制和管理需求的变化导致了公共事业管理、行政监督等职业的出现。

(4)市场经济的发展催生了注册会计、经营策划、广告宣传等职业。

(5)服务需求的扩大带来了社区服务、中介服务、家政服务等职业的增长。

2. 技术性职业在各行业中占主导地位

(1)知识经济时代的到来使技术性职业变得越来越重要,对员工的技术要求也越来越高。

(2)劳动密集型、技术含量低的单位和职业将逐渐被淘汰。

(3)科技人才和技术型管理人才成为行业的主力军和骨干,他们在就业竞争中占据优势。

3. 服务性职业门类不断增多,地位快速提升

(1)高科技和新材料的使用导致社会生产力和产品种类的迅猛增长,服务性劳动人口逐渐占据重要地位。

（2）服务性需求遍及社会生产、生活的所有方面，如金融服务、科技服务、医疗服务等。

（3）服务性职业的从业人员逐渐超过生产性职业的从业人员，这带来了人才培养、工作质量标准规范等一系列问题。

4. 职业资格证书制度的广泛、快速实施

（1）根据《中华人民共和国劳动法》，国家确定了职业分类，对规定的职业制定职业技能，实行职业资格证书制度。

（2）职业资格证书制度是对劳动者技能水平或职业资格进行评价和鉴定的一种方式，它是劳动者具备某种职业所需专门知识和技能的证明。

（3）我国已经建立了包括初级技能至高级技师在内的五种职业资格证书，由人力资源和社会保障部统一印制。

（4）职业资格证书是求职、任职、开业的主要依据，也是境外就业的有效证件。

（5）我国正在推行人才职业资格论证制度，已有 7 000 多个职业技能鉴定机构，每年有 400 多万人参加职业技能鉴定。

这些趋势表明，未来的职业发展将更加注重技术能力和服务能力，同时也强调职业资格的认证。对于个人而言，这意味着需要不断学习和提升自己的技能，以适应不断变化的职业市场。对于教育机构和政策制定者而言，这意味着需要更新教育内容和培训方式，以满足新兴职业的需求，并确保劳动力市场的健康发展。

二、职业的发展特点

随着科技进步，社会分工与职业分化速度加快，未来职场趋势展现出智能化、多元化和专门化的特征。

1. 职场的智能化

职场智能化的体现是体力工作占比下降，而智力工作占比上升，即体力劳动的智力化，因此仅需体力劳动的岗位需求显著降低。

2. 职业的多元化

职业多元化表现为不同职业间的界限日益模糊、相互渗透和重叠，对从业者的技能、知识和能力要求更加全面。例如，销售员不仅需要了解销售技巧，还需要具备公关技能；会计师不仅要精通专业知识，还要熟练操作计算机。职业的多元化要求从业者具备更广泛的技能，使全能型人才更受职场欢迎。

3. 职业的专门化

职业专门化体现了现代社会对工作技能要求的提高和细化。随着社会分工的日益复杂，各行各业对专业技能的需求也日益增长。这意味着，各个职业岗位需要更多经过专业培训和教育、能够掌握和应用最新技术的人才。这种趋势不仅要求从业人员具备深厚的专业知识，还要求他们能够不断学习和适应新技术的发展，以保持其在专业领域的竞争力。

三、未来的劳动者类型

1. 智能型劳动者

智能型劳动者是指那些拥有深厚专业知识背景，具备精湛操作技能，并以知识和智力活动为主的工作者。这类工作者遍布于各个行业，包括科研人员、工程师、技术专家、医生、管理人员、艺术家、销售人员、智能化工人和智能化农民等。智能型劳动者与传统体力劳动者的区别在于，他们通常受教育程度较高，具备较强的理论素养和分析能力，同时具备熟练的操作技能，能够结合实际工作进行分析和决策，是体力与智力相结合的劳动者。

企业即便拥有详尽的发展规划和先进的设备，如果一线操作人员缺乏必要的分析判断能力，企业的努力可能会事倍功半，进而因缺乏竞争力面临生存挑战。因此，企业的成功不仅依赖于决策层和技术开发团队，更依赖于一线是否拥有能够准确执行决策意图的智能型劳动者，以及他们的智慧和创新能力。

在微软公司，看不到传统大型企业的繁忙景象，没有堆积如山的原料和产品仓库，只有几座现代化的办公楼坐落在绿意盎然的环境中，显得格外宁静。在这里，没有大规模的生产线，没有大量原料消耗，也没有大量产品的积压。"开发部"是微软的核心部门，每个员工拥有一个大约 5 m^2 的办公室，除了椅子就是几台计算机，几乎别无他物。微软的贸易主要是无形的，但其价值和影响力无法估量。它的用户遍布全球，数量以百万计且不断增长。微软的成功，依靠的是其员工的高智力和高素质。

当前，社会正从工业经济时代迈向信息与知识经济时代，高新技术对工作岗位的影响日益加深，岗位的智能化对劳动者的理论知识、专业技术能力和专业技能提出了更高的要求。科技进步加速了产品更新换代的步伐，以计算机技术为例，技术更新周期大约只有一年。在知识经济时代，企业开发和生产的主要是知识型和智力型产品，从业人员既是设计者、开发者，也是生产者，因此，他们必须是智能型劳动者。

2. 复合型劳动者

复合型劳动者是指那些具备多样化技能的个体。社会进步使原本的专业技能逐渐成为新时代劳动者的基本技能，这要求劳动者必须具备综合性的技能。例如，在机器维修领域，传统的维修工人可能只熟悉机械或电路原理中的一个领域。但现在，面对复杂的机械设备，维修工人需要同时掌握机械和电子知识，实现机电一体化，否则可能无法胜任工作。

复合型技能与单一专业技能相对，它不仅要求掌握多种通用和单项技能，还包括对某一职业领域的专业理论有深入理解，并能将这些理论和技能灵活运用到新的职业角色中。

职业转换速度的加快意味着一个人可能在职业生涯中从事多种不同的工作。如果劳动者只拥有单一技能，一旦失去工作可能难以迅速找到新的岗位，不得不通过再次培训才能重新就业。而作为复合型劳动者，具有较强的适应能力，能够更容易地将现有技能转换到新的职业需求上，从而减少失业时间甚至避免失业。

3. 社会型劳动者

社会型劳动者在当今职场中扮演着越来越重要的角色。他们不仅拥有深厚的专业知识和技能，还具备了丰富的社会能力，如组织、协调和人际交往能力。这些能力使得他们在团队合作和跨部门协作中显得尤为重要。在传统的工作模式中，劳动者的角色可能较为单一，如专注于技术操作而无须与他人进行很多互动。然而，随着工作环境的变化，岗位之间的互动和依赖性增强，社会型劳动者的价值日益凸显。

在这样的背景下，劳动者不仅需要专业技能来完成任务，还需要良好的社会活动能力来促进工作的顺利进行。例如，一个项目管理者不仅要懂得项目管理的技术层面，还要能够有效地与团队成员沟通，处理与客户的关系，以及应对各种突发情况。这种综合能力的要求，使得社会型劳动者在现代社会中更具竞争力和适应性。

4. 创业型劳动者

创业型劳动者作为一种特殊的社会群体，他们不仅怀揣着创业的梦想和激情，而且具备了实施创业计划所需的能力。在我国这样一个人口基数庞大的国家，就业压力一直是社会关注的焦点。在这种环境下，创业型劳动者通过自主创业，不仅解决了自身的就业问题，还能够为社会创造更多的就业机会。

广义上的创业，涵盖了创业者为了推动国家、集体和个人事业的发展所进行的各种活动。这表明创业不仅仅是个人层面的追求，更是对整个社会有益的实践活动。而狭义上的创业，则更侧重于个体层面的生产经营活动，它关注的是如何通过创业活动来提升个人或家庭的经济状况。

新时代的创业者，他们应当具备以下特质和能力：坚定的信念和强烈的致富欲望，这是驱动他们不断前进的动力；超常的胆量和魄力，让他们能够在不确定的市场环境中勇敢尝试；坚强的毅力，帮助他们克服创业过程中的种种困难。此外，创业者还应具备市场意识、竞争意识、信誉意识及艰苦奋斗的精神，这些都是创业意识和精神的重要组成部分。

在能力方面，创业者需要具备信息收集和处理的能力，以便及时获取并利用市场信息；生产和经营管理能力，确保企业的高效运转；分析决策能力，能够在关键时刻作出正确的选择；选拔用人的能力，构建一支高效的团队；公关协调能力，维护良好的外部关系；创新能力，这是推动企业持续发展的关键。这些能力和特质共同构成了创业型劳动者的核心竞争力。

了解职业未来的发展趋势与特点，以及未来劳动者的类型，对大学生而言至关重要。这能帮助大学生在大学期间有针对性地提升专业能力和综合素养，为未来社会的挑战做好充分准备。

拓展阅读

培养更多适应新质生产力发展的大国工匠

大国工匠是高技能人才的杰出代表，既是我国产业工人队伍核心竞争力的有效承载，也是加快发展新质生产力的重要人才引擎。党的二十大报告提出，"加快建设国家战略人

才力量，努力培养造就更多大师、战略科学家、一流科技领军人才和创新团队、青年科技人才、卓越工程师、大国工匠、高技能人才。"

新征程上，以新质生产力推动高质量发展，迫切需要培养更多与现代科技进步、现代产业发展相适应的大国工匠，持续加强由大国工匠示范引领的高素质技能人才梯队建设，夯实强国建设、民族复兴的人才基础。

激活关键要素，选树时代呼唤的大国工匠

相比于传统生产力，新质生产力更加依赖高素质、创新型的劳动者，通过使用先进的劳动工具来组织、整合劳动资料和劳动对象，开展生产活动。发展新质生产力不仅需要具备原创性、颠覆性科技创新能力的战略科学家、一流科技领军人才和创新团队，也需要能够熟练运用新质生产工具、在前沿技术转化过程中发挥关键作用的应用型高技能人才，特别是技艺精湛、代表行业最高水平的大国工匠人才。

大国工匠是核心技术和关键技术的发明者、掌握者、传承者，是各行业的领军型技能人才。党的十八大以来，我国高技能人才队伍规模快速壮大、素质大幅提升，技能人才总量已超过 2 亿人，高技能人才超过 6 000 万人。但当前仍存在总量不足、结构不优、技岗不匹配等问题，迫切需要发挥大国工匠的示范引领作用，加快建设高素质技能人才梯队。

培养更多适应新质生产力发展的大国工匠，首先要加强顶层设计、优化制度环境，完善关心、关爱劳模工匠和高技能人才的常态化机制，加强大国工匠创新交流大会暨大国工匠论坛的机制化建设，依托国家重大战略、重大工程、重大项目和重点产业培养大国工匠，深化"劳模工匠进校园"行动，升级产业工人技能形成体系。同时，应健全工匠学院建设体系，结合地域优势和产业（行业）特点，充分发挥各级各类工匠学院的平台作用，孵化培育知识型、技能型、创新型技术技能人才。在开展大国工匠培育选树时，要更加突出与新质生产力发展相适应的鲜明导向。发展新质生产力背景下的大国工匠，不仅要具备传统大国工匠所具备的普遍特征和精神气质，还需要在前沿技术转化应用方面具备出色的实践能力和创造能力，在更长的生产链、产业链、创新链中推动形成从科技创新到科技成果，再到产业应用、生产一线的良性循环。

聚焦主要场域，推动技能人才数智化转型

在新质生产力发展进程中，数智化转型已成为不可逆转的趋势。技术的革命性突破和创新性发展，也将催生出新产业、新企业、新职业，并在此基础上加快形成现代产业体系、现代经济体系，以高质量发展推动实现中国式现代化。

企业是推动新型工业化和发展新质生产力的主体之一，也是高技能人才成长成才的主要场所和建功立业的重要舞台。一方面，企业既是高技能人才的用人主体，又是培育高技能人才的受益主体；另一方面，劳动者技能提升带来的劳动生产效率提高，可以有效转化为企业的生产效益，进而带动全要素生产率的提升。

发展新质生产力呼唤更多大国工匠，这就需要涵养一大批在企业一线完成生产任务的高技能人才，建设结构合理的技能人才梯队。应当突出企业的主体作用，激发高技能人才的引育活力，推动传统技能人才尽快实现数智化转型。可充分整合企业各类创新要素，创建以工匠领衔、命名的创新工作室，加强与相关院校和科研机构合作，制订符合企业实际需要的工匠培养方案，积极探索企业新型学徒制，构建实用高效的企业内部技能人才培养机制。可发挥企业培训主体作用，加强数智化技能培训和推广，开发聚焦产业技术前沿的课程、举办劳模工匠创新交流论坛、举办高级专题研修班，激发技能人才求新求变意识、激活创新思维、持续提升技能水平。

围绕产业布局，培养新型高素质劳动者

培育适应新质生产力发展的大国工匠，不仅需要尽快提升现有高技能人才的能力素质，也需要面向新兴产业和未来产业，培养新型高素质劳动者。

技能人才的培养需要跨越学习生涯和职业生涯两个阶段，具有前后联系紧密、技能持续累积的显著特点。职业教育（含技工教育）承担着制度化培育职业技能人才的重要使命，也是培养未来技能人才和大国工匠的摇篮。但是，我国技能人才供给不足、职业教育的适应性和吸引力还不够强等问题依然存在。据人社部预测，到2025年，智能制造领域人才需求将达到900万人，人才缺口预计为450万人。

按照发展新质生产力要求，应当充分发挥职业院校培养技能人才的基础性支撑作用，加快构建现代职业教育体系，变革人才培养模式，提高职业教育人才培养质量，更好地服务于新质生产力发展。

一是深化科教融汇，紧密对接国家重大需求、产业升级趋势和技术变革前沿，及时优化、调整学科和专业布局，开发建设与新一代信息技术、高端装备、新材料、新能源汽车等战略性新兴产业和未来科学、未来能源、未来材料、未来空间等未来产业密切相关的课程体系，大力培养行业紧缺人才。

二是深化产教融合，不断拓展校企合作的人才培养模式，充分利用龙头企业等社会资源，探索构建"1校+1龙头企业+N个区域紧密合作企业或上下游产业链企业"的"1+1+N"模式，坚持以教促产、以产助教、产教融合、产学合作，探索订单式培训、定岗培训、定向培训等与就业紧密联系的方式，让学生更早接触产业前沿。

三是深化职普融通，优化职业教育类型定位，注重提升基础理论知识学习的比重，加强与高等教育知识结构的有机衔接。积极探索构建从职业教育本专科生到高层次专业硕士、博士教育的贯通型人才培养体系，努力创造职业院校学生进入高校继续深造的机会；鼓励支持高学历人才到一线去，注重理论联系实际，成长为"理论创新—技术革新—技能应用"贯通型的复合型人才，畅通技能人才职业发展通道，激励更多青年学子走技能成才、技能报国之路。

（来源：http://www.qstheory.cn/qshyjx/2024-05/05/c_1130138168.htm）

创业指导篇

第八章
创业要素与创业过程

学习目标

【知识目标】
1. 了解创业的要素。
2. 了解创业项目的评估要素。
3. 熟悉创业机会的挖掘方法。
4. 熟悉创业环境对创业活动的影响。
5. 掌握创业资源的分类和整合方式。

【能力目标】
1. 能够识别和评估市场机会,以及如何将这些机会转化为创业项目。
2. 能够整合和调动人力、财力和物力资源,以开发市场机会并实现经济回报。
3. 能够制订创业计划,包括市场调研、技术评估、财务规划和法律咨询。
4. 能够办理创业过程中的法律手续,如工商登记注册、税务登记和银行开户。
5. 能够实施创业计划并进行有效管理,以实现创业目标。

【素养目标】
1. 培养学生的市场洞察力和创新思维,以识别新的市场趋势和创业机会。
2. 培养学生持续学习和适应变化的能力,以应对市场环境的不断变化。
3. 增强学生的资源整合能力,使其能有效利用各种资源提高创业成功率。
4. 增强学生的团队合作和领导能力,以管理和激励团队成员共同实现创业目标。
5. 提升学生的风险意识和责任感,学会在创业过程中承担风险并作出明智的决策。

案例导入

在一个充满创业激情的时代,李伟决定投身于创业的浪潮中。他注意到,随着健康意识的提高,人们越来越注重饮食的健康。因此,他决定开办一家有机食品餐厅,提供新鲜的有机蔬菜和天然食材。李伟投入了所有的积蓄,租下了一间位于市中心的店面,并聘请了一支厨师团队。他相信,凭借独特的健康理念和美味的菜品,他的餐厅将能够吸引大量顾客。

然而，开业后不久，李伟就发现事情并没有按照他的预期发展。首先，高昂的租金和食材成本使得菜品价格居高不下，这使得他的餐厅在价格竞争中处于劣势。其次，由于缺乏有效的市场推广，餐厅的知名度并不高，客流量远低于预期。最后，李伟在管理上也遇到了困难，他发现自己难以协调厨房和前台的运作，导致服务质量参差不齐。

几个月后，由于持续的亏损，李伟不得不面对现实，餐厅最终因为资金链断裂而关闭，他的创业梦想破灭了。这次失败给李伟带来了沉重的经济负担和个人声誉的损害。

【思考】

1. 李伟在创业过程中可能忽视了哪些创业的基本步骤？
2. 根据案例描述，李伟的餐厅主要面临哪些创业风险类型？

第一节　创业要素与类型

一、创业的要素

1. 创业者

创业的关键在于个体，他们识别并利用市场机会，通过建立企业来追求潜在的经济利益，同时愿意承担因决策失误而产生的风险。这一概念突出了以下三个要点。

（1）创业者是市场机会的识别者。他们利用自身的信息优势、知识储备和敏锐的市场洞察力，来识别新的市场趋势，并提供价格更具竞争力或质量更高的商品或服务。

（2）创业者通过整合资源，如在现有组织中调动人力、财力和物力，或者创立新企业，来开发这些市场机会，目的是实现这些机会带来的经济回报。

（3）创业者需要对自身的判断失误负责，承担相应的风险。这包括但不限于资本的损失及个人声誉的损害。这些风险导致无论创业者是否投入了资本，都可能对其未来的市场地位产生影响。

2. 创业机遇

创业机遇通常指的是市场上未被充分满足的需求或未被充分利用的资源和能力。创业者通过把握这些机遇，向市场提供有价值的产品或服务，同时获取个人的经济利益。以下是五种挖掘创业机遇的方法。

（1）问题识别。创业的核心在于解决客户的需求，未被满足的需求往往表现为问题。因此，寻找创业机会的一个有效方法是识别和理解个人或他人在需求上遇到的问题或生活中的困难。

（2）变化适应。市场环境不断变化是创业机会的主要来源。随着环境的变化，市场需求和结构也会随之变化，从而产生新的创业机会。管理专家彼得·德鲁克将创业者描述为那些能够识别变化并将其转化为机会的人。这些变化可能源自产业调整、消费升级、城市

化加速、观念更新、政策变动、人口结构变化、收入水平提高、全球化等。

（3）发明创新。创新和发明能够带来新的产品或服务，更好地满足客户需求，从而创造创业机会。例如，计算机的发明带来了计算机维修、软件开发、操作培训、图文制作、信息服务、在线商店等一系列创业机会。

（4）竞争分析。在市场竞争中，通过识别并改进竞争对手产品的不足，完善产品功能或服务，或提供创新的服务，可以发掘更多的创业机会。

（5）知识与技术。新知识和新技术的涌现不断带来具有商业潜力的成果和机会。例如，随着互联网的普及和相关技术的发展，围绕"互联网+"的创业模式催生了许多新的创业机会。

3. 创业资源

创业所需的要素涉及组织内的多种投入，涵盖人员、资金、物资等。这些要素不仅涉及实体资产，例如生产设施和机械设备，同时也包括非实体资产，比如知识产权和品牌价值；不仅限于个人拥有的资源，如专业技能和管理能力，还包括社会关系网中的资源，如资讯、影响力、情感上的扶持及财务资本。

4. 创业项目

创业项目是创业者为达成商业目标，有效整合创业机会与资源，针对特定生产或服务领域形成的具体生产要素组合，是创业机会的实体表现。依据行业，创业项目可分为餐饮、服务、零售等类别；按性质可分为互联网与实体创业项目。广义上，加盟品牌或开设小店也属于创业项目范畴。在创业过程中，创业者需全面评估项目的可行性、可靠性、风险、持续性、扩展潜力及关联性以确保创业的成功率。

5. 创业环境

创业环境涵盖了影响创业活动的多种因素，包括政府政策、政府项目支持、金融支持、教育与培训、研究开发转移效率、创业壁垒、商务环境、有形基础设施、文化和社会规范等。这些条件对创业活动的进行和创新企业的发展具有重要影响。

二、创业的类型

创业活动遍布各个行业，创业者的创业动机各式各样，创业项目和领域丰富多彩，因此创业类型也呈现出多样性，可以从不同角度进行分类。

1. 基于创业动机的分类

在 2001 年，全球创业观察（Global Entrepreneurship Monitor，GEM）的报告首次引入了生存型创业和机会型创业的概念，并在此后逐年对其进行了深入研究和拓展。根据创业者的不同动机，创业可以分为**生存型创业和机会型创业**两大类。

（1）生存型创业。生存型创业通常是指那些由于生活压力或缺乏其他选择而被迫投身创业的创业活动。生存型创业的创业者可能最初并没有明确的创业愿景或宏伟目标，他们创业的主要动机是满足基本生存需求和承担起生活责任。这类创业者一般在现有市场中寻找机会，倾向于从事成本较低、门槛不高、风险可控且利润相对较低的创业活动。

例如，20世纪80年代初期中国的许多创业者和下岗职工的创业行为很多都属于这一类型。据清华大学的调查报告，这类创业者在中国占创业者总数的90%左右。

生存型创业往往以复制或模仿现有成功模式为主，项目多集中在餐饮、美容美发、商业零售、房地产经纪等容易进入且与日常生活密切相关的服务行业。这些项目的特点是规模较小，竞争激烈。对于这类创业者来说，要想实现企业的发展壮大，需要做到以下事项。

1）克服自满心态：避免满足于现状，不断寻求进步和创新。

2）抓住机遇：积极寻找并把握市场机遇，以实现业务的突破。

3）转型机会型创业：从简单的生存型创业向机会型创业转变，寻求更广阔的发展空间。

通过这些方式，生存型创业者可以逐步提升自己的竞争力，实现从生存到发展的转变。

（2）机会型创业。机会型创业是指那些出于实现个人价值和追求事业成功的愿望，主动发现或创造新的市场机会并投身其中的创业活动。这类创业者通常不会选择简单的自我雇佣，而是有着明确的创业愿景，他们对创业机会有清晰的认识和把握，并且为创业做好了充分的准备。

例如，李彦宏创立百度公司就是一个典型的机会型创业案例。他放弃了在美国的高薪工作，选择回国创业，主要原因是他看到了互联网搜索引擎的巨大市场潜力，并且渴望实现个人更大的发展。与生存型创业相比，机会型创业不仅能解决创业者自身的就业问题，还有可能为更多人提供就业机会，创造更大的经济价值，从而对经济结构产生积极影响。

因此，无论是为了缓解就业压力还是为了改善经济结构，政府和社会都应该更加重视机会型创业，通过以下方式来支持和鼓励这类创业活动。

1）提供创业教育和培训：帮助创业者提升创业技能和商业知识。

2）建立创业支持体系：包括提供创业指导、咨询服务和网络资源。

3）提供财政支持和激励：如税收优惠、创业基金、贷款、补贴等。

4）营造良好的创业环境：包括简化创业流程、提供法律保护和给予市场准入便利。

5）鼓励创新和研发：支持创业者进行技术创新和产品研发，以提高竞争力。

通过这些措施，可以激发更多人的创业热情，促进机会型创业的发展，从而为社会创造更多的就业机会和经济价值。

2. 基于创业形式的分类

可以根据创业者的动机、风险承担程度及创新水平划分创业形式。根据创业形式，可以将创业分为以下四类。

（1）复制型创业。

1）复制型创业方式是在现有成功经营模式的基础上进行简单复制。

2）创业者通常已经在某个领域积累了一定的经验和技能，然后利用这些经验去创建一个与之前工作环境相似的新企业。

3）复制型创业依赖于已被证明有效的商业模式，因此成功率相对较高。

4）例子：牛根生离开伊利后，利用自己的经验和资源创办了蒙牛，这是一种典型的复制型创业。

（2）模仿型创业。

1）模仿型创业与复制型类似，但创业者在创业过程中可能会面临更大的风险。

2）这种创业可能不会为市场创造新的价值，创新程度较低，但创业者需要对市场趋势有敏锐的洞察力。

3）成功的关键在于创业者的个人特质、系统的创业培训、正确的市场时机把握。

4）例子：一个制鞋公司的经理辞职后开办了一家流行的网络咖啡店。

（3）安定型创业。

1）安定型的创业更多地强调创新活动而非新组织的创建，通常发生在企业内部。

2）创业者在熟悉的领域内进行创新，风险相对较低，因为他们在进行创新时可以依靠现有的资源和支持。

3）例子：研发团队在成功开发一项新产品后，继续在同一企业内开发另一项新产品。

（4）冒险型创业。

1）冒险型创业是风险最高的一种创业形式，通常有高度的不确定性和创新。

2）成功的冒险型创业需要创业者在多个方面都有出色的表现，包括个人能力、时机把握、创业精神、策略研究、商业模式和经营模式的创新及创业过程的管理。

3）冒险型创业虽然失败率较高，但一旦成功，回报也非常可观。

每种创业形式都有其特点和挑战，创业者需要根据自己的情况和市场环境来选择最适合自己的创业路径。

3. 基于创业起点的分类

根据创业者的创业起点，创业可以分为创建新企业和企业内创业两大类。这两种创业方式各有其特点和挑战。

（1）创建新企业。创建新企业是指创业者或团队从零开始，建立一个全新的企业组织。这种创业方式为创业者提供了广阔的创新空间，允许他们充分发挥想象力和创造力。然而，创建新企业也伴随着较高的风险和挑战，创业者可能会面临资源匮乏、缺乏经验、难以获得相关方支持等问题。成功的关键在于创业者的创新能力、市场洞察力及资源整合能力。

（2）企业内创业。企业内创业是指在现有公司或企业内部进行的创新和创业活动。这种创业方式旨在帮助现有公司适应市场环境的变化，通过开发新的产品或服务来提高公司的竞争力和盈利能力。企业内创业通常由有创意的员工发起，并在企业的支持下进行。企业内创业的优势在于可以利用现有企业的资源、品牌和市场渠道，降低创业风险。同时，企业内创业也为员工提供了实现个人创业梦想的机会，并与企业共享创业成果。

企业内创业的成功案例有很多，例如华为集团在2000年为了解决机构庞大和老员工问题，鼓励内部创业。华为将非核心业务与服务业务（如公交、餐饮）以内部创业的方式，先后成立了广州市鼎兴通讯技术有限公司、深圳市华创通电子有限公司等。这些内创公司依托华为强大的经济实力和市场占有率，为其产品提供相关技术服务，同时也帮助企业内部的优秀员工实现了创业梦想。

总体来说，创建新企业和企业内创业各有优势和挑战。创业者需要根据自己的情况、资源和市场环境来选择最适合自己的创业方式。同时，企业和政府也应该为创业者提供更多的支持和鼓励，以促进创业活动的健康发展。

第二节　创业过程与风险

一、创业的过程与阶段

创业过程是创业者在其企业创立过程中通常会经历的一系列基本步骤。在创业的浪潮中，众多类型的创业项目被发现并最终取得成功。然而，许多创业者在创业初期往往忽视了这些最初的基本步骤。

1. 创业过程基本步骤

（1）选择创业项目：选择一个优秀的创业项目是创业成功的关键和基础。

（2）制订创业计划：选择项目和制订计划是确定"做什么"和"怎么做"的关系。一个切实可行的计划能够增加一半创业成功的可能。

（3）筹集创业资金：这是创业者必须解决的一个关键问题。

（4）办理创业相关法律手续：主要包括工商登记注册、税务登记、银行开户等手续。

（5）创业计划实施与管理：这是创业活动的执行阶段。创业执行阶段的工作是创业活动的核心和挑战，它要求创业者具备坚韧不拔、勇于克服困难的精神，以及正确的工作方法，运用经营管理策略，以实现创业目标。

2. 创业的四个阶段

创业的每个阶段大约都需要三年时间来完成。

（1）起步期。企业在起步期的关键任务是找到成功的精确方向。这个方向并非创业者通常所说的大方向，而是在不断尝试后确定的精确路径。

（2）发展期。在这个阶段，企业需要在市场中获得显著的市场份额，并努力实现收入和利润的最大化。专注是发展期的核心，创业者需要集中所有资源在当前阶段的任务上。产品和服务能否在市场中立足、企业是否能够形成长期的规模盈利，都是这个阶段必须面对和考虑的问题。

（3）扩张期。管理是扩张期的核心。科学的公司管理机制能够保持员工的积极创业心态，在领军人物的带领下愉快地工作。企业能够成功运营一个产品，并不意味着能够同时运营两个产品。许多创业者在此时往往会误以为扩展到下一个产品是自然而然的，但许多

企业在成功一个产品后就因多元化而失败。

（4）成熟期。企业度过扩张期后，如何保持高速可持续成长成为关键。此时，仅靠产品和产业是不够的，必须与资本市场对接，利用企业的品牌影响力、资本实力和已获得的核心资源来构建生态系统。

创业者需要有一个宏观的概念，掌握创业的时间节奏，逐步展开起步期、发展期、扩张期和成熟期四个阶段，理解每个阶段的使命和任务及创业的核心策略。

二、创业的风险

1. 创业风险的概念

创业是企业成长过程中的初始阶段，具有以下特点。

（1）可塑性强。在创业阶段，企业处于形成过程中，产品方向、技术装备、厂址选择等方面有较大的灵活性。企业的最终形态主要取决于创业者的实力、经验、技能、发展目标、市场定位等因素。

（2）投入大，无产出。创业初期需要大量投入，但短期内往往没有收益。

（3）对企业未来发展影响深远。创业阶段的基础工作如果做得好，企业投产后就能顺利发展；反之，如果工作草率或决策失误，可能导致企业先天不足，甚至失败。

风险通常指可能导致不希望发生的损失事件的可能性。在企业管理中，风险可以理解为与预期目标出现偏差的可能性。对于创业企业，风险是指给企业财产和潜在获利机会带来不确定性。这里的财产不仅包括库存和设备，还涉及员工或与企业声誉相关的无形资产。

因此，创业风险是指由于创业环境的不确定性，创业机会与企业复杂性，以及创业者、团队和投资者的能力和资源有限，导致创业活动可能偏离预期目标并产生后果的可能性。

2. 创业风险的特征

创业风险源于创业企业活动相关因素的不确定性，其主要特征根据影响因素的不同表现在以下五个方面。

（1）创业风险的客观存在性。新生的创业企业面临众多不确定性因素，这些因素决定了创业风险的不可避免性。企业管理界普遍认为，对于创业企业来说，除了死亡和税收，几乎一切都是不确定的。换句话说，创业风险就像地震、台风、洪水或意外事故一样，是独立于人的意志之外的客观现象。创业企业只能在一定的时间和空间内改善风险存在和发生的条件，以降低风险发生的频率或减轻风险给企业带来的损失，但无法完全消除风险。创业风险的客观存在要求创业者正视这些风险，并积极应对，通过多种技术和手段来减少潜在的损失。

（2）创业风险的不确定性。创业过程通常涉及将创业者的创新技术或独特想法转化为实际的产品或服务，这一过程充满各种不确定因素。这些影响创业的因素经常受到多种条件的制约，不断变化，难以准确预测。这就构成了创业风险的不确定性特征。

创业者可以通过分析过去发生的类似事件统计数据，对特定投资风险的发生频率及其可能造成的经济损失进行主观判断。这样，创业者就可以对可能出现的风险进行预测和评估。风险测量过程实际上是对风险的分析过程。这种基于经验的风险分析对于风险的控制、防范、决策和管理具有重要作用。

（3）创业风险的损益双重性。正确理解和利用风险可以显著提高收益。例如，在房地产开发项目中，如果预期收益很高，那么相应的风险也很大。如果市场形势不佳，可能会面临亏损；但如果市场形势有利，收益也会大幅增加，这就是风险的损益双重性。风险结果的双重性表明，对待风险不应消极应对或恐惧，而应将风险视为一种经营机会，勇于承担并积极应对，在与风险的博弈中规避和克服风险。

（4）创业风险的可控性和可变性。这一特征包含两层含义：一是创业风险的可控性，二是创业风险的可变性。在一定条件下，创业风险是可以转化的，这种转化主要体现在以下三个方面。

1）风险量的变化：随着创业者风险意识的提高和风险管理方法的改进，某些风险在一定程度上可以被控制，从而降低其发生的频率和损失程度。

2）风险的可消除性：在特定的空间和时间范围内，某些风险可以被完全消除。

3）新风险的产生：在创业过程中，可能会出现新的风险。

（5）创业风险的可测性。在某些情况下，创业风险的发生可能是偶然的、不可预知的。然而，通过对大量风险事件的观察和总结，可以发现其中的规律。此外，可以依据大量数据，利用概率和数理统计方法来计算风险事件发生的概率及其损失程度，并构建损失分布模型，这可以作为风险估算的基础。

3. 创业风险的分类

根据不同的划分标准，创业企业风险主要有以下五种分类方式。

（1）按照创业风险的内容分类。按此分类标准，创业风险可以分为项目风险、技术风险、市场风险、财务风险、人才风险、管理风险、法律风险、政策风险等。

1）项目风险。创业者在选择创业项目时，如果没有进行充分的市场调研和项目评估，可能会导致项目不符合市场需求或超出自身能力范围，从而增加失败的风险。

2）技术风险。对于高科技企业，技术更新迅速，竞争激烈，企业需要不断研发创新以保持竞争力。技术能力不足或研发力度不够可能导致产品更新迭代跟不上市场需求。

3）市场风险。新成立的企业可能面临品牌知名度低、资金不足、销售系统不完善等问题，这些都可能导致产品推广困难，市场需求和销售预期难以预测。

4）财务风险。创业初期，企业可能面临信用风险和融资风险。缺乏经验、内部控制机制不完善、财务信息不透明等问题可能导致企业资信等级不高，筹资成本和难度增加。

5）人才风险。随着企业的发展，创业团队内部可能会出现经营理念和价值观的冲突，核心团队成员可能会离职。同时，随着企业规模的扩大，创始团队成员可能需要适应更大规模企业的经营管理模式。

6）管理风险。创业者如果过于专注于技术而忽视管理，可能导致管理不善，影响企业效率。有效地领导和管理对于企业的成功至关重要。

7）法律风险。企业在设立和运营过程中可能面临各种法律风险，如出资不实、股权配置不合理、印章管理不当和合同签订、履行过程中的问题。

8）政策风险。政府政策的变动可能对企业的经营或筹资活动产生影响。企业的产品或技术如果不符合国家或地方的政策要求，可能会面临生产材料、设备、技术的采购限制等问题。

为了降低这些风险，创业者需要进行周密的计划和准备，包括市场调研、技术评估、财务规划、人才管理、法律咨询等。同时，创业者也应该保持灵活性，以便能够迅速适应市场和政策的变化。政府和社会也可以通过提供培训、资金支持、政策指导等方式，帮助创业者更好地应对这些风险。

（2）按照风险来源分类。根据这一分类标准，创业风险可以分为系统性风险和非系统性风险。系统性风险，也称为市场风险或不可分散风险，是指那些影响整个市场的风险因素，例如经济政策的变动、政权的更迭、自然灾害等。创业者只能尽量减少这些风险的影响；非系统性风险，也称为特定风险或可分散风险，是指那些仅影响个别企业的风险因素，如企业的财务风险、管理风险、技术开发失败风险等。

（3）按照风险产生的主客观原因分类。根据这一分类标准，创业风险可以分为主观风险和客观风险。主观风险主要是由决策者的错误认知造成的，例如创始人盲目跟风、自大、傲慢等原因导致的错误管理和经营决策；客观风险则是独立于人的意志之外的风险，如市场竞争风险、技术变革、资金不足、政策变化等。

（4）按照创业企业产品开发阶段分类。根据这一分类标准，创业风险可以分为技术开发风险、产品开发风险、生产能力风险和市场推广风险。例如，在技术开发和产品开发阶段，可能面临技术风险、资金风险、人才风险等。生产能力风险包括价格风险、质量风险等。而在市场推广阶段，则可能面临资金风险、市场风险、环境风险等。

（5）按照企业生命周期分类。创业风险可以根据企业成长的不同阶段进行分类，每个阶段都有其特定的风险特征。

1）种子期风险。

①在种子期，创业者的主要任务是将创意转化为可执行的商业计划，但还没有实际的产品或服务。

②主要风险包括筹资风险（资金筹集的难度）和技术风险（技术研发的不确定性）。

③人力资源风险虽然存在，但通常不是主要问题。

2）初创期风险。

①企业在初创期需要完成注册，确定企业名称、组织形式和股权结构，可能面临法律风险。

②技术风险依然显著，但随着产品开发的进展，这一风险逐渐降低。

③资金风险成为重要因素，因为产品研发和生产需要更多资金，而企业尚未开始盈利。

3）成长期风险。
①产品开始投入生产和销售，市场逐步扩大。
②技术风险进一步降低，但市场风险（价格、需求、竞争）成为主要关注点。
③管理风险开始凸显，包括创始人管理能力不足和管理团队冲突。
④资金风险依然重要，因为企业需要资金来扩大生产和推广产品。
4）扩张期风险。
①企业产品或服务被市场广泛接受，盈利能力上升，现金流可以满足发展需求。
②市场竞争风险、管理风险、人力资源风险需要关注。
5）成熟期风险。
①市场地位稳定，需要考虑战略决策风险和核心人员流失风险。
②企业需要创新和调整战略以维持市场地位。
6）衰退期风险。
①面临利润降低和资金流入减少的问题，偿债风险较高。
②企业需要寻找新的增长点或进行重组以避免衰退。

在每个阶段，创业者都需要对潜在的风险进行评估，并制订相应的风险管理策略。这可能包括风险预防、风险转移（如通过保险）、风险缓解、风险接受等策略。通过有效的风险管理，创业者可以降低不确定性，提高创业成功的可能性。

4. 创业风险的识别

（1）头脑风暴法。
1）通过召集专家会议，鼓励自由发表意见，以发现风险和解决方案。
2）优点：快速、促进沟通、激发创意。
3）缺点：依赖专家的专业知识，可能缺乏深度。
（2）德尔菲法。
1）通过多轮匿名调查和反馈，收集专家对风险的看法和评估意见。
2）优点：利用群体智慧，提高决策的科学性和实用性。
3）缺点：依赖主观判断，耗时较长。
（3）风险清单分析法。
1）利用预先设计的风险清单，对照排查企业可能面临的风险。
2）优点：全面、系统。
3）缺点：需要根据企业具体情况调整清单。
（4）核对表法。
1）基于历史数据和相似项目信息，编制风险识别核对表。
2）优点：简单易行。
3）缺点：可能不够详尽，依赖历史数据。
（5）流程图分析法。
1）通过绘制流程图，分析创业过程中的关键环节和薄弱环节。

2）优点：直观、有助于识别关键风险点。

3）缺点：无法识别所有风险，准确性依赖于流程图的准确性。

（6）事故树分析法。

1）从可能的风险结果出发，逆向分析原因和条件。

2）优点：系统、逻辑性强。

3）缺点：复杂、对使用者能力要求高。

（7）情境分析法。

1）识别特定情境下可能发生的事件及其后果，并评估可能性。

2）优点：适用于短期预测。

3）缺点：在高度不确定的情况下可能不够准确。

5. 创业风险的防范

（1）系统风险的防范。系统性风险通常由宏观因素引起，这些因素超出了创业者或新创企业的控制范围，且难以通过个别行动来消除。面对这类风险，创业者和企业可以采取以下策略来降低其潜在影响。

1）深入调研。创业者需要深入理解并细致分析其所处的创业环境。在中国，政府推出了一系列积极的就业政策和创业激励措施，包括税收减免、小额贷款支持、商业用地优惠等，为大学生创业提供了有利条件。创业者应全面掌握这些政策，合理评估宏观和微观环境，以便更准确地识别和理解可能遭遇的系统性风险。

2）科学预测。在创业过程中，有些风险是可以预见的，而有些风险则难以预测。创业者应利用其知识和资源，使用科学的方法对可预测的风险进行深入研究。通过团队讨论和咨询专家，创业者可以预测市场和环境的变化，以及这些变化对企业可能产生的影响，从而更好地准备应对策略。

3）制订应对策略。鉴于系统性风险的不可分散性，创业者需要通过细致的分析和科学的预测来制订合理的应对措施。这可能包括在预见到市场利率即将上升时筹集长期资金，或在预测到经济即将衰退时保持较高的现金储备，以减轻系统性风险对企业和创业者的负面影响。

（2）非系统风险的防范。非系统风险是由特定创业者或创业企业自身因素引起的风险，只对该创业者或创业企业产生影响。因此，创业者或创业企业可以在某种程度上对其进行控制，通过一定的手段予以防范和分散。

1）机遇选择风险管理。机遇选择风险是指由于选择创业而放弃其他可能带来更高收益的机会。创业者在准备阶段就需要全面评估创业的潜在风险和收益，将创业目标与当前职业收益进行比较，并结合当前的创业环境和个人职业规划进行分析。如果认为时机成熟，且有一个与个人职业规划相匹配的商业机会，就应该果断行动。否则，应考虑继续工作，同时学习领导技巧和市场开拓方法，建立人脉，等待更好的创业时机。

2）人力资源风险管理。人力资源是创业成功的关键。创业者应不断提升个人能力，确保与创业需求相匹配，并进行有效团队管理，包括沟通、协调、激励和绩效评估。在招聘时，应选择具有良好职业道德和团队合作精神的员工，并在合同中明确权利义务，以保持关键员工队伍的稳定性。

3）技术风险管理。技术创新可能带来巨大回报，但也存在风险。创业者应加强技术创新方案的可行性研究，建立信息预警系统，及时预防技术风险。通过技术合作或加入创新联盟减少风险，提高技术系统的灵活性，并重视专利申请和关键技术标准的保护，以减少潜在损失。

4）管理风险管理。提高管理者素质和改进管理决策方式可以有效降低管理风险。这包括提升核心团队成员的素质、树立诚信意识和市场经济观念、实行民主决策和期权管理、避免家族式管理、明确决策目标、完善决策机制。

5）财务风险管理。筹资困难和不合理的资本结构是创业企业的主要财务风险。创业者需要合理估计所需资金，重视信用建设，学会在长远发展和当前利益之间权衡，设置合理的财务结构，科学管理现金流，避免现金流断裂导致的财务危机。通过这些措施，可以有效地规避财务风险。

拓展阅读

才聚新重庆　共创新未来｜一起走近重庆人才创新创业成果

2023年12月16—17日，重庆国际人才交流大会在重庆悦来国际会议中心和重庆国际博览中心举办，大会以"才聚新重庆·共创新未来"为主题，精心策划举办"会、展、赛、引"系列活动。

"新时代新征程新重庆"人才创新创业成果展以"416"科技创新战略布局和"33618"现代制造业集群体系划分的产业板块为单元进行布局，充分展示重庆人才链与产业链、创新链深度融合取得的重大成果。成果展共分为6个产业板块展，主要包含智能网联新能源汽车人才成果展、新一代电子信息制造业人才成果展、先进材料人才成果展、智能装备及智能制造人才成果展、生物医药人才成果展、食品及农产品加工人才成果展。

智能网联新能源汽车人才成果展

智能网联新能源汽车人才成果展区集中展示了21个人才团队、28项创新创业成果。聚焦智能网联新能源汽车、新型显示、新能源及新型储能、绿色低碳四大板块，展出目前全球先进的新能源汽车、中央环网架构、动力电池等。重庆作为我国汽车重镇，以建设世界级智能网联新能源汽车产业集群为引领，聚焦"人才+科创+产业"助推智能网联新能源汽车产业高质量发展，取得了显著成效。

新一代电子信息制造业人才成果展

新一代电子信息制造业人才成果展区集中展示28个人才团队及39项创新创业成果，包含功率半导体、数智科技等板块，覆盖电子信息制造业、人工智能、工业互联网、医疗健康、科技创新等多个领域。同时，展厅结合基于全球领先的AI大模型技术研发出的"兆言"大模型，打造集声、光、像、电为一体的异形装置。

先进材料人才成果展

先进材料人才成果展集中展示了包含轻合金材料、前沿新材料、纤维及复合材料、合成材料、新材料等产业集群的17个人才团队及19项创新创业成果。目前，重庆聚焦四大先进基础材料产业、四大关键战略材料产业和各类前沿新材料产业，加快构建"4+4+N"新材料产业体系。

智能装备及智能制造人才成果展

智能装备及智能制造人才成果展主要展示了20个人才团队、23项创新创业成果。重庆将智能装备及智能制造作为全市"33618"现代制造业集群体系的支柱产业集群之一进行升级打造，构建起"整机制造＋零部件配套＋系统集成"的智能装备及智能制造全产业链集群。预计到2025年，产业集群规模将达到5 000亿元。

生物医药人才成果展

生物医药人才成果展厅聚焦生物医药、生命科学、精准医疗、医疗器械、先进材料、轻纺、生命健康、智能医疗、创新药物九大板块，集中展示17个人才团队及23项创新创业成果。近年来，重庆医药产业创新产品不断涌现，2022年，重庆获批上市药品和医疗器械产品较2015年年末增加近3倍，30余个创新药项目进入临床试验阶段，获批设立"首次进口药品和生物制品口岸"，成为继北京、上海、广州后第四个可进口首次在中国境内销售的药品和生物制品的城市，为医药产业发展提供了更加有利的条件。

食品及农产品加工人才成果展

食品及农产品加工人才成果展展示了14个人才团队和20项创新创业成果。展厅聚焦生猪高效养殖及荣昌猪品种资源保护与开发利用、家蚕、油菜高含油品种研发等方面的研究，展出当前在全国、全市食品及农产品加工的前沿科研成果。

（资料来源：http: //cq.people.com.cn/n2/2023/1218/c367672-40682351.html）

第九章 创业机会与创业资源

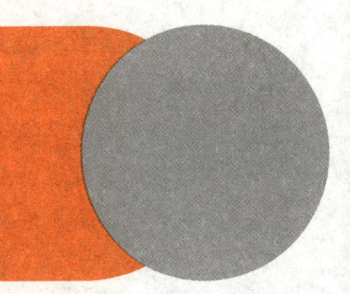

🎯 学习目标

【知识目标】
1. 了解创业机会的概念、特点及其在市场经济中的作用。
2. 掌握创业机会的来源,包括挑战、市场动态、创新等。
3. 熟悉创业机会的类型,包括问题驱动型、趋势驱动型和组合创新型。
4. 了解创业资源的定义、分类及其在创业过程中的重要性。
5. 掌握创业资源的获取途径,包括内部资源和外部资源的识别与利用。

【能力目标】
1. 能够识别和评估创业机会,分析其商业潜力。
2. 能够根据市场变化和个人经验,发掘和创造创业机会。
3. 能够运用不同的方法来识别创业机会,包括系统分析和顾客建议。
4. 能够管理和整合创业资源以支持创业项目的发展。
5. 能够选择合适的创业融资途径,满足企业不同阶段的资金需求。

【素养目标】
1. 培养学生的创新意识,鼓励其积极探索和利用创业机会。
2. 提升学生的市场洞察力,使其能够敏锐地捕捉市场变化中的创业机会。
3. 增强学生的资源整合能力,使其能够有效地利用和优化创业资源。
4. 培养学生的风险评估能力,使其在面对创业机会时能够作出明智的决策。
5. 培养学生的财务规划和资金管理能力,为大学生创业项目的可持续发展提供支持。

🔊 案例导入

张涛,一位在云计算领域拥有超过十年经验的软件工程师,曾在国内外知名科技公司担任技术总监,对云服务技术有深入的理解和实践经验。在一次与中小企业客户的交流中,他发现这些企业在数字化转型过程中面临着诸多挑战:缺乏专业的IT团队、预算有限、对云服务的选择感到困惑。这些企业迫切需要一种简单易用、成本可控的云计算解决方案来提升业务效率和数据安全性。

基于这一发现，张涛决定创立××科技有限公司，专注于为中小企业提供定制化的云计算服务。××科技有限公司的核心竞争力在于其创新的"云管家"平台，该平台能够根据企业的具体需求，提供一站式的云服务解决方案，包括数据存储、处理、分析、安全等。张涛利用他在行业内的人脉资源，迅速组建了一支由资深工程师和行业顾问组成的团队，团队成员具有丰富的行业经验和创新能力，能够迅速顺应市场变化，为客户提供个性化服务。

为了获取必要的创业资源，张涛采取了多元化的策略。他首先利用个人储蓄和亲友的支持进行了自我筹资，确保公司在初创阶段的资金需求。随后，他通过参加政府主办的创业大赛，成功获得了一笔政府扶持资金，这笔资金被用于产品的初期研发和市场推广。此外，张涛还与多家技术公司和行业组织建立了战略合作关系，通过资源共享和技术合作，进一步提升了××科技有限公司的服务能力和市场竞争力。

××科技有限公司在创业初期就注重品牌建设和市场推广，通过参加行业展会、发布白皮书、在线研讨会等方式，积极向潜在客户展示其创新的"云管家"平台。张涛还利用自己的社会关系网，与多家行业协会和商会建立了联系，通过这些渠道获取了宝贵的市场信息和潜在客户资源。

随着业务的不断发展，××科技有限公司开始考虑更多的融资渠道。张涛与多家风险投资机构和天使投资人进行了接触，详细介绍了公司的商业模式和市场前景。经过多轮谈判，××科技有限公司最终获得了一笔风险投资，这笔资金将用于扩大研发团队、优化产品功能和拓展市场。

在张涛的领导下，××科技有限公司迅速成长为中小企业云计算服务市场的一股新兴力量。公司不仅为客户提供了高质量的云服务，还通过持续的技术创新和优质的客户服务，赢得了市场的认可和客户的信赖。××科技有限公司的成功案例被多家媒体报道，并在行业内引起了广泛关注。张涛本人也因其卓越的创业精神和领导能力，获得了多项创业奖项。

【思考】

1. 张涛在发现创业机会时，主要关注了中小企业的哪些具体需求？
2. ××科技有限公司在获取创业资源时，采取了哪些具体的策略？

第一节　创业机会

一、创业机会的内涵

创业机会是在市场经济中，由于社会经济活动而自然形成的一种有利于企业经营成功的条件，它具有偶然性，并且能够被企业家识别和利用。创业机会的特点如下。

（1）普遍性。创业机会遍布于各个市场和经营领域，它们是经营活动过程中客观存在的。

（2）偶然性。对于特定企业而言，发现和把握创业机会具有很大的不确定性，每次机会的出现往往伴随着不可预测的"意外"因素。

（3）消逝性。创业机会受限于特定的时间和空间条件，一旦这些条件发生变化，相关的机会也可能随之消失。

创业机会与商业机会有所区别。创业机会的独特之处在于它能够通过资源的重新组合来创造新的目的与手段之间的关系，它是一种特殊的商业机会。根据奥地利学派经济学的观点，创业机会与商业机会的主要区别在于它们在利润或价值创造潜力上不同。创业机会拥有创造超额利润的潜力，而商业机会主要是提升现有的利润水平。一方面，我们强调创业机会与商业机会的区别，突出创业机会的价值和创新的重要性；另一方面，把握有利可图的商业机会同样可以进行创业，并为社会创造财富。虽然创业机会与商业机会之间没有严格的分界线，但关注创业机会的价值和创新是推动经济发展的关键因素。

二、创业机会的来源

创业机会可以是自发形成的，也可以是创业者主动发掘和创造的，通常情况下是后者。创业者要把握这些机遇，必须识别并关注其来源。创业机遇主要源自以下五个方面。

1. 挑战

财富往往隐藏在问题的背面，解决他人的问题就能带来财富。创业的核心在于满足顾客需求，而未被满足的需求本质上是问题。寻找创业机会的一个有效方法是识别和感受自己与他人在需求上的问题，或是生活和工作中的困难。例如，一位上海的白领发现，许多上班地点远离家的白领们中午想要睡一会儿，但在公司通常难以午睡，于是她开设了一家名为"睡吧"的小旅馆，年收入达到百万，这是一个将问题转化为机遇的典型案例。

2. 市场动态

创业机会往往出现在不断变化的市场环境中，环境的变化必然导致市场需求和结构的变化。彼得·德鲁克将创业者描述为那些能够"寻找变化并积极应对，将其视为机遇并充分利用的人"。这些变化可能来自产业重组、消费升级、城市化进程、观念转变、政策调整、人口变动、收入增长、全球化等。例如，随着我国进入老龄化社会，老年保健和陪护等领域就出现了创业机遇。

3. 创新

创新提供了新的产品或服务，更好地满足了顾客需求，同时也带来了创业机会。例如，计算机的出现带来了计算机维修、软件开发、培训、图文制作、信息服务、网上商店等创业机会。

4. 竞争对手的不足

许多创业机会是由于竞争对手的不足和错误而意外获得的。如果能够弥补竞争对手的不足，这也能成为创业机会。观察周围的公司，思考自己是否能够提供更快、更可靠、更经济的产品或服务？如果能，这可能就是一个机会。

5. 知识与技术的更新

在知识经济时代，利用科技和知识进行创业是一种新模式，也是必然趋势。例如，随着健康知识和技术的发展，围绕"水"的创业机会不断涌现，自助饮水机创业项目旨在解决社区居民饮水问题，提供健康、便捷的直饮水服务。项目通过在社区安装自助饮水机，采用物联网技术实现远程监控，居民可通过手机支付取水。既节省了桶装水成本，又减少了塑料污染，具有广阔的市场前景。

三、创业机会的类型

1. 按创业机会的来源分类

根据创业机会的来源，可以将其划分为问题驱动型机会、趋势驱动型机会和组合创新型机会。

（1）问题驱动型机会。这类机会源于现实中尚未解决的问题，它们普遍存在于人们的日常生活和商业实践中。例如，顾客的不满、顾客频繁退换货、顾客难以找到满意的商品、服务水平低下等问题，都可能隐藏着不同程度的创业机会，需要创业者细心挖掘。

（2）趋势驱动型机会。这种机会涉及在变化中预见未来的发展趋势，预测潜在的增长点和机遇。这类机会通常出现在社会转型或关键领域改革的时期。在这种背景下，新的变化层出不穷，能够及时识别并抓住这些机会的人，就有可能成为未来趋势的引领者。

（3）组合创新型机会。组合创新型机会是指将两项或以上的技术、产品、服务等元素进行整合，创造出新的用途和价值。这种机会类似于"嫁接"，通过对现有元素的重新组合，往往能够实现与以往截然不同或显著增强的功能和效果。

2. 按目的与手段关系的明确程度分类

根据目的与手段关系的明确程度，创业机会可以被划分为明确型机会、部分明确型机会和探索型机会。

（1）明确型机会。这种机会出现在市场中目的与手段的关系都非常明确的情况下，创业者可以通过这种关系来识别机会。例如，当市场上商品的供需出现不平衡，无法有效满足需求时，就会催生大量的创业机会。大多数问题驱动型机会都属于这一类。

（2）部分明确型机会。这种机会指的是目的或手段中至少有一方是未知的，需要创业者去发现和发掘机会。例如，当一项新技术被开发出来，但尚未转化为具体的商业产品时，创业者需要通过不断地尝试和探索来挖掘市场潜力。

（3）探索型机会。探索型机会是指目的和手段都不够明确，创业者需要具备前瞻性，才能创造出市场价值的机会。在这种情形下，创业者面临的挑战是巨大的，因为他们需要在目的和手段都不明确的情况下建立起新的联系。尽管如此，这种机会往往能够带来创新的目的和手段关系，为创业者带来丰厚的回报。

在商业实践中，明确型、部分明确型和探索型三种创业机会可能同时存在。通常，明确型机会多出现在供需尚未平衡的市场中，创新程度相对较低。这类机会不需要复杂的识别过程，更依赖于资源的拥有量，可以快速进入市场并获利。而探索型机会的把握则非常困难，它依赖于新目的与手段关系的建立，创业者往往资源有限，更需要创造性地整合资源和敏锐的市场洞察力，同时还要承担较大的风险。部分明确型机会最为常见，也是大多数创业者主要识别和利用的机会类型。

四、创业机会的识别阶段

对于创业个体来说，识别创业机会的过程可以被划分为五个关键步骤。如果在任一步骤中遇到阻碍或缺乏必要的信息来继续识别过程，明智之举是退回到准备阶段，并在重新开始之前积累更丰富的知识和经验。

1. 准备阶段

这一阶段涉及创业者自身的背景、经验和知识储备，这些都是识别机会的基础。就像运动员需要训练才能出类拔萃，创业者也需要通过经验来发现机会。研究表明，大约50%至90%的创业点子源自个人过往的工作经历。

2. 孵化阶段

在这个阶段，创业者会深入思考创意或问题，这是一个深思熟虑的过程。孵化可能是有意识的思考，也可能是在进行其他活动时无意识的思维活动。

3. 洞察阶段

在这个阶段，创业者会找到解决问题的方案或产生新的创意。这一阶段常被称为"灵感"时刻，是识别机会的关键点。有时候，这种洞察会推动过程继续前进；有时则可能促使创业者回到准备阶段，比如意识到需要更多知识和准备才能追求某个机会。

4. 评价阶段

在这个阶段，创业者会细致地评估创意并分析其实施的可能性。很多创业者可能会忽略这一步骤，急于在验证创意可行性之前就开始实施。评价阶段是机会识别中最具挑战性的部分，因为它要求创业者客观地评估创意的可行性。

5. 阐述阶段

这是将创新性想法转化为最终形态的过程，创意的细节被完整构思，并转化为有价值的实体，如新产品、新服务或新商业理念，甚至形成了能够实现这些价值的商业模式。

五、影响创业机会识别的因素

1. 相关从业经验

相关从业经验在创业者的创业旅程中扮演着双重角色。一方面，它为创业者提供了宝贵的行业知识和洞见，有助于快速把握行业内涵、动态及内部规则。根据调查，多数创业机会源自对以往想法或创意的复制与改进，相关经验使得创业者能够科学地筛选和评估机会；另一方面，这种经验可能导致创业者陷入思维定式，限制了企业的变通和创新。因此，创业者需要在依赖经验的同时，努力打破思维定式，将经验转化为推动创业发展的动力，并积极寻求创新。

2. 专业知识

专业知识是创业者识别创业机会的基石。每一次的灵感闪现都建立在深厚专业知识之上。这些知识塑造了创业者的认知过程，使其在识别机会时具备更高的警觉性和敏感性。专业知识的积累使得创业者在面对潜在的商机时能够更快地理解和把握。

3. 社会关系网

社会关系网是创业者的重要资源，其广度和深度直接影响到创业机会的发现和利用。一个广泛且深入的社会关系网可以为创业者提供更多的机会。此外，创业者还需构建与消费者的联系网络，通过分析消费者的消费能力、体验和习惯，绘制消费者画像，以此为基础优化产品，提高对创业机会的敏感度。

4. 创造性

创造性是创业成功的核心要素之一。许多商业奇迹都是源于创造性的思维。在识别创业机会的过程中，将想法转化为实践是一个不断创造和迭代的过程。创造性不仅体现在产品的开发上，也贯穿于创业的整个过程，它是推动创业发展的根本动力。创业者需要培养和保持创造性思维，以在竞争激烈的市场中脱颖而出。

六、创业机会识别的方法

识别创业机会有下述四种常用的方法。

1. 通过"新眼光"调查甄别机会

在当今快速变化的商业环境中，拥有新的眼光对于发现新的商机和解决问题至关重要。这种眼光不仅是一种视角的更新，更是一种思维的转变，它要求创业者具备敏锐的觉察力和判断力，能够从不同的角度和层面去观察和分析问题。

新眼光的培养需要知识的积淀和文化的底蕴。这意味着创业者需要不断地学习，掌握多种知识，丰富自己的知识结构。通过知识的武装，创业者可以更全面地理解事物的发展规律，从而提出更加有效的解决方案。这种博学的状态不仅能够帮助创业者分析数据、理解市场，还能够让创业者在面对复杂问题时提出创新的想法和策略。

通过"新眼光"调查是转换看问题的方法，它要求创业者细致观察并及时记录下想法。这种想法的积累和多样性是找到合适业务和目标市场的关键。例如，通过阅读出版作品、利用互联网搜索数据、寻找包含所需信息的文章等方式，创业者可以收集到大量的信息，这些都是调查的形式。

为了建立自己的直觉和形成"新眼光"，创业者需要明确应该注意哪些问题，以及如何快速切入问题的核心。这包括对行业、顾客、供应商和竞争对手的基本了解，这些内容可以通过资料调查获得。

面对面的调查是获取第一手资料的重要方式。在与人交谈时，不应该把自己的意志强加给他人，而是要学会提问。例如，可以向消费者询问他们的消费习惯，向销售商和供应商了解市场趋势和热门产品，向小企业主询问他们的融资渠道和广告策略。这些问题的答案能够帮助创业者更好地理解市场，从而作出更加明智的商业决策。

总之，新眼光的培养是一个持续的过程，它要求创业者不断地学习新知识，观察新趋势，并与他人进行有效的交流。通过这样的过程，创业者可以不断提升自己的商业直觉，发现新的商机，并解决新的问题。

2. 通过系统分析发现机会

通过综合分析宏观与微观环境的变迁来寻找机遇。创业者需要敏锐捕捉企业面临的政治格局、法律法规、技术进步、人口结构等宏观因素的变动，并深入探究顾客需求、竞争格局、供应链动态等微观层面的变化，从中挖掘潜在机会。遵循市场调研的路径，是识别环境变化中蕴藏机遇的常规手段。

例如，中国新能源汽车产业在系统分析下呈现出显著的增长机遇。第一，市场销量大幅增长，预计2024年将突破1 200万辆，显示出庞大的市场需求；第二，政府为新能源汽车产业提供了政策支持，如税收优惠和购车补贴，为消费者降低了购车成本，同时加速了充电基础设施建设，为新能源汽车的普及打下了坚实的基础；第三，新能源汽车相关的技术不断创新、突破，尤其是电池技术、驱动电机和车用操作系统领域的技术创新，提高了汽车性能，降低了生产成本，提高了产品的市场竞争力；第四，在国际市场上，中国新能源汽车的竞争力不断增强，出口量持续增长，全球对环保和可持续发展的重视为中国新能源汽车打开了更广阔的市场；第五，中国已经建立了从原材料到整车制造完整的新能源汽车产业链，这不仅提高了生产效率，也增强了产业的抗风险能力；第六，消费者对新能源汽车的接受度日益提高，市场渗透率持续上升，预示着更加广阔的市场前景。

3. 通过顾客建议发现机会

顾客往往能洞察到新的商机，因为他们最清楚自己的需求。这种洞察会为创业者带来新的机遇。顾客的反馈多种多样，大多以非正式形式出现，即使是他们的抱怨，也可能成为宝贵的建议。无论反馈的形式如何，注重实效的创业者总是热衷于从顾客那里获取意见与建议。

4. 通过创新获得机会

在新兴技术领域，这种获得机会的方法尤为普遍。它可能源于对市场需求的清晰理解，进而促使人们探索相关的新技术和新知识，或者可能源自一项技术创新，随后人们会积极寻求该技术的商业潜力。通过创新来把握机遇通常难度更大、风险更高，但一旦成功，回报也更为丰厚。索尼公司开发随身听就是一个典型例证。索尼公司敏锐地捕捉到人们对便携音乐播放器的需求，并依托公司在微缩技术方面的专长，深入研发，最终成功推出了随身听，并取得了巨大成功。

第二节 创业资源

一、创业资源的内涵

掌握"资源"的定义是深入理解"创业资源"的关键。资源包括任何实体在提供社会产品或服务时所掌握或控制的,有助于实现企业战略目标的各种资源及其组合。创业资源特指新企业在价值创造过程中必需的特定资产,它们是新企业成立和运营的基本条件。创业本质上是创业资源的重组,创业机会的发现本质上是某些创业者能够识别其他人未能识别的有价值资源。充足的创业资源不仅是企业战略规划和执行的基础,还能调整企业战略方向,协助新企业选择恰当的创业策略。

创业资源涵盖了企业创立和扩张所需的所有生产要素和支持条件。对于创业者而言,若无法获取必要的创业资源,就如同无源之水、无本之木,即便有再好的创业机会和团队,也难以实现价值。

在创业旅程中,创业者需要不断评估和平衡创业资源,将所需资源有效整合,创造出新的产品或服务,从而实现价值创造。

青年创业资源哪里找?重庆启动对接服务季

二、创业资源的分类

1. 按性质分类

创业资源可以根据其特性被划分为多个类别,包括人力资源、财务资源、物质资源、技术资源和组织资源。

(1)人力资源。人力资源不仅涵盖了创业者和团队的知识与经验,还包括他们的专业智慧、判断力、视野和愿景,以及创业者的社交网络。创业者是企业最核心的人力资产,其价值观和信念构成了企业的根基。他们的社交网络能够连接到丰富的外部资源,降低创业风险。在人才竞争中,吸引和培养高素质人才是企业持续发展的关键。

(2)财务资源。财务资源主要涉及货币资金,通常是企业通过借款、股权融资、内部留存收益等方式筹集的资金。在创业初期,以合理的成本及时获取足够的财力资源是企业顺利运营和成功的基础。

(3)物质资源。物质资源是有形资产,包括企业运营所需的建筑物、设施、机械、办公设备、原材料等。自然资源,如矿山和森林,有时也包括在内。

(4)技术资源。技术资源包括关键技术、制造流程、操作系统、专用生产设备等。技术资源通常分为三个层次:基于科学和实践经验的工艺流程、加工方法、技能和技巧;将这些流程和技能应用到生产工具和其他物资设备上;对生产系统中所有资源进行有效组织和管理的知识、经验和方法。技术资源通常与物质资源结合,部分技术资源可以通过法律手段保护,成为企业的无形资产。

(5)组织资源。组织资源涉及企业的管理体系,包括组织结构、流程、规范、沟通、决策系统、质量控制、计划活动等。有时,组织资源也可以体现为个人的技能。组织结构是一种无形资源,能够使企业在竞争中脱颖而出。那些能够将创新和营销功能从生产中分离出来的组织结构,能够推动创新和促进营销。

2. 按存在形态分类

创业资源根据其存在形态可以被区分为有形资源和无形资源两大类。

(1)有形资源。有形资源是可以触摸和量化的资产,它们具有物质形态,并且可以用货币来衡量其价值。这类资源包括企业运营所依赖的自然资源,以及实体资产如建筑物、机械装置、原材料、资金等。

(2)无形资源。无形资源是那些不具备物质形态,其价值难以用货币直接衡量的资源。这类资源包括信息、关系网络、权力、企业声誉、品牌形象等。无形资源虽然不易量化,但它们往往是提升有形资源效能、增强企业竞争力的关键因素。

3. 按重要性分类

根据资源对企业的重要性,创业资源可以被划分为核心资源和非核心资源。

(1)核心资源。核心资源指的是那些构成企业核心竞争力的关键要素,通常包括技术资源和人力资源。这些资源是企业区别于竞争对手的独特优势,对于企业的长期发展和市场地位至关重要。

(2)非核心资源。非核心资源包括了那些对企业运营同样重要,但并不直接构成企业核心竞争力的资源。这类资源包括场地、资金、环境、一般资源等,它们为企业的日常运营和持续发展提供了基础支持。虽然这些资源不构成企业的核心竞争力,但它们是企业能够成功创立并持续运营的必要条件。

4. 按来源分类

创业资源根据其来源可以被分为内部资源和外部资源。

(1)内部资源。内部资源指的是创业者或创业团队自身拥有的,可以直接用于创业活动的资源。这些资源可能包括创业者个人的资金、技术、创业机会信息、专业知识、技能及其他个人能力。内部资源是创业初期最直接的可用资源,它们为创业活动提供了初始的动力和支持。

(2)外部资源。外部资源是指创业者从企业外部获取的资源,这些资源可能来源于多种渠道,如朋友、家人、商务伙伴、投资者、供应商、客户及其他第三方。外部资源可以包括资金、场地、设备、原材料、市场信息、专业知识、技术支持等。获取外部资源通常需要创业者进行关系网络建设、谈判和合作,这些资源对于企业的成长和扩张至关重要,可以帮助企业弥补内部资源的不足,增强市场竞争力。

三、影响创业者资源获取的因素

获取所需资源是创业活动中的一项关键行为,它基于识别资源并将其应用于创业流程。新成立的企业能否从外部环境获得必需的资源,主要取决于资源拥有者对创业个体或团队的认可程度,而这种认可在很大程度上依托于创业项目的商业潜力。一个得到资源拥有者认同且具有价值的创业项目,可以显著降低资源获取的难度。除了项目的商业价值,还有诸多因素影响资源的获取,包括创业者的社会关系网、过往工作经验、管理技能、资源整合能力等。

1. 创业者的社会关系网

社会关系网具有多元性,为企业提供了维持运营所需的各种资源,是新创企业获取资源的重要途径之一。这一网络是隐性知识传播的关键路径,它通过加速信息(如技能、特定方法或生产技术)的流通来促进组织学习,并降低企业的交易成本,有助于匹配企业所需的资源,对创业资源获取极为关键。

研究显示,社会关系网的紧密程度、信任度及网络规模对创业资源获取有积极影响。由于大学生多数时间在校园内,他们往往缺乏政府和企业的社会关系。因此,大学生创业者应注重加强现有关系网的维护和应用。主要由家人、亲戚、朋友构成的关系网,通过频繁密切的互动,也可以帮助大学生创业者更容易获得资金、技术、人力资源及有益的创业指导和建议。

不同的社会关系网和地位,为人们之间的交流与合作提供了多样化的途径。处于社会关系网优势地位的创业者,拥有广泛的社会联系,能够有针对性地传播商业理念,获取不同资源拥有者的理解和信任,从而成功地从网络成员处获得所需的资源,为创新创业打下基础。

2. 创业者(创业团队)的过往工作经验

创业者的过往工作经验分为创业经验和行业经验两大类。创业经验涉及创业者之前创立新企业或组织时所积累的感性认识和理性知识;而行业经验是指创业者在特定行业的工作背景下,获得了行业规范、供应商和客户网络、雇佣习惯等信息。

创业过程本质上是知识转移过程。从之前的创业经验中转移的知识能提升创业者识别和处理创业机会的效率,有助于发现和获取创业资源。具备创业经验的创业者往往具有"创业思维模式",这驱使他们寻找和追求最佳机会。这种经验提供的隐性知识有助于创业者在新企业中作出决策。因此,经验丰富的创业者更容易把握特定机会,并通过多种途径获取资源。此外,这些经验也有助于创业者克服新企业可能遇到的挑战。

3. 创业者的管理能力

企业软实力是获取创业资源的关键,而创业者的管理能力则是软实力的核心。管理能力强的创业者更有可能获取资源,这包括沟通、激励、行政管理、学习、外部协调等多方面的能力。

有效的沟通能够增强团队的凝聚力，提高行动力，从而更容易获取外部资源。团队激励和合作有助于提升企业综合实力，使团队成员能够获得必要的资产和资源，提高团队工作积极性。强大的行政管理能力有助于创业者优化资源配置，提高运营效率。学习能力让创业者不断提升管理能力，理解市场变化和企业需求，作出理性判断，获取所需资源。外部协调能力强的创业者更容易与合作伙伴达成一致，利用外部资源促进企业发展。

4. 创业者的资源整合能力

资源整合能力指的是创业者在创业过程中识别、获取、配置和利用资源的能力。

未整合的创业资源通常是分散的、普通的商业资源。为了最大化其效用，转化为竞争优势，为企业创造更大的价值，新创企业需要采用科学方法对不同来源和效用的资源进行优化组合，使有价值的资源得到充分整合，实现"1+1>2"的效应。

四、获取创业资源的途径与技巧

1. 获取创业资源的途径

获取创业资源的途径可以分为市场途径和非市场途径两大类，每种途径都有其特定的适用情况和方法。

（1）市场途径获取创业资源。市场途径通常适用于那些有活跃市场或可供交易的创业资源。

1）购买。购买是通过金融市场或商品市场直接获取资源的方式。这可能包括购买实体资产（如厂房和设备）、获取专利和技术、招聘专业人才、通过外部融资获得资金。然而，某些资源，尤其是隐性知识和特定技能，可能难以通过市场直接购买，因此可能需要通过非市场途径来获取。

2）联盟。联盟是通过与其他组织合作来共同开发难以单独开发的资源。这种合作可以是资源共享、技术合作、市场开发合作等形式。联盟的成功依赖于各方资源和能力的互补性、共同利益，以及对资源价值和使用方式的共识。

（2）非市场途径获取创业资源。非市场途径适用于获取那些市场途径不易获取的资源。

1）资源吸引。资源吸引是通过企业的创业计划、团队声誉和前景描述来吸引外部资源。这可能包括吸引投资者的资金、合作伙伴的技术资源、行业专家的人力资源和其他形式的物质支持。

2）资源积累。资源积累是在企业内部通过长期努力和投资来形成和积累所需的资源。这可能涉及自建基础设施、内部研发新技术、员工培训和技能提升，以及通过内部留存收益积累资金。

选择市场途径还是非市场途径获取资源，取决于资源的市场可用性、成本效益分析及企业的特定需求。例如，如果快速进入市场能够带来显著的成本优势，那么购买可能是一个合适的选择。对于许多创业企业来说，由于初始资源的有限性，建立信任关系以获取资源所有者的支持变得尤为重要。不过，通常来说，结合使用多种途径来获取不同的创业资源，能够为创业企业提供更全面和灵活的资源支持。

2. 获取创业资源的技巧

为了有效地、经济地获取创业所需资源，创业者需要掌握一些关键的资源获取技巧。

（1）高度重视人才招募。人才对于创业的重要性不可忽视，创业者需极度重视人才引进。一方面，创业者应不断提升自身的技能和素质；另一方面，应注重构建一个高效的创业团队。一个相互了解、技能多样、能力互补、目标统一、相互信任的团队，是创业中最宝贵的资源，也是确保创业成功的关键。

（2）遵循实用性和适度性原则。并非所有资源都对创业者有益，因此在获取资源时应坚持实用性原则。只有那些能够满足自身需求、能够掌控并发挥其作用的资源才值得争取。同时，考虑到资源获取的成本，应遵循适度性原则，避免盲目追求资源的数量。一方面，资源的有限性限制了创业者资源的筹集；另一方面，如果资源使用的收益无法覆盖成本，那么这样的资源使用对企业并无益处。

（3）努力获取多功能和杠杆型资源。资源的特性决定了其不同的应用场景，多功能资源可以在不同情况下发挥多种作用，获取这类资源有助于创业者应对创业过程中的不确定性。在知识经济时代，具有创新性的知识是重要的杠杆型资源。合理利用这类资源，可以帮助创业者实现杠杆效应，以较小的投入获得较大的回报，达到事半功倍的效果。

五、创业融资的途径与选择

1. 创业融资的途径

当创业者打算组建一个创业团队并注册一家公司时，不得不面对一个关键性问题——创业的初始资金将如何筹集？这个问题一直是众多创业者的心头大患。对于那些起点较高的创业者来说，他们可以通过多种途径快速找到创业的切入点，从而赚取第一笔资金。但对于那些仅凭热情投身创业的普通人来说，赚取第一桶金往往显得异常艰难。正如传统戏曲中所言："一文钱能买鸡蛋，蛋生鸡，鸡再生蛋，循环往复。"而许多人恰恰缺少那最初的一文钱。资金是存在的，难点在于如何找到它。

众多创业案例表明，充裕的启动资金可以让创业者在创业道路上避免许多曲折。以下是一些获取创业资金的途径。

（1）自我筹资。利用个人储蓄进行融资是创业中最直接和迅速的方法之一，这也是创业资金的一个重要渠道。绝大多数创业者在他们的创业之旅中都会或多或少地投入个人存款。根据一项调查，在 5 000 名创业者中，仅有 10% 的人在创业期间寻求外部资金支持。对于大学生来说，在校期间支出多而收入少，因此其个人储蓄通常较为有限。在基础服务业和个人消费行业，创业初期的投资通常在 5 万～10 万元人民币，而工业加工和农产品加工行业的入门资金需求则分别为 30 万元和 10 万元。这些行业的创业初期资金需求相对较低，使得依赖自有资金进行融资成了一种可行的选择。

（2）向亲朋融资。向亲朋好友借款是许多创业者选择的融资途径。这种方式既有优点也存在不足。其优点在于借款成功的概率较大，投资和利息条件通常较为宽松，并且能够迅速获得资金。然而，其缺点在于可能会引发一些纠纷，家人可能会干预公司运营；若创业未能成功，可能会让创业者对借款人抱有终身的愧疚感。向父母借款时，应确保不超过他们的经济承受范围。虽然创业者可能希望借到足以开创事业的全额资金，但同时也需要考虑到创业失败可能会给家人带来的困扰。

（3）机构融资。

1）银行贷款。适用于创业者的银行贷款方式主要包括抵押贷款和担保贷款两大类。新创业者往往缺乏足够的经营记录和信用积累，因此较难获得银行的信用贷款。

①抵押贷款是借款人将自有财产作为担保来获取银行贷款。在抵押期间，借款人仍可使用这些抵押资产。抵押贷款分为不动产抵押和动产抵押两种。不动产抵押贷款允许创业者以土地、房产等不动产作为抵押物来贷款；动产抵押贷款则允许创业者以股票、国债、企业债券等有价证券，以及金银珠宝等动产作为抵押物来贷款。

②担保贷款则需要借款人提供符合条件的第三方保证人，以确保贷款的偿还。一旦借款人无法履行还款义务，银行可以要求保证人承担连带责任。适合创业者的担保贷款形式包括自然人担保贷款和专业公司担保贷款。自然人担保贷款可以采取抵押、权利质押或抵押加保证的方式提供担保；而专业担保公司担保贷款则是由专业担保公司提供担保。目前，许多由政府或民间机构设立的专业担保公司可为中小企业，包括初创企业提供融资担保服务，这些机构通常是非营利的公共服务组织。创业者可以通过这些机构向银行申请担保贷款。

此外，创业者还可以考虑其他银行贷款方式，如托管担保贷款、买方贷款、项目开发贷款、出口创汇贷款、票据贴现贷款等，以满足不同的融资需求。

2）非银行金融机构贷款。非银行金融机构是指那些通过发行股票和债券、接受信用委托、提供保险等服务来筹集资金，并将这些资金投入长期投资中的金融机构。根据相关法律条款，非银行金融机构的种类包括但不限于由国家金融监督管理总局批准成立的信托公司、企业集团财务公司、金融租赁公司、汽车金融公司、货币经纪公司、境外非银行金融机构驻华代表处等。创业者可以尝试通过这些非银行金融机构获取贷款，以筹集开展生产经营活动所需的资金。

（4）政府扶持资金。政府牵头设立的创业支持基金不仅能够为企业注入现金流，还能有效增强企业的无形资产。

这类由政府出资的创业资助常被喻为创业者的"无偿资助"。近年来，我国政府已经充分认识到创业对于推动经济增长、增加就业机会和激发技术创新的关键作用。基于此，不同层级的人民政府陆续设立了一系列政府资助基金，包括科技创新基金、政府创业基金、特定项目基金及地方性扶持政策，涵盖了税收减免、财政补助、贷款支持等措施。

政府创业基金受到了广大创业者的极大关注，其优势在于使用政府资金无须担忧资金提供方的信用风险。并且政府资助通常无须偿还，降低了筹资的成本甚至使之免除。然而，申请这类基金有着严格的条件和流程。此外，政府每年的资金投入是有上限的，因此筹资者需要面对来自其他申请者的竞争压力。

（5）风险投资。风险投资是将资金投入新兴的、未上市的成长型企业（主要是高新技术企业），在承担高风险的同时，为这些企业提供长期的股权投资和增值服务，以促进其快速成长。经过数年的发展，投资者通过上市、并购或其他股权转让途径退出投资，以获取高额回报。

风险投资通常通过设立风险投资基金来运作，这些基金在法律结构上常采用有限合伙的形式。风险投资公司作为普通合伙人，负责管理基金的投资活动并从中获得报酬。

风险投资基金也被称为创业基金，是一种在全球范围内广泛采用的新型投资机构。它们通过特定方式吸纳机构和个人资金，投资于那些不具备上市条件的中小企业和初创企业，特别是高新技术企业。风险投资基金的投资不需要企业提供资产抵押，手续相对简便。其经营策略是在高风险中寻求高回报。基金通常以股份形式参与投资，旨在帮助企业尽快成熟并取得上市资格，从而实现资本增值。一旦企业上市，基金便可通过证券市场转让股份来回收资金，并继续投资其他风险企业。管理这类基金的专业人士被称为"风险投资家"，他们追求的是巨额回报，而不仅仅是良好的回报。获得风险投资颇为困难，因为申请企业之间的竞争极为激烈，最终只有少数几家企业能够获得投资。

（6）天使投资。天使投资在创业融资领域虽然是个相对较新的概念，但其门槛比风险投资低，因此受到了许多创业者的欢迎，并逐渐成为创业融资的重要途径。

天使投资，最初带有一定的慈善性质，后来演变为一种经济行为，主要指个人或家庭投资者对有潜力的初创企业进行早期资金支持。这种投资形式通常是非机构化的，资金多来源于民间，而非专业风险投资机构。天使投资的入门门槛较低，有时甚至只是一个有潜力的创业想法就能吸引投资，非常适合那些处于起步阶段的创业项目。对于初创企业来说，如果难以从银行贷款或风险投资中获得支持，天使投资就成了它们成长的重要资金来源。天使投资通常能够帮助初创企业度过早期阶段，而后续的发展则可能需要风险投资机构的介入。在我国，天使投资因其独特优势，有助于缓解中小企业的创业资金难题。

"天使投资人"通常是指那些在企业发展初期就提供资金支持，帮助公司快速起步的投资者。他们往往在产品和业务成型之前就投入资金，通常是创业者的朋友、亲戚或商业伙伴，他们基于对创业者能力和创意的信任，愿意在业务起步时就投入资金。

天使投资与传统的风险投资相比有以下特点。

1）通常提供"第一轮"融资。天使投资人使用的往往是自己的资金，因此他们通常只支持那些处于初期阶段且具有良好发展前景的项目。

2）投资带有情感色彩。创业者往往需要建立情感基础来吸引天使投资，这些投资者与创业者通常是朋友或亲戚。

3）融资过程简单、快捷。天使投资人的投资决策较为个人化，不需要复杂的决策流程。

4）通常进行短期投资。天使投资人期望较高的回报，且对亏损的容忍度较低，因此他们倾向于短期投资。

一般来说，天使投资人是天生敢于冒险的人，他们喜欢投资高风险、高回报的早期企业。他们通常拥有雄厚的资金，不满足于传统投资渠道的回报率，追求更高的经济收益和个人成就感。尽管知道投资具有高风险和不确定性，天使投资人仍勇于投资中小企业，他们倾向于利用自己的知识和能力为企业提供增值服务。天使投资人通常具备较高的素质和良好的社会背景，他们的目标之一是为企业成长提供指导，同时追求高额回报。

（7）创业板上市融资。创业板是独立于主板市场之外的证券交易市场，它的宗旨是为新兴公司提供资金筹集的渠道，以支持这些公司的成长和业务拓展。创业板市场的显著特征是较低的入市门槛和严格的运营要求，这为具有发展潜力的中小企业提供了融资可能性。

创业融资不仅仅涉及技术层面的挑战，更是一个社会层面的课题。为了准备创业融资，需要从建立个人信誉、积累社会资源、撰写周密的创业计划、估算不同发展阶段的资金需求等多个方面入手。因此，打破创业融资的制约因素，能够提高创业整体的成功率。这要求政府、社会各界和高等学府等多方面共同努力，形成协同效应，从而为创业融资及整个创业过程提供坚实的支持。

（8）融资租赁。融资租赁也称为设备租赁或金融租赁，是一种租赁方式，是将资产所有权相关的绝大部分风险和收益进行实质性的转移。在这种租赁模式下，资产所有权的最终转移是可选的。融资租赁特别适合资源型、公共设施型、制造加工型企业。当企业面临资金瓶颈时，可以选择将工厂设备卖给金融租赁公司，然后通过返租方式继续使用，同时金融租赁公司可以通过这种方式获得收益，银行则提供购买设备所需的贷款资金。企业可以利用这笔资金偿还债务或进行再投资，从而激活资金链。

在国际租赁市场上，大多数租赁公司都将中小企业作为主要服务对象。中小企业通常难以提供令银行满意的财务报表，因此它们需要通过非传统途径进行融资，金融租赁公司正好提供了这样的解决方案，通过物品的融资来实现企业的资金需求。

金融租赁不仅帮助企业获得资本性融资，减少资本支出，而且无须额外的抵押和担保，还能降低企业的财务压力，并可作为长期贷款的替代方案。在资本市场成熟的国家，金融租赁已成为与银行贷款和上市融资并重的一种广泛使用的融资工具，对于许多企业来说是一种重要且有效的融资手段，它在一定程度上克服了中小企业的融资难题。

然而，我国的金融租赁行业目前仍处于起步阶段，市场活跃度不高，业绩表现不尽如人意。加之租赁企业资金短缺，远不能满足市场的巨大需求，导致金融租赁市场供不应求。因此，创业者在寻求金融租赁服务时，应考虑租赁公司的实际状况，优先选择那些实力雄厚、信誉良好的租赁公司，并尽可能选择租赁方式更为灵活的服务。

（9）股权融资。股权融资是直接融资的一种形式，它是企业现有股东出让部分所有权，通过增资扩股的方式引入新的股东。通过股权融资筹集的资金，企业无须偿还本金和利息，但新股东将和原有股东一同分享企业的利润。对于创业者而言，这是一种相对实际和简便的融资手段。

股权融资正越加受到青睐，其在短时间内获得了广泛认可，并且不断有成功案例出现。对创业者来说，通过股权融资获得的资本不仅仅代表资金的注入，新股东的加入还意味着引入新的合作伙伴。在实施股权融资时，创业者需要特别注意保持对企业的控制权。

（10）众筹融资。众筹也被称为大众筹资或群众筹资，是由发起人、跟投人和平台三方共同参与的一种融资模式。它具备低门槛、多样化、依赖大众和强调创意的特点，通过"团购＋预购"的方式从大众那里筹集项目所需资金。

作为一种独特的融资方式，众筹具有以下特点。

1）与银行贷款不同，众筹的资金来源更加广泛，可以是任何人（尽管有时会对投资者设定一定条件），且投资金额没有限制。

2）众筹的资金可以用于公司运营、特定项目或活动，它为投资者提供了参与其中的机会。

众筹项目在初期可能只是一个有趣的创意，距离成为实际产品还有很长的路要走。然而，正是这个过程，让投资者有机会见证创意从萌芽到成熟，再到形成成果的全过程。通过与项目发起人的沟通和了解项目进展，投资者可以全程参与产品或服务的开发，并提出自己的建议。需要注意的是，众筹并非慈善行为，投资者有权期待获得回报，而这些回报可能超乎他们的想象。

可以说，众筹是新型"预消费"运动的一部分，这种"预消费"已经成为一种流行趋势。在当前的"期望经济"中，消费者渴望获得最好的产品，并希望参与产品的设计和发行过程，而众筹正是满足这一需求的途径。

2. 创业融资的选择

在创业融资过程中，创业者需要根据企业的具体需求和市场条件来选择最合适的融资方式。以下是一些创业者在制订融资计划时需要考虑的关键事项。

（1）评估融资方式的风险。

1）利率风险：考虑固定利率和浮动利率的优劣，根据市场利率趋势和企业承受能力选择。

2）汇率风险：对于涉及外资的融资，要考虑汇率波动对还款的影响，选择合适的货币进行融资。

3）违约风险：评估出资人的信誉和财务状况，选择信誉良好、财务实力较强的出资人。

（2）增强融资渠道的可转换性。

1）融资方式的灵活性：选择那些在市场条件变化时可以灵活转换的融资方式，如从短期融资转换为长期融资。

2）合同条款的灵活性：在融资合同中争取包含可转换条款，以便在必要时调整融资结构。

（3）多元化和分散化融资。

1）不依赖单一资金来源：避免过分依赖一个或几个资金渠道，以减少对单一融资方式的风险敞口。

2）多渠道融资：探索和利用多种融资途径，如银行贷款、天使投资、风险投资、政府扶持资金、众筹融资等。

（4）考虑融资成本。

1）利息和费用：比较不同融资方式的成本，包括利息和可能产生的其他费用。

2）股权稀释：对于涉及股权交换的融资方式，要考虑股权稀释对创业者和企业未来控制权的影响。

（5）选择合适的融资时机。

1）市场条件：根据市场利率、经济周期和行业趋势选择最佳的融资时机。

2）企业成长阶段：考虑企业所处的成长阶段，确定最需要资金的时期。

（6）长期合作关系的建立。

1）与出资人建立良好关系：与出资人建立长期合作关系，有助于未来融资和业务发展。

2）透明沟通：保持与出资人之间的透明沟通，及时分享企业进展和财务状况。

（7）遵守法律和遵从监管。

1）合规性：确保融资活动符合相关法律法规，避免未来可能出现的法律风险。

2）合同审查：仔细审查融资合同，理解所有条款，必要时寻求专业法律意见。

通过综合考虑上述因素，创业者可以制订出符合企业发展阶段和长期战略的融资计划，从而为企业提供稳定而有效的资金支持。

拓展阅读

重庆开展个性化指导　以创业带动就业

《2024年国务院政府工作报告》指出："预计今年高校毕业生超过1 170万人，要强化促进青年就业政策举措，优化就业创业指导服务。"

高校毕业生是新增青年劳动力的主力军，如何助推毕业生高质量充分就业？2024年3月6日，记者分别连线全国人大代表、中国工程院院士、重庆大学校长王树新，全国政协委员、重庆邮电大学校长高新波，重庆市委教育工委书记、市教委主任刘宴兵，请他们结合报告的学习，分享各自对这一问题的思考。

重庆市普通高校毕业生今年预计达 36.7 万人，就业育人面临新挑战

近年来，随着教育规模的不断扩大，我国大学毕业生数量逐年攀升，重庆也不例外。2024 年，重庆市普通高校毕业生预计达 36.7 万人，较 2023 年增加 3.3 万人，是近年来规模最大的一年。

"当前，就业育人面临新挑战。"作为高校校长和教育系统"主舵人"，三人均提到，一方面，时下就业市场性岗位容量相对不足，就业岗位拓展受限；另一方面，目前高校培养的人才知识结构、能力素质与岗位需求差距较大，供需结构性矛盾依然突出。

此外，新生代大学生自我意识强，对职业发展的期待高，大多数学生将升学、考公作为毕业去向首选，大量考研、考编失败的学生错过求职黄金期，就业周期延长，给就业工作增加了新的难度。

个性化解决学生职业发展困惑，就业育人融入"大思政课"

"2024 届毕业生的就业工作，其实从去年秋季开学就已经启动。"王树新和高新波在接受记者采访时介绍，从上学期开始，学校深入开展"书记校长访企拓岗促就业专项行动"，由校领导带头，院系领导、专业教师、辅导员共同落实，千方百计挖潜创新开拓市场化岗位；在寒假期间开展 2024 届毕业生"暖冬行动"双选活动；春季开学后，又马不停蹄地开启了抢抓春招关键期的系列工作。

在推进各项招聘活动的同时，就业教育成为当前高校十分重视的一项内容。

王树新介绍，重庆大学从面上开展团体辅导、从线上夯实品牌活动，通过教育引导毕业生到基层去、到西部去、到祖国最需要的地方去建功立业。同时从点上进行精准指导，每周开展"职业发展与就业指导""生涯规划""留学门诊"个体咨询，个性化解决学生职业发展困惑，引导学生树立正确的成才观、职业观、就业观，坚定毕业生实现高质量就业的信心。

高新波介绍，重庆邮电大学正在推进就业育人融入"大思政课"、党团活动和校园文化建设。截至目前，学校已建成"8+X+1"就业课程教育体系，即 8 个理论专题、X 个专题讲座（职场沙龙、就业工作坊）及 1 次高仿真模拟招聘大赛，课程将必修环节与选修环节相结合，将共性教育与个性需求相统一，取得了很好的就业指导教育效果。

精准开展帮扶援助，以创业带动就业

"稳定了高校毕业生就业大局，就稳住了全市就业基本盘。"站在全市教育系统的角度，刘宴兵表示，一方面，将通过大力推进访企拓岗、充分发挥政策性岗位作用、支持毕业生灵活就业与创新创业等方式，全力加大岗位供给；另一方面，要求各高校强化就业思政教育，实现精准实时就业指导。

特殊困难群体毕业生就业工作是大众比较关切的话题。刘宴兵表示，在渝高校将健全帮扶机制，通过"一人一档、一生一策"，精准开展就业帮扶援助。

此外，我市还将大力推动西部（重庆）科学城大创谷等双创载体建设，落实各项优惠政策，吸引和带动更多毕业生参与创新创业。持续办好中国国际大学生创新大赛、"优创优帮""双百双进"等品牌赛事活动，积极推动大学生创业项目成果转化落地。

王树新和高新波还表示,将通过就业状况反馈,调整学校招生计划规模结构、学科专业设置和人才培养改革,不断促进高校人才培养与社会用人需求供需两端更加适配。

　　(资料来源:http://cq.people.com.cn/n2/2024/0307/c365402-40767181.html)

第十章
创业项目与创业计划

学习目标

【知识目标】

1. 了解创业项目的定义及其与传统项目的区别。
2. 了解影响创业项目选择的因素。
3. 熟悉创业项目的特点。
4. 掌握创业项目的分类方法。
5. 掌握创业项目选择的原则。

【能力目标】

1. 能够运用市场调研和分析工具,对创业项目进行可行性研究和评估。
2. 能够根据创业项目评估的内容和流程,对创业项目的市场潜力和经济效益进行准确判断。
3. 能够编制一份完整的创业计划,包括市场机遇、运营策略、财务和人力资源规划。
4. 能够进行创业项目路演,有效地向潜在投资者展示项目的特点、发展规划和资金需求。
5. 能够识别并避免创业项目路演中的常见误区,如内容过多、缺乏故事性、设计不专业等。

【素养目标】

1. 培养学生的市场洞察力,使其能够准确把握市场动态和需求。
2. 培养学生的财务规划和资金筹集能力,使其能够合理利用资源,实现企业的可持续发展。
3. 提升学生的决策和风险评估能力,帮助其在面对不确定性时作出合理的选择。
4. 提升学生的沟通和表达能力,使其在路演和商业谈判中能够有效地展示和推销自己的创业项目。
5. 增强学生的团队协作和领导能力,以便在创业过程中有效地管理和激励团队。

案例导入

在一所大学的宿舍内,四位室友共同萌生了一个创业想法:开设一家咖啡馆,为同学们提供一个学习、交流和休闲的空间。他们发现宿舍区内缺乏一个能够让大家放松并享受咖啡的地方。这个项目结合了他们对咖啡的热爱、对校园市场需求的洞察，以及对创业的共同热情。

他们将这个项目命名为"宿舍啡页"，意在将咖啡文化与大学生活紧密相联。这个创业项目属于新兴创业，结合了实体和网络手段，通过社交媒体和校园网站进行宣传，并提供在线订购和宿舍区内配送服务。他们的创业形式按资金投入来划分属于小资本创业，主要依靠自己的积蓄和家庭的支持。

"宿舍啡页"的管理团队由四位室友组成，他们各自负责不同的领域：市场营销、财务管理、产品采购和客户服务。他们利用课余时间进行市场调研，了解同学们的口味偏好和消费习惯，并根据这些信息调整咖啡品种和定价策略。

在技术要求上，他们选择了易于操作的咖啡机和简单的食品制作流程，以确保快速服务和食品质量。他们的收益模式主要依赖于咖啡和轻食的销售，以及后期可能的校园活动场地租赁。

市场投入方面，他们通过举办免费试饮活动和优惠券发放，迅速在校园内建立了品牌知名度。他们的最终目标是将"宿舍啡页"打造成校园文化的一部分，为同学们提供一个温馨的社交场所。

【思考】
1. "宿舍啡页"项目在创业项目分类中属于哪一类创业？它们采用了哪些手段进行宣传？
2. 在创业项目评估中，"宿舍啡页"团队应该如何评估其市场定位和市场结构？

第一节　创业项目

一、创业项目的内涵

根据美国项目管理协会（Project Management Institute，PMI）的定义，项目是为了产出独特成果而开展的有限期工作。项目具有明确的开始和结束时间。一旦实现目标或因某些原因无法继续，项目即宣告结束。项目产出的成果通常是持久的，其社会、经济和环境影响往往比项目本身更长远。

创业项目也属于项目范畴，其产品即为企业。根据不同的分类方法，创业项目可分为以下四种类型。

（1）按照理念，可分为传统、新兴和微型创业。
（2）按照手段，可分为实体和网络创业。
（3）按照资金投入，可分为无资本、小资本和微型资本创业。
（4）按照模式，可分为独立、加盟、培训体验式和指导式创业。独立创业要求全面

的规划和较高的初始投资，风险较高。加盟创业则更为普遍和规模化，但需考虑资金和经验。培训体验式创业则提供了一种模拟创业环境以积累经验。指导式创业则是在创业过程中，创业者可以得到专业人士或导师的全程指导和支持。

二、创业项目的特点

创业项目与传统项目相比，具有其独特性，主要体现在以下五个方面。

1. 管理方式的特殊性

创业项目通常由一群有共同目标的个体组成团队，他们为了实现共同的创业梦想而聚集在一起。在创业初期，企业处于探索阶段，面对极高的不确定性。因此，创业项目的管理往往采用灵活、高效的"例外管理"模式，这对管理者的素质和知识结构提出了更高要求。相比之下，传统项目团队多由母公司内部调配，拥有成熟的管理制度和流程，对管理者的要求相对较低。

2. 技术要求的特殊性

对于创业项目而言，技术开发的时间紧迫，而且新技术在大规模生产中的应用需要满足高稳定性和可靠性的要求。而传统项目的技术通常较为成熟，研发时间也更为充裕。因此，创新性和不确定性构成了创业项目技术工艺的主要特点。

3. 收益获取的特殊性

创业项目通过企业的成长实现资本增值，如果经营得当，收益会随时间增长。传统项目则依赖于产品运营后的销售情况，随着时间的推移，产品性能可能下降，维护成本上升，导致收益呈现先增后减的趋势。

4. 市场投入的特殊性

创业项目最终以产品形式面向市场，面对的是一个全新的市场，消费者从认知到接受再到消费需要一定的时间和过程，因此需要在市场营销上投入更多的时间和资金。而传统项目的产品可以借助母公司的影响力快速推广，需要投入的市场营销费用也相对较低。

5. 最终目标的特殊性

创业项目的目标是抓住创业机会，使企业步入正常经营轨道，形成完善的经营模式并获得稳定的收益。而传统项目的目标通常是完成建设并交付使用。创业项目更强调机会导向，传统项目则更侧重于资源保障下的项目管理。

三、创业项目的选择原则

1. 熟知原则

（1）深入认识自我，全面评估个人状况。在着手创业之前，创业者必须对自身有全面的认识，准确把握自身的各种情况。这包括但不限于专业技能、工作经验、技术能力等硬性条件的考量，同时也需审视个人特质、兴趣偏好、家庭背景、社交网络、可用资源等软性因素。通过进行详尽的自我认知和评估，全方位剖析自身的长处与短板，以便最大限度地提升创业成功的可能性。

（2）掌握经济动态，洞察市场态势。创业者需针对计划创业的区域进行详尽的调研工作，研究该地区的政策导向、经济发展、自然资源、人文环境等，收集并分析具有商业价值的行业信息。同时，深入研究潜在创业项目的竞争对手状况，包括竞争对手的数量、在行业中的地位、规模、能力及发展趋势。创业者应顺应市场需求，结合国家相关的产业政策和法律法规，了解国家的扶持政策，明晰行业准入门槛，并进行深入市场研究。利用市场调研数据，敏锐发现创业机遇，对创业项目进行可行性研究，确保项目选择的科学性和合理性。这样能帮助创业者识别哪些项目虽不起眼但潜力巨大，哪些项目虽看似繁荣却已开始衰退。最终，将这些分析和市场情况汇总给行业专家，获取反馈，并据此不断优化创业计划，进行定量和定性的分析与评估，以制订出完善、可行的计划。对项目深入了解有助于创业者快速融入行业，提高创业的成功率。

2. 需求原则

（1）精准识别行业需求。利用生命周期模型来评估行业发展趋势是常见做法，该模型涵盖了启动期、增长期、成熟期和衰退期四个阶段。对于初次创业的大学生来说，识别行业当前所处的生命周期阶段至关重要。他们应选择那些具有成长潜力的行业，挑选市场上热销的产品或发现市场上的空白点，这些因素对于创业的成败具有决定性作用。在行业快速发展的背景下，选择正确的创业项目将大大增加成功的机会，助力创业者实现其创业目标。

（2）洞察国家需求动向。创业者若想有所作为，必须掌握国家政策的导向。国家政策支持对于创业企业发展具有极大的促进作用。那些得到国家政策扶持的行业，往往更容易打入市场，在良好的宏观环境下，大学生创业者可以降低创业风险，提高创业成功率。

（3）精确把握消费者需求。创业项目的选定应以市场需求为引领，创业企业的存在旨在满足客户需求。因此，企业需要精准定位消费者需求，从市场需求出发进行深入的市场调研，这是创业过程中不可或缺的一步。

3. 适合原则

在各个领域，总会有表现出色的杰出人物。尼采有言："优秀的人总会闪耀光芒。"然而，在创业领域，杰出的行业专家未必就能成为成功的创业者。即便是"金子"，如果没有"光源"的照射，也无法发光。因此，创业者不一定非要是那些在各个领域都表现出色的精英，关键在于创业是否适合自己的特质。每位创业者都拥有独特的社会关系网络、经验、能力和视角。在考虑之前提到的原则之外，还必须思考创业项目是否适合自己的特点，是否在自己的能力范围内，以及如何充分运用自己的经验和技能。对于初次创业的大学生来说，选择适合团队成员的项目尤为重要。只有当项目与团队匹配时，才能确保团队成员齐心协力，共同推进创业过程的顺利进行。

以下是从适合原则出发，针对大学生创业者的三点注意事项。

（1）创业项目应尽量减少对团队成员数量的依赖。现代大学生个性鲜明，过多的团队成员可能导致决策时意见分歧，进而引发团队内的矛盾和冲突，这对企业的发展可能产生不利影响，甚至导致创业失败。

（2）创业项目的风险应保持在可控范围内，优先选择风险较低的领域。虽然风险与收益并存，但大学生创业者通常缺乏足够的心理和资金风险承受能力。选择低风险项目有助于大学生快速适应创业环境，提高创业成功率，并且能够在失败时减少损失，保护创业者的信心，为再次创业积累经验。

（3）优先选择资金回流快、资金周转周期短的创业项目。资金问题是大学生创业时必须考虑的因素，受限于自身的经济条件和初次创业的现实。由于大学生创业者接触的融资渠道有限，资金链断裂可能导致企业运营中断。即使有国家政策支持，但如果无法获得及时的资金援助，初创企业仍可能因资金问题而难以维持。

四、影响创业项目选择的因素

1. 创业者本身因素

（1）个人兴趣和激情。创业者对某个领域的兴趣和激情是推动项目成功的重要因素。热爱自己的工作能够激发创业者的创造力和持久力。

（2）专业知识和技能。创业者在特定领域的专业知识和技能可以为创业项目打下坚实的基础，帮助项目在竞争中脱颖而出。

（3）经验背景。创业者的工作经验和生活经历会影响他们对市场的理解和项目运作的能力。

（4）风险承受能力。创业通常伴随着风险，创业者的风险承受能力决定了他们能够接受多大的不确定性和可能的失败。

（5）资金状况。创业者的资金状况会影响他们选择项目的规模和类型，资金充裕的创业者可能更倾向于选择需要较大初始投资的项目。

（6）团队和社会关系资源。一个强大的团队和广泛的社会关系网络可以为创业项目提供必要的支持和资源。

（7）个人价值观和目标。创业者的价值观和长远目标也会影响他们选择的项目类型，例如，有些人可能更倾向于社会企业或环保项目。

2. 创业项目因素

（1）市场需求：项目是否满足市场上的某种需求，以及这种需求的规模和增长潜力。

（2）竞争环境：市场上已有的竞争者和潜在的竞争者，以及创业者的项目如何在竞争中获得优势。

（3）技术可行性：项目是否基于现有的或可实现的技术，技术实现的难度和成本是否在可接受的范围内。

（4）法规和政策：项目是否符合当地的法律法规，以及是否有政策支持或限制。

（5）资源需求：项目实施所需的资源，包括资金、人力、物资等，以及获取这些资源的难易程度。

（6）可持续性：项目的长期发展前景，包括经济、环境和社会的可持续性。

（7）创新性：项目是否具有创新性，能否提供独特的价值主张，以及这种创新能否被市场接受。

（8）退出策略：项目未来可能的退出路径，如出售、上市、合并等。

五、创业项目的评估

1. 创业项目评估的内容

创业项目评估的内容包括市场评估和效益评估两个方面。

（1）市场评估。在评估创业项目的市场潜力时，应当综合考虑以下多个维度。

1）市场定位。创业者需要评估项目的市场定位是否准确，包括顾客需求的识别是否准确、与顾客的沟通渠道是否顺畅、产品是否具有持续创新的能力等，以判断项目可能带来的市场价值。产品或服务若能为顾客提供更高的价值，则创业成功的可能性也会增加。

2）市场结构。分析市场结构时，应涵盖市场进入障碍、供应商与顾客的议价能力、经销商的谈判力量、潜在替代品的风险及市场内的竞争强度五个方面。这些分析有助于创业者预测企业未来的市场地位和可能面临的竞争挑战。

3）市场规模。市场规模的大小直接影响新企业的市场进入障碍和市场竞争程度。进入成熟市场可能利润空间有限，而成长中的市场可能提供更多盈利机会，创业者应根据市场情况谨慎选择。

4）市场渗透力。对于具有广阔市场潜力的创业机会，评估市场渗透力至关重要。创业者应把握市场需求即将增长的时机进入市场，以充分利用市场潜力。

5）市场占有率。新企业若想成为市场领导者，通常需要达到20%以上的市场占有率。市场占有率低于5%可能意味着竞争力不足，影响企业未来的价值，特别是在赢家通吃的高科技行业，新企业需要具备进入市场前列的能力，才能具有较高的投资价值。

6）产品的成本结构。通过分析物料与人工成本的比例、变动成本与固定成本的比重及经济规模的大小，创业者可以评估新企业创造附加价值的能力和潜在的盈利空间。

（2）效益评估。在评估创业项目的经济效益时，以下因素是关键的考量点。

1）合理的税后净利润。一个有吸引力的创业项目通常应能实现至少15%的税后净利润。如果预期的税后净利润低于5%，这通常表明该项目不是一个理想的投资选择。

2）达到损益平衡的时间。一个项目应在2年内达到损益平衡点，如果超过3年才能达到损益平衡点，除非有特殊情况，否则这可能不是一个值得投资的创业项目。对于那些需要长期投入才能获利的项目，前期投入可以视为一种投资，以期待未来的回报。

3）投资回报率。一个合理的投资回报率应超过25%，而低于15%的投资回报率可能表明该项目不是一个值得考虑的创业机会。

4）资本需求。资本需求较低的创业项目通常更受投资者青睐。过高的资本额不仅可能不利于创业成功，还可能降低投资回报率。通常，知识密集型创业项目对资金的需求较低，能提供更高的投资回报。因此，创业者在项目启动时不应过度筹集资金，而应通过盈利来逐步积累资金。

2. 创业项目评估的基本流程

创业项目评估的常规流程涵盖了以下三个主要步骤。

（1）初始判断。创业者在评估创业项目时，通常会从初始判断开始，这通常是基于"假设+简单计算"的方法。例如，某创业者决定辞职并开展某项婴儿服务业务创业项目，其决策依据是北京有约30万名0～3岁的儿童，假设只有1%的家庭使用该服务，那么潜在客户也有3万名，从而推断出市场对这类服务的潜在需求。然而，这种判断可能不够准确。因此，在作出初步判断后，创业者还需要通过调研来进一步评估创业机会的价值。

（2）特征判断。具有潜力的创业项目通常具备以下特点。

1）吸引力：项目应面向需求强烈的市场，能够带来可观的利润，并且盈利模式清晰。

2）持久性：项目所面临的市场机会应具有一定的持续时间，以便企业能够稳定发展。

3）及时性：项目能够迅速响应市场需求，满足消费者的紧急需求或愿望。

4）增值性：项目应依附于能够为购买者或终端用户创造额外价值的产品、服务或业务。

（3）详细分析。对创业项目进行详细分析，意味着需要综合考虑之前提到的各种分析要素，包括市场定位、市场结构、市场规模、市场渗透力、市场占有率、产品成本结构等，以此来最终判断项目的可行性和盈利潜力。这一步骤是确保创业项目成功的关键。

视频：大学生返乡创业微电影《追梦人》

第二节 创业计划

一、创业计划概述

1. 创业计划的概念

创业计划是一份详尽的文档，它明确地描述了创业的目标、核心理念、未来展望、团队结构、执行策略等关键要素。这份计划是创业者对创业构想的正式书面表述，涵盖了市场机会、运营策略、财务和人力资源规划，特别强调了团队的领导和管理技能。它要求深入分析创业项目的潜力、需求、风险和可能的回报，以及如何有效利用市场机会。

创业者需要将市场调研、深思熟虑的策略和创新解决方案整合成一份详尽的创业计划，以指导创业活动，并向潜在的投资者和贷款机构展示其创业项目的成功潜力和实施策略。这份计划书是创业者向外界证明其创业想法可行性和吸引力的重要工具。

2. 创业计划的作用

创业计划是对新企业成立前准备工作的全面梳理和整合，它是一个详尽、具体、深入的行动方案，旨在实现创业战略。成功创业者的经验表明，只有通过科学、细致的创业计划制订，才能减少不必要的弯路和损失，提高创业成功的可能性。创业计划是创业者的行动指南和路线图。创业者制订创业计划的意义主要体现在以下三个方面。

（1）明确创业思路。创业计划是创业者事业的蓝图。有了清晰的创业计划，创业者才能保持创业方向和思路的清晰；才能在遇到干扰或挑战时保证创业活动的节奏和进程不受影响。许多创业者在事业初期可能仅凭热情投入，但在实际操作中会发现问题复杂多样。制订创业计划要求创业者以务实的态度分析自身资源、市场状况，冷静评估创业理想是否可行，清晰认识创业机会与风险，明确方向和目标，并对有市场潜力的产品或服务进行合理规划。

（2）获取外部资源支持。创业计划不仅是创业者自我了解的工具，更是向他人展示的途径，尤其是那些可能提供资金支持的人。因此，创业计划的另一个重要作用是帮助创业者向投资者推销新企业，说服他们进行投资。创业计划需要阐明新企业的创办目的、所需资金、投资者为何值得投资等问题。众多融资案例已证明，创业计划的质量和沟通效果对吸引投资者兴趣和获得投资至关重要。通过创业计划，投资者也可以初步评估创业者的基本素质和工作风格。可以说，创业计划是投资者决定投资的重要参考，是创业者获取资金支持的关键。

（3）为企业员工提供方向。创业计划明确了新企业需要的员工类型、工作内容和预期回报。通过展示新企业的发展前景和成长潜力，增强员工对企业和个人未来的信心，明确每位员工将参与的项目和活动，使员工了解他们的角色、工作内容及是否适合这些工作。因此，创业计划为企业的发展设定了具体的方向和重点，帮助新企业的员工理解企业的经营目标，协调工作，并朝着目标共同努力。

3. 创业计划书的内容

一份优秀的创业计划书是指导企业运营的关键文档，它为创业者及其团队提供了预测企业未来方向的蓝图，有助于确立团队成员一致的目标和价值追求，并向投资者明确展示企业的全貌，从而提升资金筹集的成功率。那么，一份完备的创业计划书应涵盖哪些要素呢？这些要素又能起到哪些作用呢？

通常，创业计划书应该包括封面、企业（项目）摘要、业务描述（企业简介）、产品与服务、市场营销、创业团队、生产制造计划、财务分析、风险评估、附件共10个方面内容。

（1）封面。创业计划书的封面相当于其"外观"，一个精心设计的封面能够彰显企业或项目的独特性，同时传达出企业（项目）的基本信息。这包括但不限于企业的名称、核心业务、负责人、联系方式、地理位置、官方网站等，这些信息对于后续的商业沟通和投资接洽至关重要。封面的设计应体现出专业和精细，给人留下深刻印象。虽然封面的材质不必过于奢华，但它应展现出企业的实力和合作的诚意。

（2）企业（项目）摘要。企业（项目）摘要应以简洁而精练的文字概述企业（项目）的核心理念和整体框架，包括市场机会、策略、目标市场、发展前景、竞争优势、财务目标、管理团队、资金需求等关键信息。摘要的目的是让读者快速了解企业（项目）的基本情况，并决定是否需要深入了解计划书的详细内容。通过摘要，读者可以迅速把握企业（项目）的精髓，为进一步探索打下基础。

（3）业务描述（企业简介）。在业务描述环节，企业应详细阐释其使命、面临的市场机会、行业现状、发展趋势，以及企业的主营业务和阶段性目标。这一部分要让读者明白企业的核心业务、能力范围和潜在成就。此外，还需要深入分析行业的发展水平、动态变化、政策影响和关键成功因素，展现创业者和团队对行业的深刻洞察，证明他们是该领域的专家。这有助于增强投资者和其他利益相关者对企业经营前景的信心。通过这一部分，读者应该能够清晰地看到企业的业务方向、能力边界和潜在成就。

（4）产品与服务。在产品与服务部分，企业需要详细描述其产品与服务的基本情况和生产运营策略。这包括产品的技术细节、核心竞争力、名称、特性、用途、生命周期阶段、市场潜力、技术升级计划及其成本，以及产品的生产成本、利润点和盈利模式。在阐述产品技术时，应重点介绍新产品的生产规划、原材料采购、供应商状况、生产技术能力、质量控制能力、创新能力、生产设施、工艺流程等。

这部分内容的目的是让读者清晰了解企业的产品种类和技术优势，强调产品或服务的创新点和独特卖点，以区别于竞争对手。通过这些信息，读者可以评估企业在市场中的竞争力和潜在的商业成功机会。

（5）市场营销。在市场营销部分，企业应详细阐述其目标市场、营销策略、竞争环境、竞争优势与劣势，并预测产品的销售收入、增长速度和核心产品的需求。具体来说，需要深入分析目标细分市场、目标客户群体、预期市场份额等关键问题。在竞争分析方面，要评估竞争对手、制订应对策略、预测市场发展趋势，并比较产品或服务在价格和质量上的竞争地位。

此外，营销策略部分应包括企业的营销组织架构、渠道建设、广告和促销手段、定价策略、市场开发方法及潜在的市场风险和应对措施。通过这些内容，读者可以全面了解企业如何定位市场、应对竞争及推动销售增长。这有助于展示企业对市场的深刻理解和有效的营销执行力，从而增强投资者和其他利益相关者的信心。

（6）创业团队。创业团队的介绍是创业计划书中至关重要的一环，它能够体现企业（项目）的执行力和成功潜力。一个优秀的创业团队通常具备以下特点：团队成员的专业背景与岗位需求相匹配、成员间的能力互补、共享统一的价值观，以及拥有共同的奋斗目标和精神。

在介绍团队时，应详细描述每位成员的专业背景、个人特质、岗位职责，并利用表格、图示等直观方式展示团队成员如何能力互补、素质均衡、分工合理。这有助于读者快速了解团队的结构和运作方式。

此外，这一部分还应包括人力资源管理的相关内容，如企业的组织架构、薪酬体系、绩效考核、奖惩机制等。这些信息能够展示企业在人力资源管理方面的专业性和系统性，进一步增强读者对企业运营能力的信心。通过这些详细的介绍，读者可以评估团队的综合实力和项目的可行性。

（7）生产制造计划。在创业计划书中，生产制造计划部分是展示企业运营能力的重要环节。创业者需要详细阐述以下七个方面。

1）厂房选址与布局：包括地理位置、交通便利性、成本效益分析及对未来扩张的考虑。

2）机器与设备：列出关键的生产设备，包括设备的技术参数、采购计划、维护和升级策略。

3）生产工艺流程：描述产品的生产步骤，包括原材料处理、加工、组装、质量控制等环节。

4）产品包装与储存运输：说明产品的包装设计、储存条件及物流和配送策略。

5）质量检测：强调产品的质量保证体系，包括内部质量控制机制和外部权威机构的质量检验报告。

6）荣誉与专利：如果产品获得了设计奖项、发明专利或得到其他行业认可，应重点突出这些成就。

7）技术突破与成本效益：如果生产工艺有创新，能够显著降低成本或提高效率，这些信息应该被明确展示。

通过这些内容，读者可以对企业生产能力和产品质量有清晰的认识。这些信息有助于建立投资者对企业生产实力的信任，同时激发他们对产品和项目的兴趣。高质量的生产制造计划能够显著提升企业对潜在投资者的吸引力。

（8）财务分析。在创业计划书的财务分析部分，企业需要清晰地展示其资金的来源和使用情况，并对未来发展进行预测。以下是对财务分析部分的详细说明。

1）资金来源和使用情况：企业需要详细说明资金的来源，包括自有资金、银行贷款、投资者投资等。同时，需要展示资金的具体使用计划，如初始投资、运营成本、销售成本、其他成本等。

2）财务报表：已成立并运行一段时间的企业，应提供过去的现金流量表、资产负债表、损益表、年度财务总结报告书等。这些报表能够反映企业的财务状况和运营效果。

3）财务预测：至少需要预测未来三年企业的成本、利润等发展情况。这包括对营业收入和费用、现金流量、盈利能力和持久性的预测，以及固定与变动成本的分析。

4）融资计划：企业的融资计划应详细说明所需资金额度、团队出资情况、资金需求计划、资金需求的时间周期、资金的主要用途等。

5）股权和退出方式：需要清楚地告知投资人出让股权情况及投资者的退出方式。常见的退出方式包括首次公开募股、并购、新三板挂牌、股权转让、回购、借壳上市、清算等。选择退出方式时，应考虑市场情况、投资策略等因素。

6）风险提示：在财务分析过程中，应识别潜在风险，如市场竞争、原材料价格波动、政策变化等，并制订相应的应对措施。

7）总结与展望：基于财务分析，总结企业的财务状况，提出未来的发展策略和改进建议，以确保企业财务的健康、稳定发展。

通过这些详细的财务分析，投资人可以全面了解企业的财务状况、盈利能力、资金需求和投资回报预期，从而作出明智的投资决策。

（9）风险评估。本部分着重阐述在企业经营或项目执行过程中潜在的各种风险，涉及技术、市场、管理、财务及其他不可预知的风险。需要明确的是，这里的风险评估与分析的目的并非单纯揭示企业（项目）可能遭遇的问题，而是为了说明面对这些常见风险，创业者及其团队计划实施哪些策略与手段来管理和预防风险，以此来证明企业发展的可持续性和项目实施的可行性。

（10）附件。附件的功能在于填补前9项内容中未能详尽或难以言明的问题。例如，突显企业成功的核心要素，阐述投资人青睐该企业（项目）的理由，详细介绍团队领军人物或企业总经理的个人履历（尤其是荣誉奖项或社会职务），媒体对产品的相关报道，以及政府机构对企业（项目）的支持与关注情况。此外，还包括企业产品的实物样本、图片及其说明，公司与产品的其他相关资料，对创业计划书内容真实性的保证等。

二、创业计划书的编制

1. 创业计划书的编制原则

创业计划书是创业者用以阐述其商业构想、市场策略、运营管理和财务规划的重要文档。它不仅是用来吸引投资的工具，也是指导企业未来运作的蓝图。为了确保创业计划书的有效性，创业者在编制时应遵循以下原则。

（1）针对读者，突出主题。

1）识别并理解目标读者群体，如风险投资者、合作伙伴、潜在雇员等。

2）根据读者的关注点调整内容，突出他们可能感兴趣的信息。

3）使用清晰的标题和小标题，使读者能够快速抓住每个部分的核心。

（2）结构完整，内容规范。

1）确保计划书有清晰的结构，包括目录、摘要、各个章节和附录。

2）使用专业的管理学和行业术语，确保内容的规范性和专业性。

3）财务数据和分析应通过图表直观展示，便于读者理解。

4）注意文档的排版、校对，避免拼写和印刷错误。

（3）计划周密，协调统一。

1）制订详细的编写计划，包括时间表和人员分工。

2）组建写作小组，分工合作，确保各部分内容的连贯性和统一性。

3）由组长或负责人进行最终的审核和协调，确保整个文档的质量。

（4）合理预测，数字准确。

1）对市场、财务和运营数据进行合理的预测，避免过于乐观或悲观。

2）确保所有预测和数据都有可靠的来源和依据，如市场调研、行业报告等。

3）对于关键假设进行说明，让读者了解预测的依据。

4）定期更新数据，确保信息的时效性和准确性。

（5）保护知识产权，注意保密。

1）认识到创业计划书中可能包含敏感信息和商业秘密。

2）采取措施保护知识产权，如在计划书中加入保密条款。

3）对于特别敏感的信息，考虑不在计划书中披露，或者仅对签署保密协议的读者披露。

遵循这些原则，创业者可以编制出既有吸引力又具有操作性的创业计划书，为成功吸引投资和指导企业成长打下坚实的基础。

2. 创业计划书的编制步骤

（1）确定创业计划书格式。鉴于不同读者对创业计划书的关注点各异，创业者的首要任务是识别目标读者群体，了解他们的需求和期望，从而有针对性地设计创业计划书格式，确保内容贴合读者兴趣。

（2）构建创业计划书框架。制订创业计划书概要，概述创业项目的核心要点。此框架应明确创业目标、战略规划，规划编写流程，并设定创业计划书的整体结构及核心内容布局。

（3）收集必要信息以填充计划书。依据已确定的计划书框架，创业者需要收集当前缺失但对计划书撰写至关重要的信息。这涵盖行业趋势、生产技术细节、市场动态、财务预测等多个方面。信息收集的彻底性对计划书质量至关重要，可通过查阅文献、实地调研、网络搜索等途径获取信息。

（4）初步撰写创业计划书。基于创业概要，全面撰写包括市场竞争、运营管理、技术工艺、财务规划、融资策略、风险评估等内容的创业计划书初稿，确保计划书内容全面且细致。

（5）审阅并优化计划书。完成初稿后，创业者需要从目标读者视角审视计划书的客观性、可行性、逻辑性和创新性，确保其吸引力。通过广泛征询意见和内部讨论，对计划书进行迭代，直至形成满意的方案。

（6）最终定稿并制作正式文本。对计划书进行最终修订，确保其既展现项目潜力与收益预期，又体现项目的可行性，然后打印成正式的创业计划书文档，以便用于融资申请、宣传推广及项目实施规划。

3. 创业计划书的编制关键

在完成创业计划书后，团队需要集思广益，共同审视和讨论计划书内容。这一步骤关键在于确保计划书的逻辑清晰、内容连贯，并检查是否存在任何矛盾点。具体而言，重点应放在以下三个核心方面。

（1）全面性。创业计划书应充分满足不同读者的需求。它不仅是创业者与投资者之间的沟通桥梁，还需要考虑企业内部成员、投资者、竞赛评委和消费者的期望。内部成员关注的是明确的发展规划和实施流程；投资者重视项目的市场价值、发展前景和投资回报；竞赛评委注重计划书的专业性和项目可行性；消费者关心产品是否满足其需求。因此，创业计划书应精准定位这些不同需求进行创作。

（2）洞察竞争。创业计划书的优劣不在于篇幅长短，而在于能否准确把握行业竞争的核心。计划书应清晰地阐述企业如何在市场中立足。通过深入分析，创业者应检查计划书是否充分回答了关于行业现状、社会经济消费水平、技术成熟度、国际对标、企业发展路径、产业链盈利情况、竞争格局和对手分析等关键问题。

（3）坚守初心。创业计划书的逻辑应与创业初衷保持一致。创业者对事业的热情和激情是驱动企业发展的核心动力。无论企业如何发展，其本职业务和核心技术都应与创业者的初衷相符。计划书的编制应围绕主营产品和技术进行，确保市场分析、客户分析、研发生产、融资计划等都服务于企业核心业务、竞争力的展现。

通过这样的细致审查和讨论，创业计划书的内容将更加精练、逻辑更加严密、更能引起读者的共鸣，同时也为创业项目的成功实施奠定坚实的基础。

三、创业项目的路演

1. 创业项目路演的内涵

路演源自英文"Roadshow"，是一种国际上普遍采用的证券发行推广方式。它对于加强投资者对项目的全面了解、促进投融资活动的进行至关重要。路演包括在公共场合进行演说、展示产品和理念，向他人介绍自己的公司、产品或想法。这种活动是投资和融资双方在充分交流的基础上，推动项目融资的重要方式，有助于促进双方的沟通，确保创业项目能够顺利获得资金支持。随着互联网技术的发展，路演的形式变得更加多样化，越来越多地采用多媒体技术向投资者展示项目详情。与传统的纯文字演讲相比，现代路演在效率和效果上都有显著提升。

在创业领域，路演指的是企业或创业者在台上向潜在投资者介绍项目特点、发展规划和资金需求，这是项目方与投资者进行有效互动的过程。通过创业路演，可以吸引多个投资者的注意力，让他们认真听取创业者的介绍，同时提供一个思考和讨论的机会，使投资者能够更深入地理解创业项目，从而作出更准确的投资决策。

2. 创业项目路演的环节

路演是一项关键的商务活动，企业一旦决定参与，就必须做好全面准备，以确保路演达到预期效果。通常，参与商业路演需经历以下七个流程。

（1）确定路演背景。不同的路演背景对内容和形式设计有不同的需求。例如，推广型路演更侧重于介绍产品，包括产品优劣分析、与竞品的对比分析、性价比分析等；融资型路演则更侧重于介绍企业的现状、发展规划、融资需求、股权出让等。因此，企业代表在参加商业路演前，首先需要明确路演的背景，了解具体的流程、展现形式和要求，以便为后续准备提供方向。

（2）挑选路演人员。商业路演实质上是一种宣讲活动，重点在于"讲"。因此，能够代表企业在台上进行路演的人员应该是熟悉企业情况和产品的核心成员。他们需要就企业运营发展的方向性和细节性问题给出明确回答。通常，企业负责人或项目创始人是最佳人选，但企业也可以根据不同的路演背景派出更合适的人选或团队。

（3）设计路演文案。在明确路演背景和确定人员后，接下来是设计路演文案。路演文案即演讲过程中使用的讲稿，涵盖所有需要表达的信息。演讲者应依据企业参加路演的目标、通知要求和个人表述习惯来设计和编写文案，确保文案主题明确、内容充实、逻辑清晰、重点突出、简洁明了。

（4）准备路演资料。除了设计路演文案，演讲者还需要准备其他材料，如与文案对应的PPT、企业商业计划书、宣传片或产品介绍片、产品实物或模型、技术专利与相关证明、销售资质证明、企业文化或社会影响力展示材料、核心竞争力奖项和荣誉、观众可能提问的问题及回答内容等。这些材料能有效增强企业和产品的可信度，提升观众的好感和信任度。

（5）排练路演环节。在讲演文稿、PPT和其他相关材料准备就绪后，演讲者需要进行路演环节的排练。排练过程包括根据时间要求确定每张PPT的演讲时间、确定宣传片或产品介绍片的播放时间、明确所有参与人员的登台顺序和位置、确定产品实物的呈现方式或样品发放的时间节点和形式、思考可能面临的问题及回答内容（如有多人登台，需做好问题回答的分工，避免无人回答的尴尬情况）、防范演讲台上可能发生的意外情况并制订解决方案等。最重要的是，演讲者要对演讲内容足够熟悉，掌握每一项内容和环节。

（6）进入路演状态。在路演现场，演讲者需要提前候场，在后台做好PPT的存储和试播工作，调整呼吸节奏，做好心理准备，进入演讲状态。演讲时，表情应自然得体，说话注意抑扬顿挫，表述注重情感投入，吸引观众的注意力，带领观众进入演讲情境，加深印象，赢得好感。同时，注意是否有问答环节，面对提问要听清问题，对于表述不清的问题要有礼貌地复述确认，展现沉着冷静、处变不惊的形象，为路演增色。

（7）跟进路演情况。商业路演尤其是融资型和推广型路演结束后，企业应及时进行情况跟进。对于融资型路演，企业需要及时联系有意向的投资人，洽谈相关事宜，把握融资机会，集聚外部资源，为企业的进一步发展奠定基础。对于推广型路演，企业需要及时与目标客户沟通，建立社会关系网络，表达合作诚意，进一步拓展产品销售渠道。同时，针对路演环节中出现的不足，需查找原因、进行总结，为下一次商业路演积累经验。

3. 创业项目路演的技巧

路演是一种直接与投资者对话的活动，对于创业者来说，用充满不确定性的创业项目去吸引投资者并获取资金是一项挑战。许多创业者可能多次参与路演，但效果不佳。以下是一些路演技巧，旨在帮助创业者更有效地完成路演。

（1）路演内容。路演内容是传达给观众的信息，是路演成功的关键。路演内容需提前准备，紧扣主题、逻辑清晰、重点突出。如果时间允许，应多次排练，确保对内容熟悉。

（2）语音、语速、语调。演讲者应以充满感情的语言传达信息，确保发音准确，语调富有情感，以使投资者更好地接受和理解。在语速方面，应保持适度，让投资者清晰理解信息，同时维持良好的节奏感，确保在规定时间内完成路演。

（3）个人状态。路演中，投资者也会评估创业者本身。在推介项目时，创业者应展现出激情、积极的态度，对自己项目的信心，以及为项目付出的决心。

（4）肢体语言。肢体语言，如手势和面部表情，可以传达思想和情感。创业者应利用肢体语言与投资者互动，表现对他们的关注。

（5）展示个人素质。投资者希望创业者具备倾听能力。在推介项目时，创业者应关注投资者的感受，诚实回答问题，避免夸大其词，以赢得投资者的信任。

（6）使用数据支持。创业者应通过数据明确告知投资者目标受众、项目实施计划、竞争优势，并提供详细、准确的财务预测。尽管数据可能显得枯燥，但它是直观、有说服力的工具，创业者应充分利用。

通过掌握这些技巧，创业者可以更有效地进行路演，获得吸引投资者的机会。

4. 创业项目路演的忌讳

在进行创业路演时，有一些误区需要避免，以确保路演的效果和专业性。以下是一些常见的误区。

（1）内容过多。避免在PPT中堆砌大量文字或数据，这可能导致听众感到压力和困惑。PPT中的内容应简洁明了，突出关键点。

（2）缺乏故事性。不要仅罗列事实和数据，而应通过故事讲述吸引听众的兴趣，使其与创业项目产生情感共鸣。

（3）设计不专业。避免使用过于花哨或不专业的设计元素，这可能会分散听众的注意力。PPT设计应具有专业性和保持一致性。

（4）忽略听众需求。不要假设听众对自己的行业或产品有深入了解，应考虑听众的知识背景，确保内容对他们来说是易于理解和相关的。

（5）过度技术化。避免使用行业术语或复杂的技术细节，除非确定听众对此熟悉。使用通俗易懂的语言来传达信息。

（6）缺乏数据支持。不要只谈论愿景和计划，而应提供数据和事实来支持自己的论点，增加说服力。

（7）忽视互动性。避免单向的信息传递，而应设计互动环节，如问答或讨论，以提高听众的参与度。

（8）超时演讲。不要超出时间限制。准备内容时应精练并通过练习控制演讲节奏，确保在规定时间内完成演讲。

（9）未准备问题应对。不要忽视可能的问题和异议。应准备应对常见问题的回应，并在问答环节中展现出开放和诚实的态度。

（10）缺乏团队介绍。避免不介绍团队成员或不突出团队的优势。团队是创业成功的关键，应展示团队的专业能力和对项目的热情。

（11）过度依赖幻灯片。不要完全依赖幻灯片来传达所有信息。演讲者应该是路演的焦点，幻灯片只是辅助工具。

（12）未展示融资需求。不要忽略对融资需求的清晰展示。投资者需要了解他们如何参与，以及资金将如何被使用。

（13）不展示后续计划。避免不提及项目的未来规划和里程碑。这有助于展示项目的可行性和长期视角。

（14）缺乏练习。不要未经充分练习就上台演讲。多次排练可以帮助演讲者熟悉内容、提高自信，并确保演讲流畅。

通过避免这些误区，创业者可以更有效地进行路演，获得吸引投资者的机会。

拓展阅读

以企业家精神领航创业新时代

曾经的青年创业者，现在的青年企业家。在中国青年报社联合微众银行"微众企业+"推出的"敢为·青年企业家演讲"系列节目中，青年企业家们进行了交流和探讨。企业家精神即是一门必修课。党的二十大报告指出，"完善中国特色现代企业制度，弘扬企业家精神，加快建设世界一流企业。"企业家精神是中国共产党人精神谱系的重要组成部分，是建设社会主义市场经济的力量源泉，也是青年企业家领航创业新时代的精神内核。

对青年创业者来说，企业家精神是一种艰苦奋斗的创业精神。创业的风险极高，它从来不是一种盲目选择，而是在创业者立足现有情况，经过理性分析后才付诸实践的结果。有时即使走对方向，也未必一定成功。因此，"谋定而后动"应是青年创业者们的创业前提。同时，创业的过程非常艰苦，走在创业道路上的青年们，在面临诸多难题时，要忍得住折磨，受得住寂寞，经得起波折。艰苦奋斗不仅是对吃苦的坚持不懈，而且是在吃苦之余学会"善变"，始终以一种变化的心态去应对市场的变化。但不变的是，政府倡导的、市场需要的、人民群众需要的一直是青年创业者们创新创业的方向所在。

对青年创业者来说，企业家精神是一种勇于开拓的创新精神。创业不仅是立足眼前，还必须放眼未来。青年创业者的眼光务必放长远。今天是互联网极度发达的时代，每天都有新变化，创新即是整个社会进步的关键。创新，顾名思义，就是创造新的事物，新事物与"旧"事物注定不同，无论是在以前的东西上做加法还是做减法，它都会有这样或那样的不同。因此，作为时代"弄潮儿"的青年创业者，要敢于吃"螃蟹"，勇于引领潮流，依靠创新创造赢得市场。同时，因为青年创业者的情感表达意识更加强烈，所以更善于用科技触动情感，用感性思维提升商品的购买力。能够做到主动创造差异化、尽量避免同质化就是行业的佼佼者。

对青年创业者来说，企业家精神是一种精益求精的工匠精神。市场竞争日趋激烈，除

了产品创新、技术创新、应用和商业模式创新等竞争外，精益求精的工匠精神更为重要。创业，既是大胆创新驱动的过程，更是工匠精神驱动的过程。在产品方面，追求极致的用户体验；在技术方面，追求易用的科技驱动；在运营方面，追求精进的工作效率。唯有如此，才能形成并保持创业项目在市场中的相对竞争优势。几乎所有的青年创业者都不缺乏创新驱动的激情，但成功的青年创业者会更具备精益求精的工匠精神，他们善于和敢于在工作中不断精进、长期坚持、快速迭代，逐渐逼近完美，从而得到市场的认可，实现自身的价值。

对青年创业者来说，企业家精神是一种勇于负责的担当精神。他们心中会有自己的团队成员，也会有党和国家所赋予的时代使命和责任担当。无论外在环境如何变化，无论经历多少的坎坷和挑战，青年们总能一事当前，勇挑重担、敢于负责。当任务、矛盾、困难、风险和挑战来临时，这份担当就能显现。勇于负责的担当精神是一种能力，更是一种社会责任感和正义感的体现。青年创业者在推动企业成长的同时，要为社会创造价值、提供就业岗位。除此之外还要致富思源，义利兼顾，把行动落到实处，加快企业发展步伐，自觉履行社会责任，做爱国敬业、守法诚信、回报社会的先进典范。

当前，世界百年未有之大变局加速演进，加快建设世界一流企业，让中国式现代化展现蓬勃生机，离不开具有鲜明时代特征、民族特色和世界水准的中国企业家队伍。对于青年创业者来说，企业家精神，既是时代之需，更是发展之要。进入新时代，踏上新征程。在人生经纬交织的轨迹上，青年创业者不仅要实现向青年企业家的身份蜕变，还要带领企业战胜当前的困难，走向更辉煌的未来，在中国经济高质量发展中留下不平凡的印记。

（资料来源：http://news.cyol.com/gb/articles/2023-05/18/content_X5RxP7ip2V.html）

附录
课后习题

第一章课后习题

一、填空题

1. 自我认知是个人对自我_____、行为、心理状态及未来期望的深刻洞察。
2. 在职业规划中，成功的关键在于个人能否_____并利用自己的优势。
3. 职业测评是一种心理评估工具，它通过_____心理量表来衡量个人的心理特质和行为模式。
4. 霍兰德职业兴趣理论将人格分为_____、_____、_____、_____、_____、_____六种类型。
5. 舒伯的职业价值观测试将职业价值观细分为内在价值、外在价值和_____。

二、选择题

1. 自我认知不包括（　　）。
   A. 个人存在　　　B. 行为模式　　　C. 他人评价　　　D. 未来期望
2. （　　）不是自我认知的方法。
   A. 自我剖析法　　B. 全方位评价法　C. 职业测评法　　D. 他人测评法
3. 职业兴趣通常与（　　）无关。
   A. 价值观　　　　B. 家庭背景　　　C. 个人技能　　　D. 社会环境
4. （　　）不是MBTI职业性格测评的维度。
   A. 注意力方向　　B. 认知方式　　　C. 判断方式　　　D. 情绪表达
5. 舒伯的职业价值观测试不包括（　　）。
   A. 内在价值　　　B. 外在价值　　　C. 外在报酬　　　D. 个人兴趣

三、判断题

1. 职业兴趣只包括对知识、文化、艺术和精神满足的追求。（　　）
2. 职业能力是个体在特定职业领域中所需多方面能力的集合。（　　）
3. 职业性格测评只能通过MBTI职业性格测评进行。（　　）
4. 霍兰德职业兴趣理论认为人格只有3种类型。（　　）
5. 舒伯的职业价值观测试包含15个不同的维度。（　　）

四、简答题

简述职业环境分析的关键步骤。

第二章课后习题

一、填空题

1. 职业生涯是个体在工作领域内的_____、活动、态度和价值观的连续性发展轨迹。

2. 职业生涯规划是一种系统的自我探索过程，涉及个人对自己技能、_____、特质和信念的深入理解。

3. 职业生涯规划的四个关键特征包括可行性、适时性、灵活性和_____。

4. 职业生涯规划的意义在于为人们提供了一个清晰的路线图，帮助人们设定具体的目标，采用系统的方法，采取实际的步骤，并最大限度发挥人们的_____。

5. 职业生涯目标的分解是将目标清晰化、具体化的过程，它将抽象的目标转化为可操作的实施步骤，这个过程称为_____。

二、选择题

1. 职业生涯规划的定义包括（　　）。

   A. 个人成长与企业发展同步　　　　B. 探究各行各业的市场动向
   C. 设定清晰的职业目标　　　　　　D. 以上所有选项

2. 职业生涯规划的特点不包括（　　）。

   A. 可行性　　　　B. 适时性　　　　C. 稳定性　　　　D. 灵活性

3. 职业生涯规划可以帮助大学生（　　）。

   A. 提升成功概率　　　　　　　　　B. 增强个人竞争力
   C. 合理分配资源　　　　　　　　　D. 以上所有选项

4. 职业生涯目标的类型不包括（　　）。

   A. 人生规划　　　　B. 长期规划　　　　C. 短期规划　　　　D. 随机规划

5. 在职业生涯目标设定原则中，不包括（　　）。

   A. 目标设定需契合个人特质
   B. 目标设定应结合长短期规划
   C. 目标要模糊可行
   D. 目标需要分解和评估

三、判断题

1. 职业生涯的发展是一个静态的、不变的过程。　　　　　　　　　　　　（　　）
2. 职业生涯规划可以帮助大学生理解自己的职业愿望。　　　　　　　　　（　　）
3. 职业生涯规划是一个一次性的活动，不需要持续更新。　　　　　　　　（　　）
4. 职业生涯规划中的自我定位是职业生涯规划的基础。　　　　　　　　　（　　）
5. 职业生涯规划中的SWOT分析法不包括分析外部环境中的机会和威胁。　（　　）

四、简答题

结合 SWOT 分析法，对【案例导入】中所述的张磊进行职业决策分析。

第三章课后习题

一、填空题

1. 职业生涯管理涉及管理层、员工个体及企业整体利益的_____。
2. 职业生涯规划评估包括评估个人设定职业目标是否仍然_____。
3. 在职业生涯管理中，企业通过提供清晰的职业发展路径、必要的培训和支持来帮助员工在合适的岗位上发挥所长，这个过程称为_____。
4. 职业生涯规划评估的作用之一是促进自我认知的_____。
5. 职业素养的核心包括职业信念、_____和职业行为习惯。

二、选择题

1. 职业生涯管理中，企业层面的管理不包括（   ）。

   A. 制订人才培养计划　　　　　　　B. 提供必要的培训和支持

   C. 明确传达战略方向和目标　　　　D. 个人自我驱动的职业规划

2. 职业生涯管理对个人的意义不包括（   ）。

   A. 提升工作能力　　　　　　　　　B. 合理配置资源

   C. 激发员工积极性　　　　　　　　D. 追求更高自我价值

3. 职业生涯个人管理的中期阶段不包括（   ）。

   A. 考查职业生涯目标　　　　　　　B. 自我评估

   C. 对待失业　　　　　　　　　　　D. 学会接受，迎接变化

4. 职业生涯规划评估的作用不包括（   ）。

   A. 促进自我认知的全面性　　　　　B. 落实具体的发展措施

   C. 提高企业效益　　　　　　　　　D. 调整职业发展方向和目标

5. 职业素养的基本特征不包括（   ）。

   A. 特定性　　　　B. 稳定性　　　　C. 创新性　　　　D. 发展性

三、判断题

1. 职业生涯管理仅是管理层的责任，与员工个人无关。（   ）
2. 职业生涯规划评估是一次性活动，不需要根据环境的变化进行调整。（   ）
3. 职业生涯管理有助于员工成长和企业资源合理配置。（   ）
4. 职业生涯规划评估的作用之一是帮助大学生更深入地了解自己，明确自身的长处和短处。（   ）
5. 职业素养是与生俱来的，不需要通过教育和实践来提升。（   ）

四、案例题

案例分析：小何是一家 IT 公司的软件工程师，他在工作中表现出色，但对公司的发展方向和个人职业发展路径感到困惑。他发现自己的同事小李通过有效的职业生涯规划，

不仅工作绩效高，而且对个人未来有清晰的规划。小何决定制订自己的职业生涯规划，首先进行了自我评估，明确了自己的兴趣和职业目标，其次根据公司的发展战略和个人情况，制订了一套职业发展计划，包括参与公司的培训项目、提升自己的技能，并且主动与上级沟通自己的职业规划，寻求支持。

问题：小何在进行职业生涯规划时，首先应该采取的步骤是什么，为什么这个步骤至关重要？

第四章课后习题

一、填空题

1. 2023 年普通本专科毕业生人数达到＿＿＿＿万人，较 2022 年同比增加＿＿＿＿万人。

2. 大学生就业形势特点中提到，毕业生就业选择变得更加＿＿＿＿和＿＿＿＿。

3. 教育部发布的通知中提到，要按照"秋季校园招聘月""寒假暖心行动""春季攻坚行动""＿＿＿＿"的部署，统筹做好本地本校促进就业工作安排。

4. 在就业信息收集途径中，除了校内就业指导中心和网络招聘，还可以通过＿＿＿＿和＿＿＿＿等社会关系网络收集就业信息。

5. 个人简历中，＿＿＿＿是向潜在雇主全方位展示自己的资质和经历的重要部分。

二、选择题

1. 大学生就业形势分析中，（　　）不是大学生就业形势的特点。

    A. 毕业生就业在地理分布上存在显著差异

    B. 毕业生就业选择更加灵活，就业途径多样化

    C. 毕业生的职业期望与市场需求完全匹配

    D. 越来越多的毕业生选择延迟就业

2. 根据大学生就业政策分析，（　　）不是开拓市场化、社会化就业渠道的措施。

    A. 深入开展"访企拓岗"专项行动

    B. 推进实施"万企进校园"计划

    C. 限制中小企业吸纳高校毕业生

    D. 支持灵活就业和自主创业

3. 在就业信息的筛选过程中，（　　）不是需要考虑的因素。

    A. 信息来源的可靠性

    B. 信息的适用性

    C. 信息的娱乐性

    D. 信息的价值

4. 就业心理准备中，（　　）不是需要做的准备。

    A. 做好主动参与竞争的心理准备

    B. 做好遭遇挫折的心理准备

C. 避免长远发展的心理准备

D. 做好长远发展的心理准备

5. 求职材料的构成中，（   ）不是个人简历应该包含的内容。

A. 个人资料

B. 教育背景

C. 个人技能

D. 个人旅行经历

三、判断题

1. 根据国家统计局官网数据，2023年普通本专科毕业生人数较2022年同比有所减少。（   ）

2. 大学生就业形势特点中提到，毕业生就业选择变得更加单一，就业途径减少。（   ）

3. 大学生就业政策分析中提到，要强化高校责任，主要负责同志是第一责任人。（   ）

4. 在就业信息的筛选过程中，只需要关注信息的时效性，不需要考虑信息的适用性。（   ）

5. 求职信的篇幅最好控制在一页纸内，避免过长。（   ）

四、简答题

在就业求职的材料准备中，评价个人简历的标准包括哪些方面？

第五章课后习题

一、填空题

1. 在求职过程中，利用＿＿＿＿推荐可以增加自己的可信度，因为它们通常具有社会关系和学术声望。

2. 面试中的＿＿＿＿面试是一种经过细致规划的过程，主要通过对话和观察来评估求职者的各项素质。

3. 在面试中，评估的内容非常广泛，其中包括求职者的＿＿＿＿、专业知识、工作经验等。

4. 笔试中的心理评估通常通过＿＿＿＿或问卷，在规定时间内完成，以判断求职者的心理状态和个性特征。

5. 公务员选拔考试的笔试科目包括行政职业能力测试和＿＿＿＿。

二、选择题

1.（   ）结合了结构化和非结构化面试的特点，面试官会问一些预设的问题，同时也留有空间进行即兴提问。

A. 结构化面试　　　B. 非结构化面试　　　C. 半结构化面试　　　D. 情境性面试

2. 笔试中,(　　)用于评估求职者的智力水平,通常用于对思维能力有较高要求的职位。

　　A. 专业技能考核　　　B. 心理评估　　　C. 智力测试　　　D. 综合能力评估

3. 在面试中,(　　)涉及求职者的外表和举止、职业目标、专业知识等。

　　A. 形象气质　　　B. 专业知识掌握　　　C. 职业能力　　　D. 综合素质

4. (　　)不是面试礼仪中对着装的要求。

　　A. 着装整洁、得体　　　　　　　　B. 符合职业形象

　　C. 佩戴过多首饰　　　　　　　　　D. 选择与职位性质相匹配的服装

5. 笔试中,(　　)题型要求求职者对提供的信息进行正确与否的判断。

　　A. 填空法　　　B. 判断法　　　C. 选择法　　　D. 问答法

三、判断题

1. 网络自荐因其广泛的覆盖面和即时性,预示着未来求职的趋势,因此可以完全取代传统的自荐方式。(　　)

2. 面试中的情境性面试是通过设置特定情境或问题,观察求职者的反应和处理方式,以评估其解决问题的能力。(　　)

3. 笔试的经济性体现在它可以在不同地点和时间对众多求职者进行,效率较高。(　　)

4. 面试中的单独面试适用于初步筛选或小型组织,而分阶段面试适用于深入探讨个人能力和经验。(　　)

5. 笔试的智力测试通常不包括对求职者的反应、理解和创新能力的考察。(　　)

四、简答题

简述在面试中,如何通过回答"我们为什么要聘用你?"这个问题来展示自己的独特卖点,并说明这些卖点如何对应岗位需求。

第六章课后习题

一、填空题

1. 大学生在求职过程中享有的权利被称为_____。

2. 高等学校应建立专门的就业指导机构,并配备专业人员为学生提供_____。

3. 高校在毕业生就业服务中扮演着_____角色。

4. 毕业生的_____权确保了毕业生在就业过程中的合法权益得到保护。

5. 劳动争议仲裁的时效期限为_____年。

二、选择题

1. 毕业生获取就业信息权具体包括(　　)。

　　A. 信息透明　　　B. 信息的时效性　　　C. 信息的完整性　　　D. 以上都是

2. (　　)不是高校毕业生就业服务中的推荐权核心要素。

　　A. 真实性　　　B. 公平性　　　C. 择优性　　　D. 随机性

3. 毕业生的就业自主选择权允许他们在遵守国家就业政策的前提下，根据自己的意愿自由选择职业。这体现了高校毕业生在人才市场中的（　　）。

A. 依赖性　　　　　B. 自主性　　　　　C. 被动性　　　　　D. 从属性

4. （　　）不是劳动合同的法律特征。

A. 特定主体　　　　　　　　　　　　　　B. 劳动行为为标的

C. 权利和义务的延续性　　　　　　　　　D. 合同的可转让性

5. 劳动争议的解决程序中，不是必经程序的是（　　）。

A. 协商　　　　　B. 申请调解　　　　　C. 仲裁程序　　　　　D. 诉讼程序

三、判断题

1. 毕业生有权获得学校提供的就业指导服务，这是一项基本权益。（　　）
2. 高校在推荐毕业生时可以故意夸大毕业生的表现和能力。（　　）
3. 毕业生的就业自主选择权允许他们在不遵守国家就业政策的前提下自由选择职业。（　　）
4. 劳动合同的内容完全由双方当事人自行决定，不受法律约束。（　　）
5. 劳动争议仲裁裁决具有法律强制力，是解决劳动争议的关键途径之一。（　　）

四、简答题

简述大学生就业权益保护的途径有哪些。

第七章课后习题

一、填空题

1. 角色转换包括角色期待、角色理解和_____三个阶段。
2. 职业适应的多维度要求中，心理层面涉及对工作角色的认同、情感态度的调整、意志力的培养及_____。
3. 职场中的组织基础基于_____交换和往来而存在。
4. 学生与职业人差别之一是承担的职责有所区分，学生以学业探索为核心，而职业人士必须迅速适应_____规则。
5. 初入职场的毕业生需要了解工作单位的基本情况，包括掌握公司的创立和发展历史，以及公司的_____。

二、选择题

1. 角色期待是（　　）的概念。

A. 社会层面　　　　　B. 个体层面　　　　　C. 经济层面　　　　　D. 文化层面

2. 职业资格证书制度是由（　　）统一印制的。

A. 教育部　　　　　　　　　　　　　　　B. 人力资源和社会保障部

C. 工业和信息化部　　　　　　　　　　　D. 商务部

3. （　　）不是职业适应的多维度要求。

A. 心理层面　　　　　B. 生理层面　　　　　C. 法律层面　　　　　D. 社交层面

4. 学生与职业人士的差别中，（　　）不是所处环境的差异。

A. 工作节奏　　　　B. 工作压力　　　　C. 工作时间　　　　D. 学习内容

5. （　　）不是建立和谐人际关系的原则和技巧。

A. 尊重、诚恳和主动　　　　　　　　B. 了解领导

C. 建立小团体　　　　　　　　　　　D. 建立和谐的同事关系

三、判断题

1. 角色实践是个体意识向社会实践行为的转化过程。（　　）

2. 职业适应仅涉及心理和生理两个方面。（　　）

3. 职场中的组织基础基于互助和合作而存在。（　　）

4. 学生与职业人士的差别在于学生享有一定的宽容度，而职业人士需要对工作中的失误承担相应的社会责任。（　　）

5. 初入职场的大学生不需要了解公司的人力资源政策和员工薪资福利制度。（　　）

四、简答题

简述实施职业资格证书制度对劳动者和就业市场的意义。

第八章课后习题

一、填空题

1. 创业精神的关键在于个体，他们被称为＿＿＿＿。

2. 创业机会通常是指市场上未被充分满足的需求或未被充分利用的＿＿＿＿和能力。

3. 创业项目是创业者为达成商业目标，有效整合＿＿＿＿与资源的具体生产要素组合。

4. 创业环境涵盖了影响创业活动的多种因素，其中包括＿＿＿＿政策。

5. 机会型创业是指那些出于实现个人价值和追求事业成功的愿望，主动发现或创造新的＿＿＿＿并投身其中的创业活动。

二、选择题

1. （　　）不是创业者的角色。

A. 市场机会的识别者　　　　　　　　B. 资源的整合者

C. 风险的规避者　　　　　　　　　　D. 经济利益的追求者

2. （　　）不是挖掘创业机会的方法。

A. 问题识别　　　　B. 变化适应　　　　C. 发明创新　　　　D. 模仿复制

3. 创业资源不包括（　　）。

A. 人员　　　　　　B. 资金　　　　　　C. 物资　　　　　　D. 竞争对手

4. （　　）不是创业过程的基本步骤。

A. 选择创业项目　　　　　　　　　　B. 制订创业计划

C. 直接开始运营　　　　　　　　　　D. 办理创业相关法律手续

5. 创业的四个阶段不包括（　　　）。
A. 起步期　　　　　　B. 发展期　　　　　　C. 稳定期　　　　　　D. 成熟期

三、判断题
1. 创业者需要对自身的判断失误负责，承担相应的风险。（　　　）
2. 创业资源只包括实体资产，如生产设施和机械设备。（　　　）
3. 生存型创业的主要动机是满足基本的生存需求和承担起生活责任。（　　　）
4. 机会型创业通常是由缺乏其他选择而被迫投身创业的个体进行的。（　　　）
5. 创业风险的可变性意味着风险是固定不变的，无法通过管理和策略来降低。（　　　）

四、简答题
简述创业风险的损益双重性特征。

第九章课后习题

一、填空题
1. 创业机会的特点包括普遍性、偶然性和_____。
2. 创业机会的来源之一是市场动态，这可能包括产业重组、消费升级、_____、观念转变等。
3. 创业机会的类型按目的与手段关系的明确程度可分为明确型机会、部分明确型机会和_____。
4. 创业资源按存在形态可分为有形资源和_____资源。
5. 影响创业者资源获取的因素包括社会关系网、创业者的过往职业经历、_____技能、资源整合的能力等。

二、选择题
1. 创业机会与商业机会的主要区别在于它们（　　　）的不同。
A. 利润或价值创造潜力　　　　　　B. 涉及的行业领域
C. 需要的资金规模　　　　　　　　D. 创业团队的规模
2.（　　　）不是创业机会的来源。
A. 挑战　　　　　　　　　　　　　B. 竞争对手的不足
C. 市场饱和度　　　　　　　　　　D. 知识与技术的更新
3. 创业资源的分类中，（　　　）属于无形资源。
A. 建筑物　　　　　B. 原材料　　　　　C. 企业声誉　　　　　D. 机械装置
4.（　　　）不是影响创业者资源获取的因素。
A. 社会关系网　　　　　　　　　　B. 创业者的过往职业经历
C. 创业者的财务状况　　　　　　　D. 创业者的管理能力
5. 创业融资的途径中，（　　　）是由政府牵头的。
A. 银行贷款　　　　B. 政府扶持资金　　C. 风险投资　　　　D. 天使投资

三、判断题

1. 创业机会的消逝性意味着它受限于特定的时间和空间条件。（   ）
2. 创业机会的识别阶段包括准备阶段、孵化阶段、评价阶段和阐述阶段。（   ）
3. 在创业资源的分类中，人力资源属于无形资源。（   ）
4. 创业者的管理能力不是影响资源获取的因素之一。（   ）
5. 众筹融资是一种由发起人、跟投人和平台三方共同参与的融资模式。（   ）

四、简答题

简述创业机会识别过程中的洞察阶段及其重要性。

第十章课后习题

一、填空题

1. 根据美国项目管理协会的定义，项目是为了产出独特成果而开展的_____工作。
2. 创业项目可分为传统、新兴和微型创业，其中从手段上可分为_____和网络创业。
3. 创业项目通过企业的成长实现资本增值，其收益获取的特殊性体现在如果经营得当，收益会_____增长。
4. 创业项目的选择原则包括熟知原则、需求原则和_____原则。
5. 创业项目评估的内容主要包括_____评估和效益评估。

二、选择题

1. 创业项目的内涵中，项目具有的特征包括（   ）。
   A. 明确的开始和结束时间　　　　B. 开展的无限期工作
   C. 成果通常是短暂的　　　　　　D. 社会、经济和环境影响短暂
2. 创业项目与传统项目相比，（   ）不是创业项目的特点。
   A. 管理方式的特殊性　　　　　　B. 技术要求的特殊性
   C. 收益获取的普遍性　　　　　　D. 市场投入的特殊性
3. 创业项目的选择原则中，不包括（   ）。
   A. 熟知原则　　B. 需求原则　　C. 风险原则　　D. 适合原则
4. 影响创业项目选择的因素中，不属于创业者本身因素的是（   ）。
   A. 个人兴趣和激情　　　　　　　B. 专业知识和技能
   C. 市场需求　　　　　　　　　　D. 风险承受能力
5. 创业计划书的内容中不包括（   ）。
   A. 封面　　　　B. 企业摘要　　C. 市场分析　　D. 附件

三、判断题

1. 创业项目的成果通常是持久的，其社会、经济和环境影响往往比项目本身更长远。（   ）
2. 加盟创业相比独立创业，风险较高，初始投资也较高。（   ）

3.创业项目的目标是抓住创业机会，使企业步入正常经营轨道，形成完善的经营模式并获得稳定的收益。（   ）

4.在创业项目评估的基本流程中，初始判断基于详细的市场调研和数据分析。（   ）

5.创业计划书的封面设计应体现出专业和精细，给人留下深刻印象。（   ）

四、简答题

简述创业计划书的作用。

参 考 文 献

[1] 李婷，张玉萍.大学生创新创业基础[M].北京：中国水利水电出版社，2024.

[2] 林壬璇.大学生职业生涯发展与规划[M].2版.北京：中国人民大学出版社，2023.

[3] 乔志宏，刘锐.大学生职业生涯规划与就业指导教程[M].北京：清华大学出版社，2023.

[4] 赵林平，庞新虹，张力丹.职业生涯规划与发展教程[M].北京：电子工业出版社，2023.

[5] 杨兆辉，陈晨，夏静.大学生创新创业基本能力训导[M].2版.北京：电子工业出版社，2023.

[6] 张会利，高泽金.大学生创新创业基础[M].西安：西安电子科技大学出版社，2023.

[7] 孟建，沙迪.大学生就业指导[M].北京：首都师范大学出版社，2022.

[8] 郭玉莲，马凤祥.大学生创新创业教育[M].北京：中国人民大学出版社，2022.

[9] 郭丰，谢凌云.大学生创新创业基础[M].杭州：浙江大学出版社，2022.

[10] 宁睿.大学生职业生涯规划与发展研究[M].昆明：云南人民出版社，2022.

[11] 陈永，石锦澎.大学生就业与创新创业教程（慕课版·双色版）[M].2版.北京：人民邮电出版社，2022.

[12] 董弋芬.大学生就业指导[M].杭州：浙江大学出版社，2022.

[13] 丛立，陈伟.大学生就业指导[M].北京：北京理工大学出版社，2022.

[14] 刘延，高万里.大学生创新创业基础[M].武汉：华中科技大学出版社，2020.

[15] 刘敏岚，周石其，余育新.大学生就业指导[M].北京：电子工业出版社，2020.

[16] 杨良新，赵元银，裴波.大学生职业生涯规划[M].北京：电子工业出版社，2020.

[17] 曲振国.大学生就业指导与职业生涯规划[M].2版.北京：清华大学出版社，2020.

[18] 赵秋，黄妮妮，姚瑶.大学生就业指导[M].北京：北京师范大学出版社，2020.

［19］姜国权，姜福佳，王烜. 大学生职业生涯发展与规划［M］. 北京：中国水利水电出版社，2020.

［20］张美华，杨复伟. 大学生就业指导［M］. 重庆：重庆大学出版社，2020.

［21］刘媛. 大学生创新创业基础［M］. 北京：电子工业出版社，2020.

［22］王志洲，韦静坚，曹安民. 职业生涯规划［M］.3 版. 北京：人民邮电出版社，2019.

［23］宗敏，夏翠翠. 大学生职业生涯规划［M］. 北京：人民邮电出版社，2019.

［24］江君. 大学生就业指导［M］. 北京：人民邮电出版社，2019.

［25］通识教育规划教材编写组. 大学生职业生涯规划（慕课版·双色版）［M］. 北京：人民邮电出版社，2019.

［26］侯士兵，杨薛雯. 职业生涯发展与规划［M］. 上海：上海交通大学出版社，2018.

［27］吴亚梅，龚丽萍. 大学生创新创业教程［M］. 重庆：重庆大学出版社，2018.

［28］胡楠，郭勇. 大学生创新创业指导［M］. 北京：人民邮电出版社，2017.

［29］张兵. 大学生创新创业基础［M］. 北京：高等教育出版社，2016.

［30］张金明，齐乐. 大学生就业指导［M］. 北京：电子工业出版社，2016.

［31］钟谷兰，杨开. 大学生职业生涯发展与规划［M］.2 版. 上海：华东师范大学出版社，2016.

［32］方伟. 大学生就业工作教师培训教程［M］. 北京：高等教育出版社，2009.